康养休闲旅游服务系列教材

专家指导委员会主任 | 韩玉灵
总主编 | 赵晓鸿

康养旅游住宿服务

（第2版）

吴越强 ◎ 主　编
张咏梅 ◎ 副主编

北京·旅游教育出版社

图书在版编目（CIP）数据

康养旅游住宿服务 / 吴越强主编. -- 2版. -- 北京：旅游教育出版社, 2025. 8. --（康养休闲旅游服务系列教材）. -- ISBN 978-7-5637-4907-2

Ⅰ. F719.2

中国国家版本馆CIP数据核字第2025A02K54号

康养休闲旅游服务系列教材

康养旅游住宿服务
（第2版）

吴越强　主　编

张咏梅　副主编

总 策 划	丁海秀
执行策划	施云峰
责任编辑	施云峰
出版单位	旅游教育出版社
地　　址	北京市朝阳区定福庄南里1号
邮　　编	100024
发行电话	（010）65778403　65728372　65767462（传真）
本社网址	www.tepcb.com
E - mail	tepfx@163.com
排版单位	北京旅教文化传播有限公司
印刷单位	北京柏力行彩印有限公司
经销单位	新华书店
开　　本	710毫米×1000毫米　1/16
印　　张	17.5
字　　数	260 千字
版　　次	2025 年 8 月第 2 版
印　　次	2025 年 8 月第 1 次印刷
定　　价	48.00 元

（图书如有装订差错请与发行部联系）

系列教材专家指导委员会、编委会

专家指导委员会

主　　任：韩玉灵

委　　员：周春林　赵晓鸿　丁海秀　文广轩　董家彪　臧其林　魏　凯

编委会

总 主 编：赵晓鸿

委　　员：祝红文　吴越强　韩海军　夏丽娜　梁悦秋　杨红波　沙　莎
　　　　　石媚山　杨　英　马友惠　谭宏鹰　蒯　鑫　孙　超

《康养旅游住宿服务》
（第2版）
编委会

主　　编：吴越强

副 主 编：张咏梅

委　　员：（按姓氏笔画顺序排列）
　　　　　丁纪敏　王飞飞　车　洁　刘墨莎　李　佳　陈　璟　秦玉蓓
　　　　　舒　兰　蔡秋月　樊　欣

总 序

当今中国，旅游产业欣欣向荣，新兴旅游方式与新业态如雨后春笋般蓬勃发展。康养休闲旅游作为新兴旅游业态，其市场规模呈快速增长态势。康养旅游中的森林康养旅游、温泉康养旅游、中医药康养旅游、运动康养旅游、康养旅居等更加专业化，休闲旅游中的户外休闲旅游、文化休闲旅游、运动休闲旅游、康乐休闲旅游等层出不穷。

中国康养休闲旅游快速发展，产业规模逐年增长，且发展空间巨大，但人才培养严重滞后。为此，四川省旅游学校于2015年创设巴蜀武术养生学院，探索康养旅游专业方向的学历教育，开了中国康养旅游职业教育的先河；2016年成功申报休闲体育服务与管理专业（康养旅游方向），并于2017年开始招生；2018年，以巴蜀武术养生学院为基础，正式成立康养旅游系。2019年5月，由四川省旅游学校主持论证的康养休闲旅游服务专业正式纳入教育部新增专业目录。受教育部和全国旅游职业教育教学指导委员会委托，我们带领团队完成了康养休闲旅游服务专业教学标准和部分专业核心课程标准的研制工作；2020年又完成了全国旅游职业教育教学指导委员会立项的《康养休闲旅游实训基地的规划与建设》课题研究任务。

新专业需要新的教材体系做支撑，康养休闲旅游服务专业急需一套与之相适应的专业教材。根据前期积累的教育教学与专业建设经验，我们在旅游教育出版社的大力支持下，开始筹划全国首套康养休闲旅游服务系列教材的编写与出版工作。

2020年初，四川省旅游学校牵头组织了一个覆盖全国的多行业、多学科的专家团队，开启了艰难的教材研究与编写工作。专家团队涵盖四川大学、四川农业大学等985、211重点高校，成都中医药大学、西南医科大学、成都体育学院等专业院校，云南旅游职业学院、青岛酒店管理职业技术学院、太原旅游职业学院、沈阳市旅游学校、武汉市旅游学校等众多旅游院校，共有40余所院校参与了教材研究与编写工作；此外，我们还邀请了10多家行业企业的专家参与此项工作，专家团队规模达160余人。在研究数据缺乏、案例稀少、没有更多可借鉴参考资料的情况下，历时一年多时间，相继完成了系列教材中首批教材的编写，于2021年8月后陆续出版。

本套教材既可作为中高职职业教育旅游类专业教学用书，也可作为职业本科旅游类专业教育的参考用书，同时可作为工具书供从事旅游服务与管理的企事业单位专业人员借鉴与参考。

作为全国第一套康养休闲旅游服务系列教材，本书肯定还存在很多缺陷与不足，恳请读者指正，我们将在再版过程中予以完善与修正。

总主编：

2021年8月

修订前言

康养旅游住宿服务，是指以住宿业的空间、设施、设备为基础，以康养服务项目及专用设施为依托，以服务人员专业、优质、高效、人性化的服务为核心，为康养旅游者提供健康、舒适、温馨的住宿体验。康养旅游者在旅游目的地停留时间较长，住宿服务在整个旅游服务中往往所占比例最大，其服务质量直接影响康养旅游的整体品质。与传统住宿服务相比，康养旅游住宿服务对从业者的专业素养和服务能力提出了要求更高。为顺应康养旅居新时代的发展需求，帮助学习者掌握康养旅游住宿服务的基础知识，培养良好的旅游服务意识和职业素养，并具备解决实际问题的能力，我们开了先河，率先在全国组织编写了本教材。

党的二十大报告明确提出"推动绿色发展，促进人与自然和谐共生"，并强调"推进健康中国建设"。康养旅游作为健康产业与旅游产业深度融合的重要领域，积极响应国家战略，致力于推动绿色、健康、可持续的旅游发展模式。本次修订深入贯彻落实党的二十大精神，紧密结合国家战略，旨在培养具备绿色发展理念和健康服务意识的康养旅游住宿服务人才，助力健康中国建设。

康养旅游住宿服务是一门涉及内容广泛、兼具实践性与理论性的康养休闲旅游服务专业课程，在教学过程中，既要注重方法的实用性，也要强调学科的理论性。为此，本书不仅系统介绍了康养旅游住宿服务的最新知识和对客服务的内容和要求，还特别增加了许多应用性和操作性的内容。例如，书中详细呈现了康养旅游住宿服务环节中使用的各类图表，并设置了"情景导入""案例分析""专业词汇"等板块。同时，通过二维码嵌入拓展阅读与拓展视频等内容，引入新技术、新工艺、新规范，力求实现理论与实践的有机结合。

在编写中，我们坚持贯彻《国家职业教育改革实施方案》精神，实行校企合作双元开发，主动适应"互联网+"发展新形势，遵循职业岗位工作过程，深度对接行业、企业标准，体现岗、课、赛、证融通，使本教材呈现出职业教育性、内容先进性、教学适用性、知识实用性、结构合理性、使用灵活性的特点。

随着时代的发展，康养旅游住宿服务领域不断涌现出新的理念、技术和规范。在本次修订中，我们全面核查并更新了书中各类数据、参考资料以及标准规范等关键信息，确保内容的准确性与时效性。本书由四川省旅游学校吴越强担任主编，四川省旅游学校张咏梅任副主编。参加编写的人员有呼和浩特市商贸旅游职业学校丁纪敏（第一章）、四川省旅游学校吴越强和张咏梅（第二章）、烟台文化旅游职业学院王飞飞（第三章）、都江堰市职业中学刘墨莎与成都市隐秀尚庭酒店副总经理李佳（第四章）、四川省宣汉职业中专学校蔡秋月（第五章）、四川商务职业学院车洁与乐山禅驿度假酒店总经理樊欣（第六章）、沈阳市旅游学校秦玉蓓（第七章）、四川省商务学校舒兰（第八章）、云南旅游职业学院陈璟（第九章）。全书由四川省旅游学校吴越强最终统稿。

在本书编写过程中，我们得到了中国旅游职业教育教学指导委员会秘书长韩玉灵教授、中国旅游协会旅游教育分会副会长赵晓鸿教授的精心指导；得到了各编委所在院校领导的热情帮助和大力支持；还得到了乐山禅驿度假酒店、成都市隐秀尚庭酒店、古尔沟华美达温泉度假酒店等著名康养旅游住宿企业的全力配合，在此一并表示感谢。

由于编写时间仓促，加之编写者水平所限，书中难免存在不足之处，我们企盼在今后的教学实践中不断改进和提高，敬请广大读者指正，以便再版时修正补充，使之日臻完善。

编者
2025 年 7 月

目 录

第一章　康养旅游住宿服务基础知识 … 1
第一节　康养旅游住宿服务简述 … 3
第二节　康养旅游住宿服务的特点与原则 … 7
第三节　康养旅游住宿服务的消费客群 … 10
第四节　康养旅游住宿服务人员的职业要求 … 14

第二章　康养主题客房 … 21
第一节　康养主题客房概述 … 24
第二节　康养主题客房的特点与功能 … 28
第三节　康养主题客房专用设备与物品性能 … 30
第四节　康养主题客房的销售技巧 … 44
第五节　康养主题客房的服务要领 … 53

第三章　康养住宿特色服务项目 … 61
第一节　温泉水疗服务 … 63
第二节　健身房服务 … 67
第三节　游泳池服务 … 71
第四节　桑拿与蒸汽浴服务 … 74
第五节　中医养生服务与专业保健理疗服务 … 76
第六节　心理疗愈服务 … 83
第七节　康养特色服务项目的销售 … 86

第四章 康养旅游住宿接待服务 ········· 93
第一节 康养旅游住宿服务接待模式 ········· 96
第二节 康养旅游住宿的预订与入住接待服务 ········· 100
第三节 康养旅游住宿的离店与后续服务 ········· 110
第四节 康养旅游住宿服务投诉处理 ········· 116

第五章 康养客房的清洁与整理 ········· 123
第一节 康养客房清洁整理的准备工作 ········· 126
第二节 康养走客房清洁服务 ········· 132
第三节 康养住客房清洁服务 ········· 141
第四节 康养客房小整理服务 ········· 144
第五节 康养主题夜床服务与设计 ········· 146

第六章 康养旅游住宿的针对性服务 ········· 153
第一节 老年康养旅居客人服务 ········· 156
第二节 伤残病医养客人服务 ········· 162
第三节 女性康养客人服务 ········· 166
第四节 亲子家庭旅居服务 ········· 170
第五节 康养旅游住宿的常规服务 ········· 174

第七章 康养客房设备的维护与保养 ········· 181
第一节 康养客房常规设施设备的维护与保养 ········· 183
第二节 康养客房专用设施设备的维护与保养 ········· 187

第八章 康养住宿公共区域的维保服务 ········· 197
第一节 康养服务项目营业场所的清洁维护 ········· 199
第二节 康养环境的美化与养护 ········· 212

第九章　康养旅游住宿服务的基础管理 …… 225
　　第一节　康养旅游住宿的安全管理 …… 228
　　第二节　康养旅游住宿服务的物品管理 …… 238
　　第三节　康养旅游住宿信息化管理 …… 241
　　第四节　康养旅游住宿的收益管理 …… 253

参考文献 …… 267

第一章
康养旅游住宿服务基础知识

本章重点

本章主要介绍康养旅游住宿服务基础知识，是全书的概述部分。通过本章的学习，学习者要建立关于康养旅游住宿服务所涉及的知识体系，掌握康养消费客群等基础知识，熟知康养旅游住宿服务从业人员应具备的素养知识及操作技能。

学习要求

通过对本章内容的学习，学习者可掌握康养旅游住宿服务的概念，了解其重要性和未来趋势，认识其与传统住宿业的区别，理解在康养旅游活动中住宿服务的特点，了解作为消费对象的客户群体，培养康养旅游住宿服务从业者应该具备的职业素养，并掌握专业的知识和技能，为后续内容的学习奠定基础。

本章思维导图

第一章 康养旅游住宿服务基础知识

>>> 情景导入 >>>

一个冬天的夜晚，A康养度假中心接待了一位客人，酒店前台根据客人的预订信息，提前做好接待准备。晚上9:30，一位打扮时尚、穿着高跟鞋的中年女性客人来到前台。前台服务员以最快的速度办理了入住手续，并将客人引领到客房。在房间内，服务管家根据客史档案及健康体检中心的体检报告，已经煮好普洱茶，配上不含糖的茶点；足疗师也为客人准备好泡脚盆，盆里泡着具有温经通络、活血化瘀及对改善睡眠有帮助的艾草和红花。晚上21:45，客人喝着茶、泡着脚，与身边的服务管家交流着："每次工作疲惫的时候，就想来你们康养度假中心，泡个温泉，做个按摩，放松心情，静静地休养几天。春节前，我要对公司的中层干部进行年终的奖励，让他们也来放松一下。能否安排一下？"

康养度假中心细致周到的康养服务给客人留下了深刻的印象，并带来更多的客源，这是客人对企业服务质量的认可。康养旅游住宿企业，最大的卖点就是以优质的康养服务，为客人提供高品质的住宿体验，这就要求服务人员应具备更高的素质与技能。本章我们将带领大家初步认识康养旅游住宿服务，并熟悉康养旅游住宿服务人员应具备的基本素质和要求。

第一节 康养旅游住宿服务简述

随着人们生活水平的提高，以及先进的网络信息技术的应用，旅游者的旅游行为已日趋成熟，他们对旅游目的地的选择更加侧重于内涵丰富的旅游资源。对游客而言，不一定会走很远，往往是择一地，住下来，慢慢感受与体验，让身心得到休憩、放松、康健。康养旅游因具有轻旅、慢游、重体验、重养生等特点而逐渐成为旅游市场的新亮点。康养旅游是一种深度游，良好的旅居环境、优质的服务、利于身心健康的康养设备，是影响康养旅游者选择目的地的重要因素。康养旅游住宿的服务质量也直接影响游客的满意度和康养的效果。因此，提供高效、优质的康养旅游住宿服务，已成为康养旅游住宿业从业者所追求的目标。

一、康养旅游住宿服务的概念

康养旅游住宿服务，是指以传统住宿业的空间、设施设备为基础，以康养服务项目及专用设施设备为依托，以服务人员优质、高效、人性化的服务为核心，为康养旅游者提供健康、舒适、温馨的住宿体验。

现代康养旅游住宿已经突破原有的酒店住宿业态的边界，融合了多种住宿服务的形式，不断创新，以适应不同顾客群体的需求。本书所提到的康养旅游住宿业态，既包括具备康养旅游服务设施的传统酒店，也包括能提供康养住宿服务且受康养旅游者喜爱的其他住宿业态，如康养度假酒店、精品民宿、康养旅居公寓、生活方式酒店等。

二、康养旅游住宿服务的重要性

（一）康养旅游住宿是康养旅游产品的重要组成部分

"养生之诀，当以善睡居先。"这是明末清初著名的戏剧理论家和养生学家李渔在其著作《闲情偶寄》中提出的。李渔认为："睡能还精，睡能养气，睡能健脾益胃，睡能坚骨壮筋。"康养旅游住宿服务就是要为旅游者提供优质的睡眠服务条件，满足旅游者对高质量睡眠的要求。

康养旅游者在旅游目的地停留时间较长，其中，住宿服务是康养客群在旅游过程中所享受时间最长的服务项目。在康养服务设施方面，现代的康养旅游住宿产品打破了传统酒店业整齐划一、呆板、单调的客房设计，通过整体的设计、装修、布局，以及设施设备专配等方面的创新，将居住与健康联系在一起，将文化与艺术融为一体，把普通的客房变成风格各异、灵动、个性的康养旅游住宿服务产品，以满足不同类型康养消费者的需求。一些接待企业通过设置独立的康养空间，如温泉疗养区、中医理疗按摩区、健康体检区等，为住宿客人提供全方位的康养服务。可以说，康养旅游住宿服务已成为康养旅游产品的重要组成部分。

（二）康养旅游住宿服务质量直接影响康养旅游的整体质量

康养旅游者在旅游目的地停留过程中，往往希望在住宿方面能有宾至如归的温馨感，有居家的舒适与安全感。宜居的环境、独具特色的客房、配套的康养设施，是优质住宿体验的重要基础，如易于操作的按摩设备、水温适宜的客房内的温泉水，都会提升住客的满意度；而服务人员温馨、贴心的服务更是住宿服务的重中之重，会给顾客留下深刻的印象。对康养旅游者而言，外出旅游不仅要赏心悦目，更要养身、养神。只有硬件设备质量上乘，软件服务优秀贴心，才能让康养旅游者真正满意。

（三）优质的康养旅游住宿服务可以吸引更多的忠实消费者

健康是人们永恒的追求，因此康养旅游重游率高。旅游者在选择康养旅游目的地时，不同于一般旅游目的地的网红酒店，后者往往被游客打卡之后，名气逐渐被新网红替代，生命周期短。而那些旅游体验佳、口碑好的康养旅游住宿服务接待点会经过消费者的口口相传，变成大家认可和首选的名店。品牌的忠实拥护者，也往往是康养旅游住宿企业的"形象大使"和"推广大使"，其宣传效果优于广告，更利于产品的销售。

三、康养旅游住宿服务的发展趋势

（一）康养住宿多元化，不比规模看品质

传统旅游酒店已经不是康养旅游者出游的唯一选择，旅游者不再一味地追求高星级、大品牌，而是呈现出个性化、多样化的旅游需求，这促使旅游住宿的供给不断变化。康养旅游住宿服务形式多样，经营方式灵活、特色更加鲜明的各种类型康养住宿接待点如雨后春笋般涌现。也许只是拥有十来间客房位于森林深处的精品民宿，也许是三亚海滨的五星级酒店，如果拥有优质的康养服务和设施，往往就更受游客青睐。在康养旅游住宿业的发展中，康养设备齐全、创意独特、环境氛围好、服务质量优的康养旅游住宿产品才最吸引游客。

（二）AI 技术渐普及，人工服务显尊贵

未来的康养旅游住宿服务，一些基础性的服务工作会逐渐被 AI 技术取代，如洗衣服务、客房送餐服务等，这些都可以由智能机器人来完成。从成本核算的角度来讲，人工成本要远高于人工智能的使用。但人工智能只能完成基础工作，不可完全取代人工服务。真正能够凸显服务质量的工作，必定是依赖高素质的服务人员来完成的。人工服务是有温度的服务，能及时地发现客人的需求并及时提供服务。而智能机器人则做不到这种察言观色后的及时反馈。所以，康养旅游住宿服务多是采取人工服务模式，那些具有高素质的优秀服务人员，会成为康养旅游住宿行业的"香饽饽"。

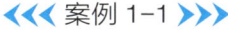 案例 1-1

标间还是套间？

2020 年夏天，A 市某温泉度假村接待了两位直接到店的老年夫妇。前台服务员热情接待，并询问是否有预订。老先生说："我们想订1个标间。"服务员了解入住时间并查询电脑后回答："不好意思，所有标间已售空。"只见两位老人对视了一下，脸上的笑容突然消失了。老夫人对老先生说："我就说旺季不好订房间吧，这下好了，没地方住了。"服务员看到后，立刻补充道："旺季我们的客房一般都提前两周被预订完了，不过您两位很幸运，刚好有个套间的客人提前退房。套间的价格虽比标间略高点儿，但是房间除引入温泉外，还配有按摩理疗仪。"服务员发现老先生脸上忽然有了笑意，而老夫人仍然一脸严肃，便又接着介绍道："这个房间的价格是包含早餐的，一个房间还是朝阳的，您可以不出房间就能看日出！"这时老先生说："我看贵就贵一点儿吧，听着还不错！"老夫人似乎还在犹豫。服务员接着介绍酒店的优惠措施："您两位如果连续住三晚以上，还可以享受免费送机或送站服务。"这时，老先生脸上露出满意的笑容："那就住套间吧，我们准备住五天，好好泡泡温泉……"老夫人也说："嗯，我觉得这家店比刚才那家快捷酒店好。那家酒店进门连个服务员都没有，就出来个机器人，告诉我们没房间了。"

【案例分析】

该案例中的服务员，通过观察客人对产品、价格、服务等的反应，为满足客人的需求，及时做出销售策略的调整，强调服务，弱化价格，最终促成客房销售。这个过程是人工智能服务很难替代的。在未来，人工智能会参与住宿接待服务，但不会完全取代人工服务。练就过硬的本领，是做好住宿服务的关键。

（三）康养客房主题化，文化布局是亮点

主题客房是住宿业发展至今的新变革。康养旅游住宿的客房，不是传统酒店业"千房一致"的设施设备，而是通过康养设施的配备，加上客房的特色布置，形成不同的风格，以吸引不同的目标客户群体，同时，通过文化的赋能来增加客房产品的附加值。其中，康养客房设计的重中之重是康养功能的布局，即客房内增加单独的康养空间，如禅、茶空间的设置，中医保健理疗设施的配备等，让旅游者在客房内就能完成康养保健，获得更高质量的住宿体验，这也是康养旅游主题客房的最大卖点。

一些康养旅游住宿企业引入生活方式酒店的经营模式，让游客先体验，

如住宿体验佳，还可以购买企业所提供的康养服务设备等，将康养旅游住宿服务产品做了进一步的延伸销售，同时，也是对康养旅游文化的进一步推广与传播。

（四）康养住宿旅居化，服务设施家庭化

海滨城市已经逐渐从旅游观光胜地变成康养旅居胜地。优质的海滨资源，宜人的气候，是许多内陆城市不具备的。加上房地产业的助推，异地度假、养生，逐渐向旅居、养老发展。住海边、吃海鲜，享受阳光、沙滩、海水及清新空气，是很多人的梦想。如今每年冬季大量的东北地区游客旅居海南避寒、疗养，海南省现在常被戏称为"东北第四省"。因为在旅游目的地停留时间较久，在住宿供给方面，一般的酒店客栈往往更多地向具有康养旅游服务设施的长住公寓、民宿等方向发展；在服务方面，公寓式服务、管家式服务更能让游客感受到家的温馨，故而更受康养旅游者的欢迎。

（五）大数据助力营销，营销渠道更宽广

电话销售、网络销售、大数据和人工智能等新技术的应用，把住宿业的分销渠道拓展至一个新的维度，微信、微博、抖音等媒介助力企业宣传，使康养旅游住宿销售变得更轻松。从企业角度来看，借助数字化营销手段，可以用最有效、最省钱的方式开拓新的市场；从旅游者的角度来讲，不必东奔西走，通过各种网络媒介及企业的平台，观看视频、三维立体仿真动画等就可直观地了解康养客房产品及服务项目，还可以通过消费者的评价口碑来考察产品质量，作出选择。

第二节　康养旅游住宿服务的特点与原则

康养旅游住宿服务与传统酒店服务相比，更侧重康养服务的供给，在实际操作中，既要满足游客日常的基本住宿要求，又要提供优质的康养服务，这就凸显出康养旅游住宿服务与众不同的特点了。

一、康养旅游住宿服务的特点

（一）目的性

养身、养心、养颜等是康养旅游者出游最主要的目的，他们在住宿方面的要求主要体现在康养服务上，接待企业须配备专业的服务团队。例如，配备心理咨询师、专业瑜伽教练、理疗按摩师等；在客房设计方面，客房内应

增设康养空间，提供专业的康养服务项目，如足疗、按摩、瑜伽等，为客人提供丰富的养生住宿体验，满足旅游者的康养需求。

（二）品质化

康养旅游住宿不同于传统旅游住宿，传统旅游住宿只需满足游客基本的睡眠要求即可，而康养旅游住宿企业还需配备康养设备设施以为客人提供高效、优质的康养服务，使客人在康养过程中能获得身心健康的住宿体验。因此，在服务项目、服务内容、服务方式上，康养旅游住宿要能够满足游客个性化、多样化的需求，这就对硬件设施的配备及服务人员的服务质量提出了更高的要求。

（三）主题化

旅游者的康养旅游目的各异，要求住宿空间能满足各类康养需求，这就要求住宿设施不再是传统酒店业的统一的设施设备，而是根据不同康养主题设计的各式各样的客房产品，如以养心为主的禅修类客房，以康体为主的中医理疗保健类客房等，这样才能给旅游者提供多种多样的住宿体验。

（四）个性化

康养客人除了对接待企业的硬件设施要求高，对客人私密性及对服务的要求也更高。为了满足顾客多样化的需求，康养旅游住宿企业在个性化方面做足了文章。例如，上海阿纳迪酒店，是上海第一家以注重睡眠为主题的城市奢华养生酒店（见图1-1）。酒店在客房中除了配有蒸汽眼罩、血压计、精油之外，还配备有多达15种枕头的"枕头菜单"，供客人选择。纷繁多样的服务设施，也对服务人员提出了更高的要求——既可以进行传统的客房清扫等服务，又要掌握人体康养知识，还要能引导和帮助客人完成康养客房体验和康养设施的使用。

拓展阅读：上海阿纳迪酒店——全球第一家城市养生酒店

二、康养旅游住宿服务的基本原则

由于康养旅游住宿服务的独特性，因此在对客服务过程中，要做到标准化服务和特色服务并重，服务人员必须遵循以下原则。

（一）专业服务创优质，用心服务显个性

康养旅游住宿服务必须以优质服务为前提，这样才能使康养旅游者达到心情舒畅的首要目的。而优质服务的关键，是服务者对服务工作的专业素养。康养旅游住宿服务要求服务者必须具备专业的康养知识，对企业的康养设备能进行专业化的操作，而这些，都必须经过专业系统的培训学习才能实现。

图 1-1　上海阿纳迪酒店外景

以客人需求为出发点,在提供优质服务的基础上,应尽量满足客人个性化的需求。如何提供个性化的服务？这就要求服务人员必须用"心"。首先,用心钻研服务工作流程,总结服务经验,提高服务效率；其次,用心专注服务对象,观察发现其需求,主动提供服务；最后,用心观察服务环境,发现问题及时上报处理,避免影响服务质量。此外,利用好客史档案也是实现个性化服务的关键。客史档案能充分反映客人的消费偏好、生活习惯、爱好等方面的信息。动态地管理好客史档案,及时将客人的消费情况进行补充并充分利用,才能更好地为客人提供个性化的服务。

(二) 康养设施要完善,客人隐私须尊重

康养旅游住宿的客人最关注的是客房的康养设备功能及康养住宿服务的质量。康养旅游处于刚起步阶段,一切都在摸索创新的阶段,国内可借鉴的经验不多。康养旅游住宿企业要在发展中不断对市场进行调研,不断开拓新产品、新的服务项目,从而引导消费者的需求。对于康养旅游住宿中所提供的康养设备设施,不能只满足于简单的体重管理、健身等项目,应逐步地创新发展,如药浴、按摩、艾灸等一些易于操作的康养设施都可以引进客房。一些比较专业的体检项目、康养项目,可以以专题的形式出现在住宿企业中。

对于一些身体处于亚健康或身体有疾病的客人，不仅要提供良好的康养设施设备，更要在服务上给予必要的关怀。要尊重客人的隐私，切记不可以在工作中对客人的基本情况加以评论，或传播给同事等其他人。

（三）"主动""四勤"要牢记，民族习俗要尊重

"主动"是指在服务中要及时跟进客人的住宿过程，多观察了解客人，提前预判客人的服务需求，提供主动服务。如客人泡完温泉后，服务人员应及时递上水杯。这和客人要求服务人员倒杯水，服务人员再递上水杯相比较，服务的过程都一样，但是客人的满意程度是不同的。

"四勤"是指眼勤、嘴勤、手勤、腿勤。主要是指服务人员在工作过程中要多注意观察，礼貌用语要勤使用，环境卫生勤打扫，客人有服务需求要积极响应。此外，服务人员对待所有客人要一视同仁，特别是对待少数民族客人，要牢记各民族的生活习俗与禁忌，尊重少数民族客人的生活习惯，注意服务方式。

（四）"工匠精神"融服务，争创企业名品牌

"敬业、精益、专注、创新"是"工匠精神"的精髓，也是做好康养旅游住宿服务工作的基本要求。康养旅游住宿服务就是要打造高端的旅游住宿产品和过硬的服务质量，这样才能带给游客高质量的体验。将"工匠精神"融于服务，就是要求服务者在工作中用心钻研，勇于创新，用精致的服务换来游客的高度满意。服务人员在对客服务时，若只是机械化地完成任务，不与客人交流或交流甚少，虽符合服务标准的要求，但会使客人觉得服务人员缺乏工作热情。缺少与客人的沟通，也会使服务缺少人情味，也很难发现客人的需求，无法做到"超前服务"，从而导致客人的满意度降低。

做好康养旅游住宿服务，必须专注于康养旅游住宿服务的内涵，只有专注才能更专业，只有专业才能更优质。这是践行"工匠精神"的必经之路，也是康养旅游住宿企业发展壮大的前提。优质的服务，良好的口碑，更是企业长久经营的王牌。

第三节　康养旅游住宿服务的消费客群

康养旅游住宿服务企业面对的消费客群是旅游客源中的一部分，其行为特征主要表现在旅游者都希望通过康养旅游获得身体康健、精神放松、心情愉悦。为了更好地了解康养旅游住宿的服务对象，本节将从消费群体的年龄

结构、健康状况、康养活动三个方面，对康养客群的需求特点、消费偏好等进行阐述。

一、从消费群体的年龄构成划分康养旅游客群

从消费群体的年龄构成来看，我们大体可将康养旅游住宿客源市场分为妇孕婴幼康养客群、青少年康养客群和中老年康养客群。这三类客群中，妇孕婴幼康养客群是新兴的客户群体，但该客群消费潜力最大；青少年康养客群是受社会康养理念影响最深刻的群体，消费观念比较超前，比较注重养生与保健；中老年康养客群是时间最充裕的客群，收入稳定，最容易实现"说走就走"的旅行，也是目前比较成熟的消费客群。

（一）妇孕婴幼康养客群

养颜、养身、养神，是妇孕婴幼康养客群进行康养旅游的主要目的。妇孕婴幼客群是近些年来家庭消费的主力军，随着"90后"开始成为生育的主要群体，人们的消费观念有了很大的变化。这些人中，大部分接受过高等教育，且受网络信息传播影响较深，她们比上一代人更加注重从备孕到孕期的科学孕育、养身和身材管理，以及产后的科学育儿、身体恢复等各个环节的保养。因此，大批的孕妇学校、孕妇瑜伽馆、月子会所、产后恢复中心等纷纷涌现。康养旅游在其中异军突起，针对妇孕婴幼群体的特性，各家企业纷纷推出更加高端、专业的康养服务，以吸引这部分顾客群体。

备孕期及产后的女性往往更加注重身体的调理和身材的保养与恢复。孕期妇女或携带低龄婴幼儿的家庭，不适宜疲惫的长途旅行，所以该客群近距离旅游的流动量偏大；在康养旅游项目的选择上，中医疗养、简单的器械锻炼、散步、游泳、太极养生等都是该客群的常选项目，其中，瑜伽、禅修等宜于孕期妇女参与的项目最受欢迎；从整体上来看，旅游活动的项目数量要求少，活动强度不能太大，时间安排上要比较宽裕，作息要比较规律。

该客群的康养服务主要以医疗保健为基础，可从孕产妇的日常修身养性、养颜、养生等方面提供各类服务产品。营养师、健康管理师、专业的育儿师、心理咨询师等专业服务人员是服务团队中必不可少的。虽然妇孕婴幼客群的康养旅游刚起步，但做好该客群的康养服务工作，可以引领整个妇孕婴幼行业的消费新潮流。

（二）青少年康养旅游客群

养心为主、养身为辅是该客群康养旅游的主要目的。青少年既是当代

旅游活动的主要客群，也是较早接触健康管理理念的一代，"保温杯里泡枸杞"，可以说是年轻一代开始注重康养的标志。他们进行康养旅游的主要目的是通过外出旅游，获得高质量的文化熏陶和身心放松，以达到修身养性的效果；同时，通过一些康养运动项目来增强体质，从而为之后的学习生活储备能量。对参与性、娱乐性项目需求多是该客群的主要特点。符合青少年心理需求的森林康养、海滨康养、运动康养类产品，更受该客群的欢迎。他们追求品质生活，多以小型团队出现，或是家庭团体出游；他们对创新的服务项目比较感兴趣，喜欢体验新奇；日常服务中，客房送餐、洗衣服务等使用频率比较高。

在青少年康养客群的客房中放置修身养性的书籍、运动健身的器械，放松心情的游戏、娱乐设备，会更受欢迎。

（三）中老年康养旅游客群

养生、养老，是中老年康养客群的主要目的。受传统观念的影响，一些老年人还没有强烈的出游意识，而以健康为目的的康养旅游迎合中老年人健康的需求，如果产品性价比较高，会极大地刺激消费需求的产生。在我国，中老年人的康养旅游是伴随着人民生活水平的提高，才逐步开始出现的。有的老人身体开始出现病痛，希望能够调养身体；有的身体硬朗，则希望提高生活质量，延长寿命。中老年康养旅游客群属于家庭稳定、收入稳定、闲暇时间较多的优质客群。他们消费频率高，因为有大量的闲暇时间可以自由支配；但他们的消费水平适中，符合老一辈节俭的风格。他们一般会选择价格较优惠的旅游淡季出游。如果康养旅游产品能带给他们高质量的康养体验，则重游概率会很高。温泉水疗养生、太极养生，避寒、避暑游，中医保健旅游等项目，较受该客群的欢迎。

二、从消费群体的个体健康情况划分康养旅游客群

从消费群体的个体健康情况划分，康养旅游者可以划分为以下三种客群。

（一）健康养生旅游客群

该客群的游客都是身心健康的旅游者，外出旅游的目的主要是以预防为主的健康养生。适当地调节疲惫的身心，有利于身体健康的保持。在2020年的新冠疫情之后，以康养为主要目的的旅游方式正日益受到游客的欢迎。民众对于健康的期望，被疫情推到了一个新的高度。康养旅游恰好迎合了大众的需求，在旅游中获得身体康健、心情愉悦与放松，是该客群出游的主要目的。康养旅游住宿服务所提供的骑行、慢跑、有氧健身、冥想、瑜伽、太极

拳、球类运动等项目,以及常规体检、健康指导等专业康养服务,都更受游客青睐。

(二)亚健康理疗旅游客群

该客群的健康理念以提前干预、调整为主。《黄帝内经·素问》中记载:"圣人不治已病治未病,不治已乱治未乱,此之谓也。"由此可见,我国古代人已经有了健康管理的思想。资料显示,目前我国亚健康的人群占总人口的60%~70%,失眠、情绪不稳定、更年期综合征等困扰着很多人的生活。亚健康理疗客群往往会通过主动寻求减压和心理调节的方法,借助旅游目的地良好的自然生态环境和康养设施来修身养性,以达到调节身心健康的目的,防止亚健康因素转变为疾病的诱因。

拓展阅读:泰国奇瓦颂健康养生度假村简介

(三)临床状态的医疗旅游客群

该客群的旅游者一般以健康恢复、健康治疗、整形美容、运动康复等活动为康养旅游的主要目的。因此,要求旅游目的地必须具备先进的医疗条件和适合养生的良好环境,优良的自然环境更有利于身体的康复,许多疾病的后遗症,如心脑血管疾病愈后造成的身体偏瘫,以及一些慢性病,治疗周期往往较长,患者在经历过医院的治疗后,往往会期待更好的愈后恢复效果,从而选择康养旅游。

我国医疗旅游资源的开发虽起步较晚,但是发展迅速。其中,海南省博鳌乐城国际医疗先行区,于2013年开始建设,2018年正式开业。2020年8月,经海南省卫生健康委员会同意,加挂第二名称"中国中医药大学博鳌国际医院"。海南成为我国国际医疗旅游的先行者,利用我国先进的医疗技术和海南省得天独厚的自然资源优势,为世界各国的康养旅游者提供了更多的选择,同时也为中医药领域的发展搭建了平台。

三、从康养旅游活动所依托的自然资源划分康养旅游客群

根据康养旅游者的旅游目的地及康养旅游活动所依赖的自然资源的不同,可将康养旅游消费客群划分为森林康养旅游者、温泉康养旅游者、海滨康养旅游者三大类。

(一)森林康养旅游者

该类型的康养旅游者的旅游活动主要以森林资源为依托,借助优质的森林自然资源和森林文化资源,通过运动、文化体验活动,为旅游者打造一个回归自然、释放压力、调节身心、健康休闲的旅游过程。例如,广东鼎湖山

的康养旅游项目"品氧谷"，借助健康步道，品茶、观瀑、吸氧等活动的设计，让游客放松心情，改善人体内分泌，以达到保健养生、静心养神的功效。

目前，城镇居民对参与森林康养旅游的积极性很高，一些旅游景区也抓住人们康养需求强烈的心理，创造性地开发森林康养旅游住宿产品。森林康养旅游住宿设施建设，首先要遵守相关自然保护区管理的法律法规，因地制宜，不破坏整体环境，不偏离人们的康养需求。例如海南省三亚南山景区树屋的建设，就是利用绵延7公里的酸豆林保护区的植物，搭建了一批特色客房——树屋。游客住在树屋中，就可以置身于森林中，聆听鸟儿与大海的合唱，感受微风带来的海的气息，亲近大自然，告别城市的喧闹，彻底放松心情。

独具特色的森林康养旅游住宿设施给游客带来了全新的住宿体验，这也要求经营者的住宿服务水平必须随着住宿环境的改变而不断提高。

(二) 温泉康养旅游者

温泉康养旅游活动方式古已有之，北魏郦道元所著的《水经注》中就有记载："大融山石出温汤，疗治百病。"历史上有著名的西安华清池、北京小汤山温泉等。不同温泉的温度、水质能对旅游者产生排毒、排汗、促进血液流动、调整内分泌、放松肌肉等不同的健康疗养作用，因此，温泉是深受康养旅游者喜爱的项目之一。再加上我国的温泉资源丰富，各省市均有温泉分布，可以满足各地康养旅游者就近泡温泉的需求。所以该客群是相对比较成熟的客群。

(三) 海滨康养旅游者

由于海洋空气中雾霾少，富含人体所需的微量元素，因此海滨旅游深受内陆旅游者欢迎。阳光、沙滩、海水浴也是开展康养旅游的优质资源，是老少皆宜的旅游产品。以河北的北戴河、山东的青岛和烟台、福建的厦门、海南的三亚、广西的北海为代表的海滨城市是康养旅游者常去的旅游目的地。目前，我国国内的海滨康养旅游项目处于起步阶段，以康体健身、休闲度假、疗养等为主，产品结构较为单一，还有待深度开发。

了解康养旅游住宿服务的客群，便于康养旅游住宿企业有针对性地进行康养服务设施的配备，并提供相应的服务项目，更好地服务于康养旅游目标客户群体。

第四节 康养旅游住宿服务人员的职业要求

康养旅游住宿服务是康养旅游服务的重中之重，其服务内容、服务技法相对普通的旅游服务要更复杂、更高端，这就对从业人员提出了更高的要求。

从业人员较高的职业素养、良好的仪容仪表，不仅是个人素质的体现，更代表着企业乃至整个行业的整体形象，会给客人留下深刻的第一印象。优秀的康养住宿服务人员，应具备以下要求。

一、康养旅游住宿服务人员的基本要求

1. 树立服务意识，主动提供服务

主动服务与被动服务虽一字之差，但是客人的满意程度却大相径庭。因此，服务人员必须要树立服务意识，多观察客人的服务需求，主动为客人服务。

2. 端正服务态度，微笑面对顾客

态度决定一切。服务人员要首先调整好自己的服务心态，做到在岗时，时刻以最优的状态服务顾客，不将个人的情绪带到工作中。微笑是服务中最好的开场白，也最能打动客人，微笑是康养旅游住宿服务人员必备的职业素养。

3. 加强团队协作，提高业务水平

康养旅游住宿服务需要住宿企业的前台接待、服务管家和康养设备、卫生保洁、洗衣房等各部门通力协作才能完成。打铁还需自身硬，服务人员只有具备过硬的服务技术和广博的康养知识，才能为顾客提供优质的康养住宿体验。此外，服务人员还要处处维护企业形象，时刻意识到自己是整个团队的一分子，个人的服务水平将直接影响企业的整体声誉。

二、康养旅游住宿服务人员个人素养要求

（一）康养住宿服务人员的仪容仪表要求

康养住宿服务人员在上岗之前，应检查自己的仪容仪表是否符合职业要求。

（1）保证头发的清洁，无异味。男士短发，女士盘发，发型符合职业要求。

拓展视频：康养住宿服务人员的仪容仪表展示

（2）保持面部清洁，男性不留胡须，女性化淡妆。上岗前不吃含有刺激性味道的食物，如大蒜、韭菜等。

（3）保持手部卫生，勤剪指甲，女士不染指甲油（无色指甲油除外）。除结婚戒指外，不佩戴其他配饰。

（4）勤洗澡，保持身上无异味；不使用味道浓烈的香水。

（5）工作场所必须着工装。工装平整，无油渍、污渍；工号牌佩戴在左

胸前；穿工鞋，男士穿深色袜子，女士穿肉色袜子。

（二）康养住宿服务人员的礼貌礼节要求

（1）保持微笑。在工作中，将最真诚的微笑展现给客人。

（2）打招呼与问候。注意称呼礼节，最好使用"先生""女士""太太"等称呼对方。见到客人要主动问候，"早上好""下午好""晚上好"等问候语，比简单的"您好"更暖人心。礼貌用语常挂嘴边，"请""您"等词语能让客人感觉更亲切。

（3）恰当地使用肢体语言，以免引起误会。

（4）遇事不要奔跑，以免引起客人的误会而产生紧张的气氛。

（5）遇到行动不便的客人，应主动询问是否需要提供帮助。

（三）康养住宿服务人员的语言能力要求

（1）普通话标准，语速、音调适中。

（2）掌握日常交际英语，能与客人进行简单的沟通交流。

（3）在与客人交流中，注意语言艺术，要清楚、简单、明了。

（4）有客人在场时，不使用方言与同事交流，以免引起客人误会。

（四）康养旅游住宿服务人员的服务意识要求

（1）明确康养旅游住宿服务的重要性，严格按照服务流程，积极主动地为住宿客人提供服务。

（2）养成敬业乐业的好习惯，主动学习相关康养旅游知识，为日常工作奠定良好的基础。努力做到干一行、爱一行、专一行，争取更大的发展空间．

（3）养成工作前先思考的习惯。做事有条理、有分寸，避免重复的工作降低工作效率；不可过分地关心康养旅游住宿客人的健康情况，不要触及客人隐私。

（4）工作中养成换位思考的习惯，遇事多替客人着想。

（五）康养住宿服务人员的职业道德要求

（1）热爱本职工作，忠于职守。忠诚于自己的企业，能自觉地维护企业的声誉和利益。

（2）诚实、守信。客人交代的事情一定保质保量按时完成；不随意动客人房间的物品；不贪小便宜，捡拾客人遗失财物要立即归还。

（3）尊重客人隐私。不谈论、宣扬客人隐私。

（4）努力钻研业务，提高自己的工作水平。

三、康养旅游住宿服务人员的专业知识与技能要求

（一）掌握广博的专业知识，成为康养旅游住宿服务专家

康养旅游住宿与传统住宿行业的共同点，就是生产与消费的同步性，康养旅游住宿的服务贯穿客人住宿始终，一旦服务出现偏差，会造成不可逆的影响，因此要求服务人员提供优质高效的服务。在康养旅游住宿服务中，常规住宿服务是基础，康养服务是亮点，涉及康养旅游住宿全过程的其他服务是补充，三者缺一不可。

在康养旅游住宿服务中，服务人员要熟知客房服务的基础知识，以及常规服务项目的服务流程，掌握相关康养设备的使用、维护与保养知识；掌握企业特色康养项目的服务流程；了解对客服务心理知识，以及突发事件的应急处理程序等相关知识；知晓其他对客服务项目，如宠物寄存服务等。

此外，康养旅游住宿服务人员应熟悉企业内部运转情况，掌握相关内容，才能为客人提供全方位的服务，同时也有利于全员销售的实现。具体要求如下：

（1）掌握康养保健知识，主要包括康养旅游住宿企业在对客人进行精神调节、饮食改善、运动锻炼、中医保健等方面的知识，以及所使用的设备及相关服务项目的使用方法、注意事项等，了解基础的养生常识等。

（2）了解前台接待知识，熟悉前台的预订接待流程，了解客人办理入住登记手续的具体要求，能做简单的客房、餐饮、康养服务项目的推销工作。

（3）了解住宿业收益管理的基础知识，培养员工爱护酒店公共资源、节约成本的理念。

（4）掌握安全防护知识，主要涉及客人安全、员工安全、消防安全三个方面。

（二）掌握多种服务技能，成为康养旅游住宿服务的"杂家"

康养旅游住宿服务人员要能够熟练地使用各种清洁设备，掌握客房清洁整理工作的操作程序，能独立完成康养客房的清扫工作；会使用各类康养设备，并能够进行日常的保养与维护。俗话说"技多不压身"，多一项技能就多一项本领，在对客服务时，除及时满足客人的各项服务需求外，服务人员还应掌握一些其他技能。

1. 推销技能

具备全员推销意识，树立团队理念。做好自己的住宿接待服务工作，全面了解企业产品，熟知所有服务项目、价格、服务时间等知识，当客人有相关需求时，能及时进行产品推销。如服务人员在做客房清扫时，客人询问周

围就餐的地点，服务人员应该首先将自己企业的餐饮产品、所在位置、菜肴特色、人均价位、营业时间等相关信息介绍给客人。

2. 投诉处理技能

服务人员应掌握简单的投诉处理程序及技巧，能了解客人投诉的原因并解决投诉问题。一般来说，求尊重、求发泄、求补偿是比较常见的投诉心理。在日常服务中，如遇见客人投诉，要加以重视，并尽快协助解决，提高住店客人的满意度，争取更多的忠实客户。

3. 茶艺

品茶，是现代人休闲必不可少的项目，对康养旅游住宿服务人员来说，懂得一些基础的茶艺，会让服务更出彩，工作更受客人欢迎。例如，一些康养旅游住宿的客人在一起休闲聊天，要求服务人员准备茶水，服务人员根据客人聊天中简单的几个词汇"上火""牙疼"，就为客人准备好了具有清热润肺、平肝益血、消炎解毒功效的白茶，并做简单的介绍，这样细致周到的服务必定会给客人留下好的印象。所以，服务人员有必要了解六大茶类的特点，了解适宜饮用的人群，并掌握一些实用的冲泡技法，这会对工作有很大的帮助。

4. 花艺

通过摆放绿植、鲜花来点缀装饰客房，让客房变得更温馨，是康养客房的常用装饰方法。因此，康养住宿服务人员掌握简单的插花知识，如插花的容器选择、插花的基本造型、花材的日常养护等知识，是很有必要的。此外，服务人员还应了解客源国概况，熟悉各国的花语。例如，在我国白色菊花表示哀悼，一般用作葬礼等场合；而在日本，菊花是皇室身份的象征，白菊花代表贞洁诚实。了解了相关知识，就能避免在服务中因为文化差异而影响服务质量。

5. 香道

香道也是康养旅游客人喜爱的一种放松身心的方式。康养旅游住宿的服务人员应具备简单的香道知识，记住每款香的味道，了解煮香汤沐浴的基本操作方法；专业服务人员要掌握空熏、隔火熏香的方法，品鉴香饼、香丸和高级别的单品香材，甚至还能协助客人组织品香雅集活动。

总之，康养旅游住宿就是在传统住宿业基础上形成的一种高投入、高品质、重体验且目的性强的服务项目。其中康养住宿服务质量是企业发展的关键，优质的服务就是要重视对客服务的每个细节，将顾客"看得见"和"看不见"的服务都做到极致，让客人感受到企业的用心，做到住宿环境如家般温馨，服务人员如亲人般贴心。所以，具备敬业、乐业的精神，努力钻研业务，丰富自己的知识，为康养旅游者提供高效、优质的服务，帮助旅游者达到健康养生的目的,应该是每一位康养旅游住宿服务人员所追求的目标。

本章小结

本章内容为全书的概述部分,主要是帮助学习者对康养旅游住宿服务有初步的认识。了解康养旅游住宿服务的概念、特点及发展趋势,掌握康养旅游住宿所面向的客群,并对未来所从事的服务工作有简单的了解。要想成为一名优秀的康养旅游住宿服务人员,需要学习者做好服务的心理准备,并进行知识和技能的学习储备,只有经过不懈的努力,才能成长为一名深受客人喜欢和企业称赞的优秀员工。

思考与练习

一、填空题

1. 康养旅游的特点是:(　　)、(　　)、(　　)、(　　)。
2. 康养住宿客群从消费群体的个体健康构成可划分为(　　)、(　　)、(　　)三类。
3. 康养住宿服务人员的基本要求有:(　　)、(　　)、(　　)。

专业词汇

二、多项选择题

1. 按康养旅游类型划分,康养旅游者可分为(　　)。
   A. 森林康养旅游者　　　　　　B. 温泉康养旅游者
   C. 海滨康养旅游者　　　　　　D. 运动康养旅游者

参考答案

2. 康养旅游住宿服务人员的语言能力要求包括(　　)。
   A. 普通话标准　　　　　　　　B. 能熟练地使用英语与客人交流
   C. 与同事交流可使用方言　　　D. 说话要清楚、简单、明了
3. 康养住宿服务人员的职业道德要求包括(　　)。
   A. 热爱本职工作,忠于职守　　B. 诚实、守信
   C. 尊重客人隐私　　　　　　　D. 努力钻研业务

三、简答题

1. 什么是康养旅游住宿服务？康养旅游住宿服务的发展趋势如何？
2. 康养旅游住宿服务的原则是什么？
3. 康养旅游住宿服务人员个人素养要求有哪几个方面？

四、分析题

请结合你家乡所在地区的资源优势，说说适合开展什么类型的康养旅游活动，目标客群是哪些？

第二章

康养主题客房

本章重点

康养主题客房是康养旅游住宿的主要组成部分，是康养旅游住宿服务的主要载体和主要产品。本章主要介绍康养主题客房的特点和功能，以及康养主题客房的服务要领和销售技巧。

学习要求

通过对本章内容的学习，学习者将在了解康养主题客房的概念和类型基础上，熟悉康养主题客房的特点和功能，以及康养主题客房专用设备与物品性能，掌握康养主题客房的销售技巧和服务要领，并进一步理解康养主题文化的内涵，养成对优秀传统文化学习的自觉性与主动性。

本章思维导图

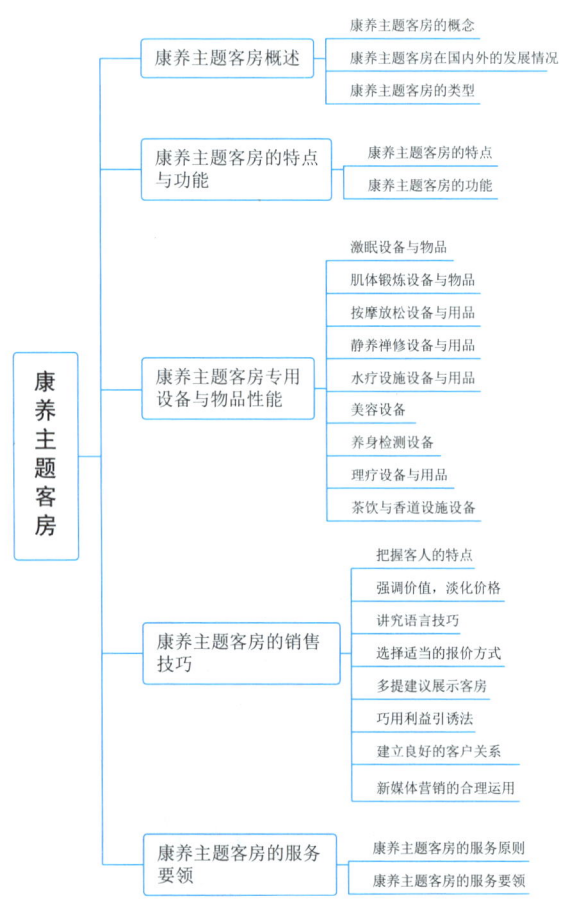

第二章 康养主题客房

> ◀◀◀ 情景导入 ▶▶▶

终于完成了耗时月余的工程项目,身心疲惫的林小姐决定"拯救"一下自己,她通过网络预订了一家闻名遐迩的康养主题酒店,准备用至少一周的时间来疗愈自己。当她跨进这家酒店的大门时,一个甜美的嗓音传入耳膜:"您好,欢迎您来到×××康养主题酒店,请问您是否预订了房间?"身着亚麻禅服的接待人员一脸和煦灿烂的笑容让林小姐仿佛感受到了春天的气息,林小姐点了点头。

图2-1 乐山禅驿嘉定院子(酒店)客房实景 摄影:吴越强

"请您随我到这边来登记一下,好吗?我想您一定累了吧,我们会尽快带您到客房休息的。行李很重吧?我替您提吧。"接待人员轻声询问着。"好的,麻烦你了。"看着接待台舒爽宜人的布置,林小姐想起了网上对这家康养主题酒店的各种好评。迅速办完登记手续之后,服务员带林小组来到客房门前,用金丝楠木珠手串的房卡打开房门,看到房间里的布置,林小组心里忍不住惊叹:在柔和的灯光下,房间茶几上摆放了两盆绿意盎然的小巧盆栽,宽宽的飘台上摆放着一个天然橡胶瑜伽垫,旁边还有一个13音的花银色空灵鼓,曲谱在近旁静静地靠着;一套古朴洁净的紫砂茶具放在另一侧。瑜伽、空灵鼓、紫砂壶,这些都是林小姐喜欢的,房间里的陈设感觉都经过了精心搭配。

"林小姐,请问您现在需要用晚餐吗?我们可以为您送到房间来。"服务员带着亲切的笑容询问着。"哦,好的。听说你们的养生素餐特别受欢迎,但我想先看一下你们的菜谱可以吗?"林小姐说。"哦,当然可以。"服务员立刻把养生菜谱递给林小姐。"嗯，我就要这份养生套餐吧。请你们8点钟的时候再送来吧，因为我想好好洗个热水澡。"林小姐面对服务员的柔言细语，语气也不自觉地放缓了。"好的，那我就不打扰您了，如果有什么需要的话可以随时找我们的，我们很乐意为您服务。"身着亚麻禅服的服务员轻盈地退出了房间。林小姐拿着换洗衣物随后走进了浴室。当她调好水温，躺进浴缸时，她惊喜地发现，原来浴盆还安装了一套自动按摩仪。她把按摩仪固定在肩膀上，接着按摩仪就开始自动地按摩她的肩膀和脖子。按摩仪按摩的力度适中，让她感到自己的全身神经都得到了放松，差点儿就想美美地在浴室里睡上一觉了。在浴缸里泡了半个钟头后，她披上柔软的浴巾精神焕发地步出浴室，信手翻开曲谱，娴熟地敲击着空灵鼓，悦耳的音符慢慢地扩散着。一曲未毕，门外响起服务员送餐的敲门声，林小姐抬头一看案几上精致的座钟，时间正好是8点。

人民日益增长的美好生活需要和不平衡不充分的发展之间的矛盾已成为当前我国主要社会矛盾，人民对美好生活的向往与追求推动了康养旅游的飞速发展。康养主题客房作为康养旅游住宿的重要组成部分，因其健康养生功能和独特的文化体验备受追捧，正成为人们旅居度假住宿的首选。本章我们就来全面认识康养主题客房，掌握相关的推销技巧和服务要领。

第一节　康养主题客房概述

康养主题客房是康养住宿的重要组成部分和核心产品之一。近几年来，康养主题客房以其鲜明的康养文化主题特色、优秀的健康养生功能和独特的消费体验成为康养旅游消费者的品质之选，为越来越多的客人所推崇。

一、康养主题客房的概念

客房作为饭店的核心功能载体和运营基础，是衡量酒店品质等级与服务水平的核心要素，更是康养旅游住宿需求的重要实现空间及康养主题酒店的核心构成单元。

康养主题客房是通过系统整合养生、养心、养神三位一体的健康理念，配备专业化设施设备及健康用品，以功能化空间设计和定制化服务流程，构建具有显著健康促进价值的主题住宿产品,为宾客创造多维度的深度康养体验,如图2-2所示。

图2-2　乐山禅驿嘉定院子(酒店)禅修主题客房实景　摄影:吴越强

康养主题客房是以康养客人为主要客户群体的客房,客房内针对康养客人的兴趣爱好、消费习惯及心理特征等提供有个性化、人性化的康养旅游住宿产品与服务。

二、康养主题客房在国内外的发展情况

(一)国外康养主题客房的发展情况

康养主题客房是伴着康养主题酒店而产生的,最早的康养主题客房可以追溯到几个世纪前的日本温泉旅馆。日本是个多火山的国家,温泉资源丰富,日本的温泉沐浴与养生文化历史悠久。受自然环境影响与生活条件限制,泡温泉一直是日本人民劳作归来用于解除疲劳及相互交流的生活方式之一。日本温泉旅馆(Japanese Onsen Ryokan)或日本温泉酒店(Japanese Spa)是日本独有的一种住宿设施,多位于日本各地区的旅游度假区或温泉乡内,其温泉客房多为日式草席榻榻米(Tatami)的房间,极具格调。

泰国的养生酒店与养生客房后来居上,融合东西方养生理念,以泰式按摩、全身药裹、足底按摩等传统项目和百余种疗法等东西融合的温泉疗法为

主，并为游客提供量身定做的健康生活私人咨询，协助游客打造健康体魄，享受安乐的生活方式。泰国最著名的养生酒店建于1995年，位于泰国最著名的康养胜地华欣的Chiva-Som养生度假村。

国外各大酒店集团也很重视康养主题酒店或康养客房的打造，提出"将健身房搬入酒店房间"。洲际（Inter Continental）酒店集团旗下所有酒店都在客房配有泡沫轴、瑜伽垫、瑜伽砖、健身球等健身器械，以便客户在客房内的健身区域自行健身。温德姆酒店集团旗下的Tryp酒店以健身为特色，自温德姆酒店集团在2010年从Sol Melia收购了Tryp以后，所有新建的Tryp酒店都配置至少一间健身客房。其所有健身客房都配有健身器材，包括健身脚踏车、跑步机或椭圆机，具体器材因酒店而异，有的还提供免费的运动服装。2005年，威斯汀品牌推出威斯汀健身室（Westin Workout Rooms），旨在满足那些在旅途中想要实现或维持健康生活风尚的客户的需求。

（二）国内康养主题客房的发展情况

康养文化是我国传统文化的重要组成部分，历史源远流长。康养主题酒店与主题客房作为一种正在兴起的酒店发展新形态，在我国出现的时间并不长，但也有不少酒店与酒店集团相继做了实践探索。位于成都青城山麓的鹤翔山庄从2006年开始，"以传统文化与现代酒店相结合"的创新之路，打造中国道家文化第一庄并成为中国本土主题酒店发祥地，在道家养生主题酒店上大做文章，取得了很好的经济效益与社会效益。2015年4月22日，中国第一家以打造禅生活为主题的禅文化酒店——禅驿嘉定院子（酒店）在乐山大佛景区旁诞生，其推出的禅修主题客房供不应求。上海阿纳迪酒店是定位"健康养生"的奢华酒店，提出"睡、呼、净、动、唤"五类健康平衡要素，关注顾客的"呼吸、睡眠、排毒"，倡导自然健康的生活方式，酒店养生内容包含疗愈石等元素，设有瑜伽、太极、冥想、颂钵等体验课程。厦门云也酒店推出的中医文化主题客房，广州从化都喜泰丽温泉度假酒店和北京半山海湾酒店的温泉SPA养生主题客房在业界都有极高的知名度。康养主题客房在国内发展迅猛，方兴未艾。

三、康养主题客房的类型

目前，康养旅游住宿企业结合自身的资源特色和市场需求，开发和提供了生态康养类、康体运动类、中医药文化康养类、国学和民俗文化康养类和艺术文化康养类等多种主题客房。

（一）生态康养类主题客房

生态康养类主题客房目前以温泉水疗系列为主，客房提供温泉泡汤、中医药温泉水疗、温泉运动疗愈、精油 SPA、芳香疗法等特色服务，配套相应的设施设备。此类康养主题客房的历史要早于其他类型。

（二）康体运动类主题客房

康体运动类主题客房为民族传统运动（如太极拳、八段锦、五禽戏），疗愈型运动，以及俯卧撑、拉伸、健身操等体能活动训练的开展提供了配套设备与服务。

（三）中医药文化康养类主题客房

中医药文化康养类主题客房配套相应设施设备，提供中医康养文化体验，如药膳茶饮、药液沐浴、推拿、针灸、艾灸、刮痧、香薰全息足疗、蜡疗、火罐疗法等特色服务。

（四）国学和民俗文化康养类主题客房

国学和民俗文化康养类主题客房提供国学修养提升、民俗文化体验、冥想、静修、禅修、佛法学习、太极养生、经书抄写等特色文化康养主题活动和健康养生文化体验等服务。

拓展阅读：文化康养与健康理疗特色服务

（五）艺术文化康养类主题客房

艺术文化康养类主题客房提供茶艺、茶道（见图 2-3）、插花、棋道、香道、书法、绘画、篆刻、剪纸、摄影、戏曲、舞蹈、器乐、艺术鉴赏等主题活动体验与服务。

图 2-3　茶文化康养主题客房

第二节　康养主题客房的特点与功能

康养主题客房是康养主题酒店、特色民宿及其他文化主题酒店非常重要的拳头产品。其以迥异于常规客房的特点与功能，为康养旅游住宿业赋能增值，极大地提升了产品竞争力。熟悉康养主题客房的特点与功能，是做好康养主题客房的销售与服务的前提条件。

一、康养主题客房的特点

康养主题客房是指酒店、民宿或其他住宿业态基于康养文化内涵与功能需求，通过专项配置设施设备及用品，并运用系统性设计手法，对空间规划、家具配置、灯光系统、色彩方案、装饰陈设等要素进行艺术化处理，从而形成具备显著康养功能、鲜明文化特征与独特空间体验的特色客房。功能性、文化性、差异性、舒适性、体验感是康养主题客房的主要特点。

（一）功能性

康养主题客房除具备常规客房的休息睡眠功能外，还有一个更重要的功能就是健康养生功能，作为健康养生与旅游住宿的完美结合体，康养主题客房通过配置专门的设施设备，加上巧妙的空间设计和艺术化的灯光色彩搭配，更加强化健康养生功能，方便实现养身、养心、养神的健康养生目的。

（二）文化性

康养主题客房均是围绕康养大主题下一个子文化而设计与呈现的，其立足于生态康养文化、康体运动文化、中医药文化、国学和民俗文化、艺术文化中的某一个文化主题，通过家具的材质与风格，地毯或其他地面铺设材质的图案、花纹、色调精心设计，墙面色调选择、相应的文化主题元素点缀，特色布草与床上装饰物，特色的灯饰造型，介绍或反映康养主题文化的图书、杂志等阅读物，介绍康养主题文化的饭店专用电视频道，以及主题化、仪式化的进房、夜床服务、送餐服务等诸多方面来凸显康养主题文化，增加康养主题文化氛围，强化客人的入住体验。

（三）差异性

康养主题客房往往运用多种艺术手法，通过空间、平面布局，光线、色彩，陈设与装饰等多种要素的设计与布置，烘托某类康养主题的文化气氛。例如，个性十足的康养功能性设施设备，艺术挂画、工艺品摆件，依据康养主题文化专门设计的浴衣、睡衣、拖鞋，仪式感极强的创意性服务，等等，都与常规酒店不一样，存在着很大差异。康养主题客房的差异性还表现在高品质的消费客群上。康养主题客房由于具有特别的功能和鲜明的文化特色与个性特征，除少部分猎奇者以外，吸引来的消费者绝大多数是对健康养生特别重视，生活品质较高的客人。他们之所以选择入住康养主题客房，除体验相应功能外，更注重精神上的享受与共鸣。

（四）舒适性

康养主题客房的舒适性就是住店客人无须操心，一切均有人安排妥当，无论是提供的服务还是环境，都让人感到舒服、周到、轻松、安全，有家的感觉。舒适性可分为知觉舒适性和行为舒适性两种：知觉舒适性是指环境刺激引起的视觉、听觉、嗅觉、触觉舒适程度，它是人们行为和知觉舒适性的综合感受；行为舒适性是指环境行为引起的舒适程度。康养主题客房作为一种创新性产品，配套齐备、功能显著，设备保养优良、使用方便、服务专业，目的就是确保住宿的舒适性。

（五）体验感

康养主题客房是一种功能化、个性化的康养住宿产品，空间划分合理，环境舒适，风格独特，服务到位，让每个客人全程体验尊崇礼遇与细致关怀。房间里配置精良的康养功能设施设备和较完善的配套服务为住店客人提供了场景式的康养文化消费空间，充分满足客人的个性化需求，让住店客人具有多感官的体验。

二、康养主题客房的功能

（一）优质睡眠功能

客房的主要功能是休息与睡眠，康养主题客房也不例外。而康养主题客房比一般的传统客房更加注重睡眠功能的提升，更加注重对睡眠空间的打造，构建洁净的空气、较低的噪声、适宜的温度湿度、丰富的负氧离子含量、良好的水质、优美的绿化等综合环境，同时辅以配套的助眠床具和安睡饮品等，为住店客人营造优质的睡眠环境，提供更优质的助眠功能。

（二）健康养生功能

康养主题客房除具备一般客房的空间和基本设施设备外，还根据特定的功能与主题配置相应的康养设施与设备，提供相应的服务。通过房间内的生态康养、康体运动康养、中医药文化康养、国学和民俗文化康养、艺术文化康养活动的开展来减压放松，保持身心健康，怡情养性，实现养眼、养身、养心、养神的健康养生功能。

（三）弘扬优秀传统文化

康养主题客房作为特色文化的载体，将充分运用生态养生、运动康体、中医诊疗、国学民俗、艺术美学等文化要素，构建文化体验空间。入住期间，消费者不仅能沉浸于主题场景感知文化特质，更能通过特色项目体验深入领悟文化精髓，形成传统文化传播、传承的有效路径，实现文化价值与消费体验的有机融合。

（四）倡导健康的生活方式和养生理念

拓展阅读：生态康养与康体运动特色服务

康养主题客房是对康养文化的最直观的诠释，为消费者提供了一种健康的生活方式和养生理念。消费者通过入住体验，能纠正自己的一些不良生活习惯，形成绿色健康的生活方式，并学习掌握科学的健康养生方法，吸收科学的健康理念，实现"治病于未病"，促进消费者健康习惯的养成。

第三节　康养主题客房专用设备与物品性能

康养主题客房根据主题类型和入住的康养客人的需求，会专门配置一些专用设备和物品，凸显并强化相应的康养功能，从而创造出独特的宾客入住体验。

一、激眠设备与物品

人的一生当中，有三分之一的时间是在睡眠状态中度过的，充足的睡眠是健康的基石。然而绝大多数人因为生活与工作压力等因素有失眠、睡不好的困境。拥有婴儿般的睡眠，一觉睡到自然醒，是许多人的梦想。助眠激眠设备与物品若能发挥出相应的作用，能够极大地提升人们的睡眠质量。目前，康养主题客房中可添置的激眠设备有激眠床（见图2-4）、助眠枕、助眠仪与助眠眼罩等。

（一）激眠床

一张激眠效能突出的智能激眠床由4台高质量的RICHMAT电机和1张不含弹簧的记忆棉床垫组成，可通过App控制床垫的升降，客人躺在床上，会根据身体想要的舒适角度，缓缓抬升或降落，形成一定角度，减轻对心脏和身体各部位的负担，让人体在观影、阅读、睡眠、瑜伽等场景中更舒适，从而缓解人体疲劳，增加深度睡眠时间，促进身体恢复，让第二天精神更饱满。同时床垫罩面还采用助眠的特殊面料，部分智能床体还结合人工智能科云计算、大数据管理等信息技术，通过使用智能手机 App 对床垫的软硬度进行自我调节，并进行心率和呼吸检测、睡眠检测，不仅促进睡眠，还能进行身体状况监测。

（二）助眠枕

助眠枕除加强护颈，按照人体工程学设计，有效稳固睡姿，贴合颈部，促进健康睡眠等特征和功能外，还运用传统中医闻香原理，在枕芯中加入具有安神舒缓作用的决明子（见图2-5）或者碧玺、沉香、沉香叶、牛角粉、薰衣草、木香、檀香、夜交藤等多种中药，通过嗅觉产生作用，香气散发于头部周围，气味作用于人的神经系统，实现人体内外环境的协调统一，从而达到激眠的目的。

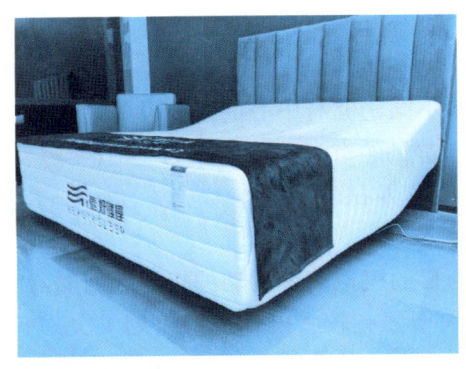

图2-4　智能激眠床　摄影：吴越强

图2-5　决明子枕头

（三）助眠仪与助眠眼罩等

除激眠床与助眠枕外，有的康养酒店还配备电子助眠仪帮助客人睡眠，助眠仪可以发出低频电磁波，刺激人的大脑，逐渐降低大脑的兴奋程度，使人们能够快速入眠。此外，还有负离子助眠机，通过释放负离子净化空气，调节大脑神经递质（如血清素、内啡肽），缓解压力并改善睡眠质量。另外，还有骨传导睡眠音箱（如南卡 Z2 枕中宝），内置白噪声（流水声、雨声等）和骨传导技术，通过振动传递声音至颅骨，避免传统耳机的不适感。支持蓝牙连接和 U 盘播放，可放置于枕头下使用。助眠的物品还有助眠眼罩（见图2-6）与耳塞，它们也能起到相应的助眠作用。

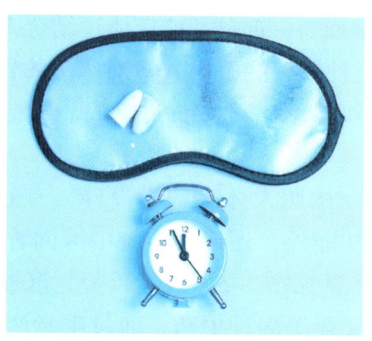

图 2-6 助眠眼罩

二、肌体锻炼设备与物品

康养主题客房内的肌体锻炼设备不同于健身中心的大型设备，受客房空间的限制，其设备多为中小便捷型。常见的有划船器、AMT 体适能运动机、椭圆运转机、健身车、美腰机、跑步车以及拉力器等。

（一）划船器

划船器又称划船机，是以训练为目的模拟赛艇运动的机器。划船器对上肢、腿部、腰部、胸部、背部的肌肉增强有较大的作用，每划 1 次，下肢、上肢、腰腹部、背部肌肉都会完成 1 次完整的收缩与伸展，达到锻炼全身肌肉的效果，使用划船器主要用来增强手臂力量、背阔肌和动作协调能力。

（二）体适能运动机

体适能运动机功能完善（见图 2-7），与其他的健身器械不同，使用者可以在相对狭窄的空间里，完成类似于步行、慢跑、登楼梯和长跑等各种运动模式的自由转换，并可以通过这种即时转换模式功能，调整自己的训练模式，以达到针对特定肌肉群训练的目标。

（三）椭圆运转机

椭圆运转机能把人的手臂与腿部的运动有机结合起来，经常使用可以协调人的四肢、健美身体。较长时间的运动练习能够提高身体耐力，增强心肺功能，还可以培养平和心态，提高运动能力（见图 2-8）。椭圆运转机平滑流畅的运动轨迹和交叉坡度技术让使用者以符合生物力学的姿势锻炼肌肉组，增加了锻炼的多样性和有效性，并能有效减少肌肉劳损的发生。

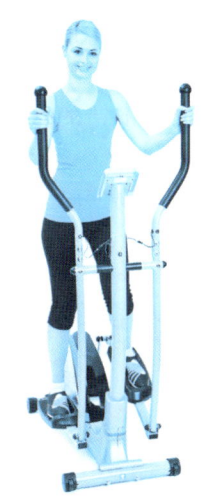

图 2-7　体适能运动机　　图 2-8　椭圆运转机

（四）健身车

健身车是目前比较热门的运动器材。锻炼时，使用者像骑自行车一样，在健身车上不断地做骑行动作，通过一定强度和阻力的锻炼，能有效地锻炼腿部肌肉，提高双腿力量和耐力；同时能使得髋关节、膝关节和踝关节等关节部位得到充分活动，提高关节部位的灵活性。此外，还能帮助促进身体的血液循环，锻炼内脏耐力，使得微血管组织能得到进一步的强化，有利于强化血管、预防心脏病，同时还能起到减肥瘦身、缓解压力的作用。

（五）跑步机

跑步是一种全身运动，它能使全身的肌肉有节律地收缩和松弛，使肌肉纤维增多，蛋白质含量增高。跑步机是当今家庭健身器材中最受欢迎的种类之一，是居家健身的最佳选择。锻炼者可不受外界天气影响而在室内进行有氧运动，主要用以锻炼腿、臀、腰、腹肌肉，提升心肺功能。大部分的跑步机具有减震功能，可以有效减轻对脚踝和膝部的冲击。跑步机上有速度、里程、时间显示，可提醒使用者更好地控制运动频率和运动强度，部分跑步机上还有电视显示屏，可进行心率和热量消耗统计，这些功能都可以让锻炼者更好地把握运动量，让使用者更好地坚持锻炼。

（六）美腰机

美腰机是现在很流行的一种瘦腰设备（见图 2-9），因其可以很好地瘦身美腰而受到很多人的喜爱。美腰机主体系完全配合人体自然的姿势而设计，通过相应的动作，让腰、腹、胸、肩、臀、腿等部位皆能达到锻炼的效果，尤其利于手肘、腰、腹及肩颈的舒缓与肌肉锻炼，只需借由轻松自然的摆动便能收到不错的效果，此外，还可以用于对使用者腰部、背部放松按摩。

（七）其他肌体锻炼设备与物品

其他的肌体锻炼物品还有各种型号与规格的阻力带、弹力带、拉力带（绳）、哑铃和拉力器等，这些锻炼可以作为肌体锻炼的辅助设备与简易设备，放置在康养主题客房里，供客人选择使用。

图2-9　美腰机

三、按摩放松设备与用品

康养主题客房里的按摩放松设备主要有多功能按摩椅、足底按摩器、筋膜枪、筋膜球、按摩锤子、经络敲打锤、足底按摩垫等。

（一）多功能按摩椅

多功能按摩椅一般拥有揉捏手法按摩、背部按摩、摇摆按摩、振动按摩、指压按摩、小腿气压按摩、臀部气压按摩、自动按摩程序和脚架伸缩等功能，可以满足不同客人的按摩放松需求。

（二）筋膜枪

筋膜枪也称深层肌筋膜冲击仪（见图2-10），是一种软组织康复工具，可高频率冲击身体的软组织。筋膜枪每分钟产生2 000~3 000次振动，通过枪头冲击身体目标部位来帮助肌肉软组织放松恢复，促进血液循环；同时能够有效消散人体因运动、生活、工作疲劳而产生的大量肌酸，具有非常好的缓解肌体疲劳的作用；其高频振荡作用可直透深层骨骼肌，令骨骼肌得到放松，并促进经络神经血脉的畅通。

（三）足底按摩器

足底按摩器是一种承袭古代足部按摩手法，用现代工艺而制造出来的按摩器械（见图2-11），可对人体的双脚（包括脚底、脚踝、脚面等）进行按摩，以起到保健作用。足底按摩器通过底部按摩突头的有序运动，配合仪器的高频振动，对脚部的穴位进行按摩刺激，从而起到调节脏腑功能、脏腑气血的作用；同时具有一定的镇静安神、缓解疲劳、增加睡眠等功效；从养生的角度多方位调理，可有效促进血液循环及经络气血运行，使身体达到健康的平衡状态，此器械具有操作简单、效果好等特点。

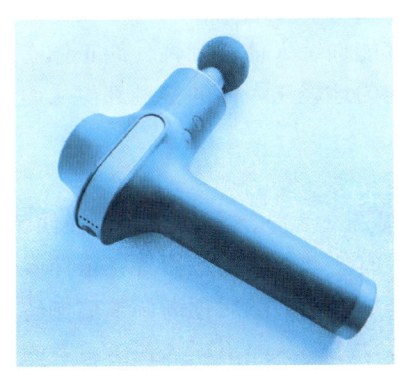 

图2-10 筋膜枪 摄影：吴越强　　图2-11 足底按摩器 摄影：吴越强

（四）其他按摩用品

其他按摩放松用品还有按摩锤子、经络敲打锤、足底按摩垫与按摩拖鞋等。经络敲打锤可以对头、手、脚进行按摩和梳理，促进血液循环，也可对腰、腿、后背进行敲击，起到按摩的作用。足底按摩垫与按摩拖鞋也能对脚部神经反射区进行按摩，刺激经脉气血运行，加快血液循环，疏通末梢毛细血管，从而起到放松和养生的作用。

四、静养禅修设备与用品

康养主题客房内的静养禅修设施设备主要有瑜伽系列用品和禅修系列用品。

（一）瑜伽系列用品

1. 瑜伽垫

瑜伽垫是练习瑜伽时与身体最亲密接触的瑜伽用具，可以防止脊椎、脚踝、髋骨、膝关节等部位的碰伤，且能有效阻隔地面寒气，抓地力强，具有回弹性、防滑性、平整性和人体皮肤亲和性。以卧姿或坐姿完成某个瑜伽动作时，借助瑜伽垫可以达到更佳的效果。

2. 瑜伽轮

瑜伽轮被称为"后弯神器"，是瑜伽运动中的辅助物件，它可以协助瑜伽练习者做好瑜伽体式，瑜伽轮对身体的脊柱也是十分有益的。经常用瑜伽轮做姿势练习能够使人体的柔韧度上升，促进血液循环，释放颈肌压力。

3. 瑜伽球

瑜伽球又被称为健身球或瑜伽健身球，是一种多用途的瑜伽辅助工具，通常用来支撑练习者身体的某个部位，以完成特定的瑜伽动作。瑜伽健身球有很强的趣味性，软软的，很有弹性。其能训练人体平衡性，纠正体态。当人体与之接触时，内部充气的健身球会均匀地轻压人体的接触部位从而起到按摩作用，有益于促进人体的血液循环。

4. 瑜伽砖

瑜伽砖是瑜伽动作时的辅助用具（见图2-13），柔韧抗裂，轻便耐用，主要是防止做高难动作时拉伤。瑜伽体位有些动作需要练习者完全伸展手臂或下腰碰触地面。瑜伽砖可帮助练习者伸展盆骨，然后逐渐调整瑜伽砖与地面的距离，循序渐进地完成拉伸、延展等动作，从而不断改善练习者的身体柔韧性，使每个动作都达到要求的精准度。

图2-12 瑜伽轮

图2-13 瑜伽砖

5. 其他的瑜伽用品

除上述瑜伽用品外,还有瑜伽伸展带和瑜伽眼枕。瑜伽伸展带常用来锻炼肌力,稳定姿势及控制伸展距离。丝绸质地的瑜伽枕,一般用于瑜伽练习中。遮住练习者的眼睛,让身心呈半睡眠状态,彻底放松,以达到最佳的练习效果。

(二)禅修系列用品

康养主题客房配备的禅修用品有禅修垫、禅修服、佛经书法抄写组合、空灵鼓与音钵等。

1. 禅修垫

禅修垫又称打坐垫、禅垫、打禅垫。禅修垫有单独的,也有组合的。组合垫由上垫和下垫组成,下垫用来消减打坐者腿部与地面直接接触时间长所产生的不适,上垫则保持打坐者身体稍微前倾,以确保脊柱挺直。

2. 禅修服

禅修服起源于古印度,由古印度瑜伽服或僧服演变而来。其衣型宽松,多以棉麻布衣为主,宽松,透气性好,穿着舒适,便于禅修活动的施展。禅修服还有专门为打坐时保护人体关键穴位和主要关节不受风寒的功能,尤其是在夏天的空调环境里,身着禅修服让人特别地放松。经过改良的时尚禅修服也特别受欢迎。

3. 佛经书法抄写组合

佛经抄写组合一般是由佛经描红宣纸、书法毛笔、墨汁、书画垫毯、墨碟组成。抄写佛经,可以培养定力、收摄心神。抄经习字时,全身之力会通过臂、手、腰、肩的协调,聚于笔端,化作轻巧的横竖撇捺,从而锻炼身体的协调性;还可以提高抄写者的书写水平,学习优秀传统文化。佛经抄写组合从置放到康养主题客房开始,就一直深受欢迎。

4. 空灵鼓与音钵

空灵鼓也称无忧鼓、忘忧鼓、钢舌鼓,是一种以碟形钢舌振动发声的新型打击类乐器(见图 2-14),具有手碟和马林巴、木舌鼓(主要靠音舌带动共鸣腔震动的乐器)等的综合特点。音色优美动听,空远、深沉,融合了磬、古琴、古筝等古典乐器的婉转灵秀,特别适合陶冶情操,净化心灵。空灵鼓分为八音、十一音、十三音、十四音、十五音五种,其学习简单,不需要复杂知识,随意随心敲打,即可独创美妙音律,达到锻炼呼吸、培养气质、缓解精神压力、放松心灵的康养目的。

拓展视频:灵鼓演奏

音钵被称为是会唱歌的碗(见图 2-15),由金、银、铜、铁、锡、铅、

拓展视频：音钵演奏

锌七种金属手工制作而成。音钵发出的声音浑厚有力、悠远绵长，这种绵长的泛音创造出一个充分的听觉空间，置身其中，就仿佛音乐在非常轻柔地"按摩"着你的皮肤、肌肉、神经，让人身心愉悦。音钵发出的声响，是一种有规律、有节奏的振动，有助于让人进入安宁放松的状态。目前，音钵已成为声音疗愈的一种常用工具。

还有环境营造的声音辅助工具，如风铃、流水装置（模拟自然声音），自然白噪声机（雨声、海浪声等），冥想音乐播放器（搭配蓝牙音箱或耳机）。另外，还有注意力引导工具，如曼陀罗绘画本（通过涂色集中精神），呼吸训练器（如呼吸球、Ujjayi呼吸管），计时沙漏（设定冥想时间，减少看钟表的干扰）等。

图2-14　空灵鼓　摄影：吴越强

图2-15　音钵

五、水疗设施设备与用品

康养主题客房里的水疗设备与用品有功能不断优化的按摩浴缸和以橡木为主的全自动木质足浴桶。

（一）按摩浴缸

按摩浴缸是康养主题客房常见的水疗设备。它主要是通过电机马达运动，使浴缸内壁喷头喷射出混入空气的水流，形成不同速度水流的循环，从而对人体产生按摩作用。按摩水流能够有效解除皮肤表层的神经紧张，为肌肉组织提供有效的舒缓方式，同时加速人体内的血液循环。

（二）全自动橡木足浴桶

全自动橡木足浴桶具有全实木、不漏水、保温久、防漏电、加热快的特点，用它泡脚能促进血液循环，加速体内排寒，刺激足部的穴位、反射区和经络，对很多疾病的治疗有很好的辅助作用。

六、美容设备

康养主题客房的美容设施一般有蒸面器（喷雾机）、体重秤、体围测量尺、消毒柜、化妆台与全身镜。

（一）蒸面器

蒸面器是时下非常热门的一款美妆工具，它具有深层清洁、净透补水等功效，可以给面部高效补水，同时可使面部毛囊及角化细胞软化，有利于在清洁、按摩时清除毛囊深层的污垢和角化细胞，并能较彻底地清除皮肤的污物及化妆品，使皮肤清爽、光滑、细腻。

（二）消毒柜

康养主题客房内置放的消毒柜，一般采用高科技臭氧、电热烘干、远红外线等方式高效杀菌。康养消毒柜便于客人对美容器械、美容毛巾与其他的棉织品进行消毒。

（三）其他美容设备与用品

康养主题客房里的其他美容设备与用品还有化妆台与全身镜、体重秤与体围测量尺，这些都是入住客人美容美体的基本配置设施。

七、养身检测设备

康养主题客房内可放置的养身检测设备有身体成分测试仪、体适能测试仪、皮肤检测仪、血压测试仪、血糖血脂尿酸检测仪、便携式心电计等。

（一）身体成分测试仪

身体成分测试仪以多频节段生物电阻抗分析法来测量人体体重、基础代谢量、肌肉量、肥胖度、身体年龄，推定骨骼量、内脏脂肪水平、身体脂肪率、锻炼模式等，可精确检测到手脚左右各项健康指数（见图2-16），有效呈现测量者的身体健康状况。

（二）体适能测试仪

体适能测试仪可以进行身高体重、仰卧起坐、俯卧撑、肺活量、握力、坐姿体前屈、平衡性、反应时间、台阶能力、纵跳等的测试（见图2-17），使测试者了解自己目前体适能状况的强项及弱项。数据存储、查询、分析功能可以让测试者纵向了解自己身体的变化情况，看到自己的康养锻炼成绩，并根据个人情况设计相应的运动处方，采取更加有效的措施，增强身体健康。

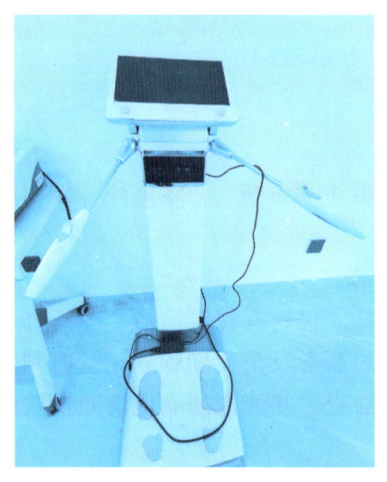 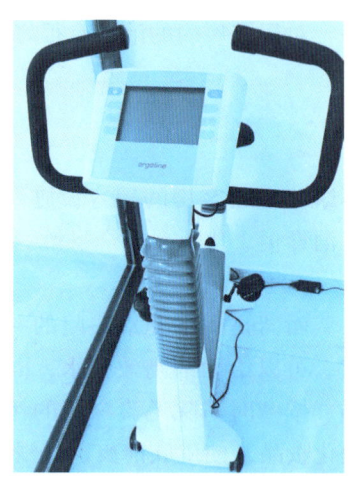

图 2-16 身体成分测试仪　摄影：吴越强　　图 2-17 体适能测试仪　摄影：吴越强

（三）中医体质辨识系统

中医体质辨识系统（见图 2-18）是在中医体质理论指导下，根据量表设计原理，以问询录入的方式，采集测试者的健康信息；通过对平和质、气虚质、阳虚质、阴虚质、痰湿质、湿热质、血瘀质、气郁质、特禀质 9 种体质的检测结果分析来判断其体质类型，自动生成体质报告，并根据测试结果给予全套治疗保健方案，包括药物调理、饮食调理、运动调理方案及食疗食谱等针对性指导。

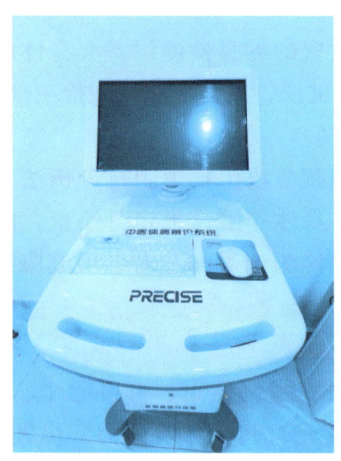

图 2-18 中医体质辨识系统　摄影：吴越强

（四）血压测试仪

血压测试仪检测受测者体循环动脉血压，得出收缩压、舒张压两个数值。康养主题客房内置放血压测试仪（见图2-19），可以及时让高血压患者了解平时的血压是否升高，特别是出现身体不适时可以更快捷地进行测量，以便及时采取相应的措施保证安全。

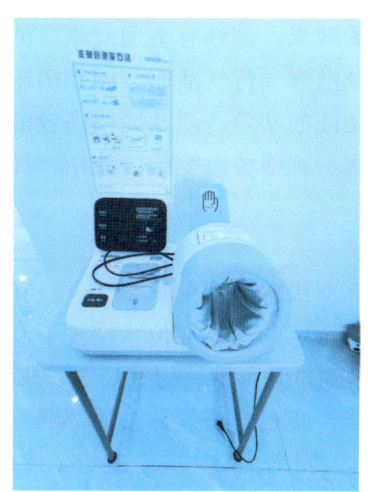

图2-19　血压测试仪　摄影：吴越强

（五）皮肤检测仪

皮肤检测仪是皮肤客观评估工具，它主要以高清探头来发现检测者的皮肤问题，帮助检测者直观快速了解自己皮肤的健康状况，包括皮肤的色素斑、日光损伤状况、毛孔状况、血液循环分布状况、皱纹状况等，也可以用来追踪皮肤治疗的进展情况，即使是最小的变化，它都可以定量地显示出来。

（六）血糖血脂尿酸检测仪

血糖血脂尿酸检测仪能及时定量检测人体毛细血管全血、静脉全血中的葡萄糖浓度，血液中的脂质及毛细血管全血中的尿酸浓度，方便快捷，特别适合康养旅居客群。

（七）便携式心电计

便携式心电计是主要面向家庭与个人用户的心电检测设备，使用特别方便。使用者可以随时随地监测自己的心电状况，便于及早预防和干预，降低发生心血管意外的风险，对各种慢性病患者，如高血压、心肌炎、冠心病、糖尿病、肥胖症以及胸痛、心悸、呼吸困难的患者特别适用。

八、理疗设备与用品

基于安全和自助使用方便的角度，康养主题客房中可放置的理疗设备与用品有刮痧板、抽气式拔罐器、肩梯、中频针灸脉冲理疗仪等。

（一）刮痧板

刮痧板是刮痧的主要器具（见图2-20），通过刺激人体的相关经络、穴位，从而达到康健养生的效果。刮痧有疏通经络、活血化瘀、清热解毒、行气止痛、健脾和胃、温经散寒、行气活血、调和阴阳，增强皮肤渗透性，改善脏腑功能，增强免疫功能的功效。因其简便高效的特点，临床应用十分广泛；还可配合针灸、拔罐、刺络放血等疗法使用，加强活血化瘀、祛邪排毒的效果。

（二）抽气式拔罐器

抽气式拔罐器又称真空拔罐器（见图2-21），利用机械抽气原理使罐体内形成负压，使罐体吸附选定的人体部位，使皮下及浅层肌肉充血，刺激人体皮肤和经络穴位，以达到排除毒素、行气活血、扶正固本，促进新陈代谢、疏通经络、调动脏腑功能，实现聚正气、去局部邪气的目的。抽气拔罐器使用方便，不需要什么技术，安全性高，完全避免了传统拔火罐的危险。

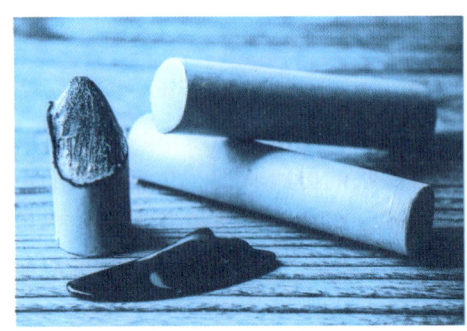

图2-20　刮痧板

图2-21　抽气式拔罐器

（三）中频针灸脉冲理疗仪

中频针灸脉冲理疗仪是根据传统的中医经络学、脏象学的基本原理，结合现代的电磁疗学，通过磁电功能刺激人体，起到推拿、按摩（捶、揉）针灸、热疗、电疗、磁疗等作用，促进通经活络、调理气血、祛瘀止痛。

（四）其他的理疗设备与用品

除刮痧板、抽气式拔罐器、中频针灸脉冲理疗仪外，可置放于康养主题客房中的理疗用品与设施还包括肩梯、热火袋、消毒酒精与棉签等。其中肩梯是一种能够通过手指的攀爬高度来训练肩关节活动范围的装置，它属于上肢康复器材。它能增加使用者抬头和眼睛向上移望的运动，对于因周围神经麻痹而导致肩关节活动受限的康复者，可利用它进行肩关节上举运动，防止肩关节挛缩，并增加手指的灵活性。

九、茶饮与香道设施设备

（一）功夫茶具

一套完整的功夫茶具应包括茶杯与杯垫、盖碗或者茶壶、茶海（又名公道杯）、茶道六君子（分别包括茶夹、茶拨、茶针、茶匙、茶漏、茶筒）、闻香杯、茶宠、茶巾（见图2-22）。

图2-22　功夫茶具　摄影：吴越强

茶杯是用来直饮与欣赏茶汤颜色的功夫茶具。盖碗或者茶壶，是专门用来泡茶的功夫茶具。茶海是用来均匀茶汤浓度和便于分茶的用具。闻香杯是用来捕捉茶的香气的用具，一般与品茗杯相配。茶宠是茶水滋养的小摆件或是饮茶品茗时的把玩之物，多为紫砂或澄泥烧制的陶质工艺品。茶巾用于清理茶台上的溢出物，如水或茶渍等。茶道六君子中的茶夹用来夹洗品饮杯，茶拨用来拨取茶叶，茶针用来疏通壶嘴，茶匙用来将茶叶从茶叶罐转移到茶壶或盖碗中，茶漏用来防止茶叶外漏，茶筒用来盛放茶夹、茶拨、茶针等工具。

（二）香道用具

香道用具一般有香炉、手炉、香斗、香筒、卧炉、熏球、香插、香盘、香盒、香夹、香铲、香匙、香囊等。

香炉，香道必备的器具，主要用来熏衣、陈设等。圆形的香炉应该一足在前，两足向后放置。手炉是可握在手中或随身携带的小香炉，其形状多样，表面会镂空，图案多样。香斗又称长柄手炉，柄头雕有莲花或瑞兽。香筒是用来熏烧线香的工具，形状为长直的圆筒，筒内有小插管，用于安插线香。

拓展视频：香道展示

卧炉类似于香筒，但主要用于横向点香。熏球又称香球，球内设有小杯，用于放置香品。香插是用于插放线香的带有插孔的基座。香盘用于接住香灰。香盒是放置香品的容器，也可装饰香案和居室。香囊用于放置香料，以便于随身携带，多用于提神。香夹用于夹取香品，香筷用于取香，香铲用来处置香灰，香匙用于盛取粉末状或丸状香品。

第四节 康养主题客房的销售技巧

在当今旅游市场中，康养主题客房因契合健康养生理念而备受游客青睐。其销售需融合健康养生与客户需求，通过差异化服务和精准营销吸引目标人群。然而，不同客人对酒店产品价值和品质的认知存在差异，尤其是首次入住康养酒店的客人。若客人认为客房性价比不高，酒店服务员将难以促成销售，进而导致客人不满和酒店损失。因此，酒店服务员必须掌握有效的销售技巧，把握每一次与客人接触的机会，促成交易，从而提升房间收入。

一、把握客人的特点

康养主题酒店服务人员应充分了解酒店目标市场的客源群以及客源群不同的康养需求，并有效利用已建立的客史档案资料，把握客人的需求特点，采取针对性、个性化的销售方法。

例如，随着社会和家庭对妇孕婴幼群体重视度的不断提升以及该群体消费转向多元化，他们的健康需求不再局限于医疗保健，更多的母婴健康产品与服务持续涌现，如产前检测、产后恢复、胎儿早教、小儿推拿、妇幼膳食、益智玩具等。服务人员就可以向这类客人推荐房间安静、宽敞并配置有儿童床、儿童玩具，有利于产后恢复器械的房间。

针对爱美且注重养生的女士，服务人员可以推荐配备温泉泡汤、精油SPA等房间。

青少年康养主要围绕教育、体育、旅游、美容、养生以及心理咨询等方面展开，服务人员可以向这类客人介绍并提供配有简易康复医疗器械或客房电视能收看到各类健身赛事的房间。

现阶段中国社会加速步入老龄化，中老年康养的客人越来越多，针对中老年人的特点，服务人员可以向客人推荐具有环境宜人、干净卫生、不吵闹等特点的房间。

总之，康养主题酒店服务人员应加强日常观察、积累经验，把握各种类型客人的特点，进而做好有针对性的销售服务。

二、强调价值，淡化价格

客人外出度假康养，不仅要求在身心上获得愉悦与健康，也希望自己购买到的康养住宿产品物有所值。如服务人员在为客人推销房间时，只单一地介绍房间种类和价格，会很难让客人在心理上接受。服务人员在推销的过程中，应注意对客房的特点进行恰当的形容和强调，让客人认同客房的价值，并解答客人最希望了解的关键问题，有技巧地与客人洽谈价格。此时，应注意避免硬性推销或急于报出价格，而是选择在合适时机将价格报出来，以易于客人接受。

三、讲究语言技巧

康养旅游住宿服务人员在销售客房时要多使用敬语、谦语、雅语和专业术语，以正面介绍的方式进行。

（一）使用敬语

敬语就是敬重别人的语言，如"请""谢谢""麻烦您""不好意思""对不起""多多包涵""让您久等了""打扰了""认识您真高兴"等。经常使用这些敬语会让客人听起来感觉到特别受尊重。

（二）使用谦语

谦语亦称"谦辞"，与敬语相对，是向人表示谦恭的一种词语，最常用的用法是在别人面前谦称自己和自己的亲属。自谦和敬人，是一个不可分割的统一体。尽管日常生活中谦语使用不多，但其精神无处不在。服务人员日常用语中应表现出谦虚和恳切，这样自然会受到客人的尊重。

（三）使用雅语

雅语是指一些比较文雅的词语，服务人员多使用雅语，能体现出一个人的文化素养以及尊重他人的个人素质。

（四）使用专业术语

服务人员在销售客房时一定要使用行业语言，即专业术语。用专业的语言进行销售会得到客人的认可和肯定，从而尽快地促成交易。

（五）以正面介绍为主

服务人员在销售时最好采用正面说法，注意语言艺术，称赞对方的选择，擅长揣摩客人心理。销售时应避免使用"只剩下""最后一间"等词语，虽无恶意，但会让客人觉得是别人挑剩下的，进而产生不良感受，甚至可能会得罪客人。例如，应当说："王先生，您运气真好，我们恰好还有一间带温泉泡汤的单人间。"而不能对客人说："单人间就只剩最后一间了，您需要吗？"

四、选择适当的报价方式

服务人员在向客人销售客房时需要介绍房间种类、房间价格及房间特色，但什么时候报价和什么时候告知房间特色，服务人员应根据所销售的客房种类，选择不同的报价方式。酒店常见的报价方式有以下三种。

（一）"夹心式"报价

"夹心式"报价也称"三明治式"报价，即将房价夹在所提供的服务项目和利益中间进行报价，让客人一头一尾听到的都是房间特色，从而减轻对价格的敏感度。"夹心式"报价适合于中档客房，主要针对消费水平高、有一定地位和声望的客人。例如："我们有朝向美丽湖泊、配有温泉泡汤池的宽敞大床房，价格为800元，并免费提供双早以及洗衣中心提供的一次西服免费熨烫。"

（二）"鱼尾式"报价

"鱼尾式"报价，即先介绍所提供的服务项目以及客房特点，最后报出房价，突出房间的"值"，以减弱价格对客人的影响。这种报价适合高档康养主题客房。例如："我们有朝向美丽湖泊、配有温泉泡汤池的宽敞大床房，并免费提供双早以及洗衣中心提供的一次西服免费熨烫，价格为800元。"

（三）"冲击式"报价

"冲击式"报价，即先报价格，再提出房间所提供的服务项目与利益等。这种报价比较适合价格较低的客房，主要针对消费水平较低的客人。例如："大床房的价格为800元，房间宽敞明亮、朝向美丽湖泊、配有温泉泡汤池，并免费提供双早以及洗衣中心提供的一次西服免费熨烫。"

五、多提建议展示客房

介绍后客人若仍有疑虑，服务人员应将事先准备好的主题客房宣传册、图片及视频等直观资料展现给客人，若有必要还可带领客人实地参观几种不同类型的客房，由高档逐步向低档展示，伴以服务人员自信、热情、礼貌的介绍，客人大都会作出快速、合理、明智的选择。

六、巧用利益引诱法

销售房价高的房间会给康养旅游住宿服务企业带来更多的收益，服务人员应对有预订的客人在办理入住手续时抓住二次销售的机会，采用给予一定附加利益的方法，建议客人只要在原价格基础上稍微提高，即可得到更多的好处或优惠，使客人放弃原预订客房，从而转向购买高一档次的客房。例如："我们还有一间自带温泉泡汤池的大床间，您只需多付50元，就可以在房间享受温泉，不用到公用温泉池，更方便卫生，也更加保护您的隐私。"客人听到后往往会乐意接受服务人员的建议。这样不仅让企业增加了收入，而且也让客人享受到了更多的优惠和更愉快的康养旅游住宿经历。

七、建立良好的客户关系

在销售康养主题客房时，建立良好的客户关系至关重要，通过倾听与沟通，提供专业建议，并关注客户反馈实现销售目标。销售康养客房时，要用对话拉近与客人的距离。例如向客人介绍客房时，先专注倾听对方的需求，观察客人提到"肩颈酸痛"或"睡眠质量差"时点头放慢语速，顺势拿出康养房型手册，指着重力按摩枕和助眠香薰机说："您看这个功能正好能缓解您的情况"。当客人犹豫价格，可用"健康投资"的角度解释："这间客房配备的草本浴包和晨练指导服务，能帮您把养生习惯带回家"。送别时主动询问入住体验，如果客人提到"喜欢房内冥想音乐"，立刻推荐会员卡："下次预订可以优先升级到带私人颂钵疗愈的套房"。通过每一次互动，把服务细节转化为销售机会。

八、新媒体营销的合理运用

新媒体营销就是利用新媒体平台进行营销。在Web2.0带来巨大革新的时代，营销方式也发生着变革，新媒体的沟通性（communicate）、差异性（variation）、创造性（creativity）、关联性（relation）、体验性（experience）给营销方式、渠道带来了更多可能。当前互联网已经进入新媒体传播时代，并且出现了网络杂志、博客、微博、微信、短视频等多种平台。合理运用这些平台对康养主题客房的营销具有很大的促进作用。

当前新媒体营销的方式主要有以下几种。

（一）微博营销

微博营销是指通过微博平台为商家、个人等创造价值而执行的一种营销方式，也是指商家或个人通过微博平台发现并满足用户的各类需求的商业方式。

1. 发起话题挑战

在微博平台上发起与康养相关的趣味话题挑战，如"康养生活小妙招"，鼓励用户分享自己的康养生活经验和心得，同时设置奖励机制，吸引更多用户参与。

2. KOL合作推广

与康养领域的知名博主或KOL（关键意见领袖）进行合作，邀请他们入住康养主题客房并分享体验，通过他们的粉丝基础和影响力，扩大客房的知名度和曝光率。

3. 直播互动

利用微博直播功能，进行康养主题客房的直播展示，让用户实时了解客房的环境、设施和服务，增强用户的代入感和购买欲望。

（二）微信营销

微信营销是网络经济时代企业营销模式的一种创新，是伴随着微信的火热而兴起的一种网络营销方式。微信不存在距离限制，用户注册微信后，可与周围同样注册的"朋友"形成一种联系，用户订阅自己所需的信息，商家通过提供用户需要的信息推广自己的产品，从而实现点对点的营销。

1. 公众号内容策划

在微信公众号上定期发布与康养相关的文章、视频和音频内容，如"每日康养小贴士""康养达人分享"等，吸引对康养感兴趣的用户关注。

2. 社群运营

建立康养主题客房的微信社群，组织定期的线上互动活动，如问答、抽奖等，增强用户黏性，同时收集用户反馈，不断优化产品和服务。

3. 个性化推送

利用微信的个性化推送功能，根据用户的兴趣和行为数据，向他们推送定制化的康养主题客房信息和优惠活动。

（三）视频营销

视频营销以创意视频的方式，将产品信息移入视频短片中，为大众化所吸收，也不会造成太大的用户群体排斥性，容易为用户群体所接受。

1. 制作宣传视频

制作高质量的康养主题客房宣传视频，展示客房的环境、设施、服务和康养特色，通过视频平台或社交媒体进行传播，如抖音、小红书等。

2. 短视频创作

结合时下流行的短视频平台，创作与康养主题客房相关的短视频内容，如"一分钟了解康养客房""康养客房的一天"等，吸引用户的关注和点赞。

3. 直播带货

利用短视频平台的直播带货功能，邀请康养专家或客房工作人员进行直播销售，介绍客房的特色和优势，同时提供限时优惠和赠品，刺激用户购买。

（四）软文营销

软文广告顾名思义，它是相对于硬性广告而言，由企业的市场策划人员或广告公司的文案人员来负责撰写的"文字广告"，呈现一种春风化雨、润物无声的传播效果，用较少的投入，吸引潜在消费者的眼球，增强产品的销售力，提高产品的美誉度。

1. 撰写专业文章

撰写与康养主题客房相关的专业文章，如"康养客房的设计理念与实践""如何在康养客房中享受健康生活"等，通过知名媒体或平台进行发布。

2. 案例分享

分享康养主题客房的成功案例和客户评价，展示客房在提升用户健康和生活品质方面的实际效果。

3. 合作推广

与知名健康品牌或机构进行合作，共同撰写软文或举办活动，借助对方的品牌影响力和用户基础，扩大客房的知名度和美誉度。

（五）体验式微营销

体验式微营销以用户体验为主，以移动互联网为主要沟通平台，配合传统网络媒体和大众媒体，通过有策略、可管理、持续性的O2O线上线下互动沟通，建立和转化、强化顾客关系，实现客户价值的一系列过程。体验式微营销站在消费者的感官、情感、思考、行动、关联五个方面，重新定义设计营销的思考方式。

1. 线上体验活动

利用虚拟现实技术（VR）或增强现实技术（AR），为用户提供线上康养主题客房的虚拟体验活动，让用户在家中就能感受到客房的环境和氛围。

2. 线下体验活动

组织用户到康养主题客房进行实地体验活动，如康养讲座、瑜伽课程、健康检查等，让用户亲身体验客房的康养服务。

3. 用户反馈收集

在体验活动结束后，收集用户的反馈和建议，用于优化客房的产品和服务，同时邀请满意的用户在社交媒体上分享他们的体验感受，形成口碑传播。

（六）电子邮件营销

电子邮件营销是以订阅的方式将行业及产品信息通过电子邮件的方式提供给所需要的用户，以此建立与用户之间的信任与信赖关系。

1. 定制化内容推送

根据用户的订阅偏好和历史行为数据，定制个性化的邮件内容。例如，对于关注健康饮食的用户，可以推送与康养客房内提供的健康餐饮服务相关的邮件；对于偏好冥想和瑜伽的用户，则推送客房内的康养活动安排或相关教程。

2. 限时优惠与促销信息

通过电子邮件向用户发送限时优惠、节日特惠或套餐折扣等信息，刺激用户的预订欲望。确保邮件标题吸引人，内容简洁明了，突出优惠亮点，并提供方便的预订链接或二维码。

3. 用户教育与价值传递

利用电子邮件向用户传递康养知识、健康生活小贴士或客房内康养设施的使用方法等，提升用户对康养主题客房的认知和信任度。这些内容可以设计成图文并茂的形式，增加可读性和吸引力。

4. 客户关怀与反馈收集

在用户入住前后发送关怀邮件，如预订确认、入住前提醒、离店后满意度调查等。这些邮件不仅体现了对客户体验的重视，还能及时收集用户的反馈和建议，用于后续服务的改进和优化。

5. 互动与社群建设

鼓励用户在邮件中回复或点击链接参与互动，如参与线上问答、分享康养心得等。同时，可以邀请用户加入康养主题客房的专属社群（如微信群、QQ群等），通过社群运营进一步加深用户之间的联系和信任。

6. 数据跟踪与分析

利用电子邮件营销工具跟踪邮件的打开率、点击率、转化率等关键指标，分析用户对不同类型邮件的偏好和反应。这些数据有助于优化邮件内容、发送时间和频率，提高营销效果。

客房销售

一、实训准备

平板电脑、酒店宣传册、酒店客房图片、入住登记表、笔。

二、实训内容及标准（见表2-1）

表2-1 客房销售操作内容和标准

操作步骤	操作内容和标准
迎候客人	见到客人，主动迎接，并礼貌地向客人问候
了解客人需求	用巧妙的语言询问客人对房间的要求
介绍推销房间	（1）主动介绍适合客人需求的房间 （2）用恰当的报价方式给客人进行介绍 （3）介绍时使用酒店相应资料进行辅助
带客人参观房间	如客人需要看房间，应使用酒店规范语言和标准动作带领客人前往
促成交易	客人决定入住，应感谢客人的决定

三、学生实训

（1）分步骤练习。

（2）学生分小组进行：一个小组练习一个步骤，互相轮替进行。

四、实训总结评估（见表2-2）

表2-2 康养主题客房销售评分表

项目	检查标准	分值	实际得分	备注
语言、态度	（1）亲切委婉 （2）规范性 （3）态度诚恳、没有不耐烦	20		
介绍房间	（1）推销适合客人的房间 （2）使用正确的报价方式	20		

续表

项目	检查标准	分值	实际得分	备注
参观房间	（1）使用标准、规范动作 （2）参观的房间干净整洁 （3）房间介绍正确简洁	20		
达成交易	（1）感谢客人的决定 （2）快速完成入住手续	20		
销售技巧	（1）善于揣摩客人心理，及时发现客人需求 （2）运用恰当的销售技巧	20		

 案例 2-1

尊享体验促成交

四川乐山某前厅部服务员小娜接到了一位来自北京的王先生的预订电话。王先生计划三天后抵达乐山，希望预订一间房费在 800 元左右的江景单间，以便在出差之余欣赏乐山大佛的美景。

小娜迅速在电脑系统中进行了查询，然后礼貌地告知王先生："非常抱歉，由于三天后酒店将接待一个重要的文化交流活动，江景单间目前已被全部预订。"然而，小娜并未就此结束通话，而是以一种更加专业且贴心的态度继续为王先生寻找解决方案。

王先生略显失望，但仍表达了对酒店的浓厚兴趣："我对乐山禅文化颇感兴趣，而你们酒店在禅修体验方面享有盛名。这次出差能顺道游览，实在不想错过这次体验的机会。"

小娜听后心中已经有了主意，她决定运用更加专业的销售策略，为王先生推荐一款更符合其需求的房型。她温和而自信地说："非常理解您对禅文化的热爱，以及对我们酒店的期待。虽然江景单间已订满，但我有一个更好的建议供您参考。我们酒店内有一套江景别墅，每日房价为 1500 元左右，但所提供的服务和体验绝对物超所值。"

小娜停顿了一下，以便引起王先生的注意："这套别墅不仅拥有宽敞的居住空间，还配备了私人管家服务，以及面向嘉陵江的超大落地窗，让您在房间内就能尽享江景之美。此外，别墅内还设有禅修室，您可以在繁忙的出差之余,享受一段宁静的禅修时光。我相信,这样的体验定能让您和您的家人感到非常满意。"

为了进一步增强说服力,小娜还提出了一个特别优惠:"考虑到您对本酒店的信任和支持,如果您决定预订别墅,我们将为您提供免费的接送机服务,并在您入住期间,安排一次由专业禅师引导的禅修体验课程。"

王先生被小娜的真诚和专业打动,开始认真考虑这个提议。小娜见状趁热打铁:"王先生,我理解您可能还在考虑价格因素。但请相信,这次的别墅体验将是一次难忘的旅程。如果您愿意,我们可以先为您预留别墅,您可以在到达乐山后再做决定。"

最终,王先生被小娜的专业建议和贴心服务折服,决定预订江景别墅。小娜在确认预订信息后,向王先生表示了衷心的感谢,并承诺将为他提供最优质的服务。

【案例分析】

酒店服务人员在工作中,只有熟练掌握销售心理和语言技巧,做到主动、积极加以热情的服务来达成交易。在这个案例中,小娜展现了酒店服务人员应具备的专业素养和销售技巧。她运用"利益诱导原则",通过详细介绍别墅的优越条件和附加优惠,成功吸引了王先生的注意。同时,小娜还通过真诚的态度和贴心的服务,赢得了王先生的信任和满意。这不仅促成了交易的成功,还为酒店赢得了良好的口碑和回头客。

第五节　康养主题客房的服务要领

康养主题客房因配备有相关的康养设备与用品,服务人员不仅要向客人提供常规的客房服务,更要向客人提供专业的康养服务,这就要求服务人员必须具有较高的知识和素养,掌握康养主题客房的服务原则和服务要领。

一、康养主题客房的服务原则

(一)人文性

以健康养生为目的出游的客人更加关注服务的细节。康养主题客房服务人员要为客人提供人性化的服务，做到主动、热情、周到。零售业先驱马歇尔·菲尔德曾经说过："给顾客出乎预料的惊喜，让他们体验愉快的服务经历，这是最能赢得顾客忠诚的办法。"康养旅游的客人既有一致性的需求（对健康养生的追求），又因为每个客人身体状况的差异，导致对于住宿产品和服务的个性化需求明显。因此，服务人员不仅要熟悉客房各项设备设施的功能和使用方法，熟悉客房的服务项目，还要了解基本的人体养生保健知识，主动与客人建立联系，了解客人的基本健康情况和需求偏好，为客人介绍康养设施设备的功效和使用方法，有针对性地为客人推荐适宜的康养产品和服务。例如，养生酒店一般提供多款功能性枕头。对于睡眠较浅的旅客，可以提供薰衣草枕头，有利于达到安眠镇定的效果；对于颈椎不适的旅客，可以推荐乳胶功能性枕头，缓解客人颈部的压力。

只有以真诚的人文关怀来关注所有客人的真实需求，才能不断提升服务质量。康养主题客房服务中如果能够为客人创造超值惊喜的服务，往往也会使客人感受到备受重视的服务体验，进而使其成为忠诚的回头客。

（二）针对性

不同康养类型的客人，需求是截然不同的。康养旅游住宿从业人员要根据每个客人的康养需求提供有针对性的服务，以满足其生理与心理的需求。

针对以生态康养为目的的客人，酒店可向其推销配备温泉泡汤、中医药温泉水疗、温泉运动疗愈、精油SPA、芳香疗法等特色服务的生态康养类主题客房。针对以康体运动为目的的客人，康养主题客房应向其提供太极拳、八段锦、五禽戏、瑜伽运动等相关活动服务。针对以中医药文化康养为目的的客人，康养酒店除配套相应设施设备提供中医康养文化体验外，还应向客人提供药膳茶饮、药液沐浴、推拿、针灸、艾灸、刮痧、全息足疗、蜡疗、火罐疗法等特色服务。针对以国学和民俗文化康养为目的的客人，可以提供国学修养提升、民俗文化体验、冥想、静修、禅修、佛法学习、太极养生、经书抄写等特色文化康养主题活动体验和健康养生文化体验等服务。针对以艺术文化康养为目的的客人，康养主题客房可提供茶艺、茶道、插花、棋道、香道、书法、绘画、篆刻、剪纸、摄影、戏曲、舞蹈、器乐、艺术鉴赏等主题活动体验与服务。

（三）体验性

体验服务是全新的服务理念，康养旅游住宿接待企业为使入住客人真正养神、养身、养心，应积极拓展服务项目，增加客人的体验感。康养主题酒店可以通过对空间艺术的独到设计与装饰，为生活在现代都市的客人们勾勒出一幅闹中取静的画面，为客人创造一种休憩养心的安逸之地。通过提供特色汤池、茶室、抄经室、主题客房等，让客人通过素食餐饮、太极、禅茶、香道、花道、瑜伽等特色生活体验项目的参与，感受到一种前所未有的康养旅游住宿体验。

（四）多样性

客人越来越重视个人意志，对康养住宿服务的需求越来越趋向于个性化、多样化。康养旅游住宿接待企业应根据主题客房的功能配备专业的服务团队，根据康养客人的不同需求，提供层次多样、类型多元的服务。例如，康养酒店可配备心理咨询师、专业瑜伽教练、理疗按摩师，为客人提供专业性的指导；同时在客房内增设康养空间，提供专业的康养用品，如瑜伽垫、香薰、茶具等，带给客人丰富的养生住宿体验。

（五）安全性

安全是康养旅游住宿服务的生命线。客人入住康养主题客房，身心是放松和享受的，对生命安全和财产安全就更加关注。康养主题客房因康养功能的增加，存在的安全风险也远高于常规客房，因此对安全性提出了更高的要求。加强康养主题客房安全管理对于树立企业形象，提高顾客的忠诚度，增强行业竞争力，有着十分重要的意义。为此，康养主题客房服务必须做好康养设施设备的维护工作，完善客房安全设施；制定安全管理制度，规范操作程序，落实安全培训，提高员工的安全意识和应急能力；做好安全管理工作，关注客人的心理安全，努力为客人营造一个温馨、安全的家外之家。

二、康养主题客房的服务要领

（一）坚持服务规范，彰显差异特色

住宿业作为一种特殊的行业，为客人提供的所有产品，无论是硬件还是软件，从广义上都可以看成是一种服务。客人对住宿服务质量的评判，主要取决于其对所有服务的感受和体验。这种感受也就是客人对住宿服务的一种整体感觉，它往往彰显着一定的情感和消费态度。

康养主题客房应在规范化服务的前提下，了解每一位客人入住的目的，针对客人的康养需求提供个性化和特色化的服务，使每一位客人选择康养主题客房都能达成自己预期的目的和效果。

（二）关注客人感受，呵护客人尊严

满足客人需求是康养旅游住宿企业经营活动的出发点和归宿。康养客人的需求多种多样，要求康养住宿服务人员以客人的个性需求为出发点，适当

偏离标准操作程序，根据客人的具体要求灵活地提供特殊服务。比如，给予爱美女士隐私的保护，对心理较为脆弱的医养客人给予特别关心，对老年康养客人给予细致入微的照顾和特别的尊重等。

针对性、个性化与情感化的服务具有特别的魅力，能使客人享受到"专门为我提供的服务"，从而产生被优待和受重视的良好感觉。

（三）注重服务细节，增加服务温度

康养主题客房应以超出常规的方式，为满足康养客人偶然的、个别的、特殊的需求而提供例外的服务。客人前来消费，寻求的不仅仅是各种物资产品，更重要的是希望享受到轻松的氛围、惬意的回忆、体贴的照顾和身心的健康。这就要求客房部员工能从客人的角度出发考虑问题，根据客人的不同需求，关注细节，提供细微服务。康养主题客房还应创造一种家庭式的服务氛围，使客人感到身在客房就如同在家一样亲切、自然、温馨、舒适和方便。

（四）加强沟通互动，提升服务质量

康养旅游住宿接待的客人入住时间相对较长，客人在住宿接待点停留的时间最长的是康养主题客房，服务人员应加强与客人的沟通，主动与客人交谈，及时发现客人需求，提高客人的体验度，增强服务的敏捷性，针对不同客人创新不同的服务方式，有效地提升康养旅游住宿服务质量。

（五）强化安全意识，加强隐私保护

安全重于泰山。康养主题客房服务人员要切实做好安全管理方面的工作，加强安全防范，提高安全意识，切实保护客人的隐私，尽力消除不安全的因素。在日常的经营过程中，康养主题客房的服务人员应研究风险发生的原因、风险因素、特点及其发生的规律，有针对性地防范危险的发生，从而保证安全生产和经营，保证客人的生命安全和物质财产免受重大损失。

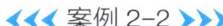
案例 2-2

细节服务

"十一黄金周"又恰逢中秋节，乐山某康养主题酒店入住客人急剧增加，酒店坚持质量标准不降低，始终把客人当亲人，以亲情服务和细节服务感动客人。10月2日晚，一位来自天津的客人来到餐厅点餐，当服务员得知他们一家四口中还有一位腿脚不便的老太太不能来餐厅用餐时，便主动告诉客人可以提供送餐服务，而这位客人却提出不想让老人一个人独自用餐。餐厅服务员立即将情况报告给了经理，餐饮部经理细细思量，虽然当时餐厅人手非常紧张，还是立即按客人要求在老人入住的客房中摆起餐台，还特别指派一

名优秀服务员专门为这一家人服务,使其一家四口在酒店享受美味的同时感受团圆的欢乐。客人用餐后服务员收台时,老太太握着服务员的手说:"你们的服务太好了,我感觉就像在家里一样。"

【案例分析】

该康养主题酒店的管理者和服务员急客人之所急,不因为酒店的具体困难而无视客人的需求,酒店提供的人性化和细微服务让客人感到无比温馨和方便。在酒店业竞争激烈的时代,酒店更应敏锐洞察客人需要,及时提供人文化和特色化的服务去感动客人、留住客人,从而树立酒店品牌,吸引客流站稳市场。

本章小结

本章从康养主题客房的概念和种类入手,让学习者了解康养主题客房的特点和功能,熟悉康养主题客房的专用设备与物品性能,掌握康养主题客房的服务要领和销售技巧。通过完整的系统的学习,学习者对康养旅游住宿服务的核心产品康养主题客房有了更深刻的理解和更精准的把握。

思考与练习

一、多项选择题

1. 康养主题客房的种类有( )。

A. 生态康养类主题客房

B. 康体运动类主题客房

C. 中医药文化康养类主题客房

D. 国学和民俗文化康养类主题客房

E. 艺术文化康养类主题客房

2. 康养主题客房的特点有( )。

A. 功能性　　B. 文化性

C. 差异性　　D. 舒适性

专业词汇

参考答案

E. 体验感

3. 康养主题客房的功能有（　　　）。

A. 优质睡眠功能

B. 健康养生功能

C. 弘扬优秀传统文化

D. 倡导健康的生活方式和养生理念

E. 提供医疗服务

4. 属于康养主题客房中的肌体锻炼设备有（　　　）。

A. 划船器

B. AMT 体适能运动机

C. 椭圆运转机

D. 筋膜枪

E. 蒸面器

5. 新媒体营销的方式有（　　　）。

A. 事件营销

B. 口碑营销

C. 饥饿营销

D. 知识营销

E. 互动营销

二、简答题

1. 什么是康养主题客房？写出至少 3 个你知道的康养主题客房及所属类型。

2. 对不同康养客人应遵循怎样的服务原则？

3. 康养主题客房的服务人员应掌握哪些服务要领？

4. 针对不同的客人，怎样使用行之有效的报价方式？

四、案例分析题

王先生是一位企业负责人，平时工作特别忙，很少有时间陪伴父母。随着父母年事已高，王先生忙完一项工程后，就带着父母来到一家以中药理疗为主题的康养酒店，想在休闲度假的同时为自己的父母调养一下身体。因王先生以前未到过这家酒店，所以要求先看看房间。当时正值酒店客人到店高峰期，服务人员小吴忙得不可开交，听到王先生的要求就表现出不乐意的表情，随口就对王先生及家人讲没有房间可以看了。但王先生一再要求，并承诺如果房间看得满意就马上入住,服务人员小吴才勉强答应带王先生及家人前往客房。

思考讨论:

1. 如果你是客人,你对服务人员的表现满意吗?

2. 服务人员在销售客房时,正确的做法是什么?

第三章

康养住宿特色服务项目

本章重点

康养住宿特色服务项目是客人在入住康养主题客房时体验的重要产品之一，特色化的服务项目丰富了客人的入住体验，满足了客人对于"美丽""健康""愉悦"的消费需求。本章的重点内容为温泉水疗、中医养生、心理疗愈等特色服务项目的服务流程及销售策略。

学习要求

本章分为七节：第一节是温泉水疗服务，第二节是健身房服务，第三节是游泳池服务，第四节是桑拿与蒸汽浴服务，第五节是中医养生服务与专业保健理疗服务，第六节是心理疗愈服务，第七节是康养特色服务项目的销售。通过本章内容的学习，学习者在熟悉康养住宿特色服务项目特点的基础上，掌握服务流程，并进一步掌握特色服务项目的销售策略，做到有针对性地推销。

本章思维导图

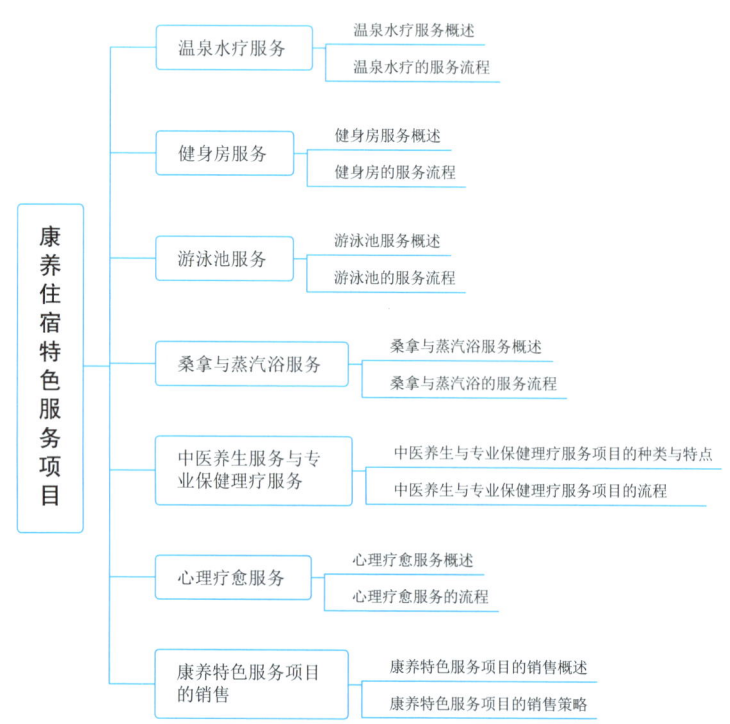

<<< 情景导入 >>>

入住磁山温泉酒店的张先生连续开了三天会后,感觉颈椎、腰椎都不舒服,他了解到自己所住的酒店温泉项目非常有名气,于是决定体验一下。温泉部的服务人员热情地接待了张先生,为张先生介绍了具有疗养功能的汤池。张先生沐浴在温暖的温泉水中,耳边听着轻柔的背景音乐,他闭上眼睛冥想,感觉整个身体都放松下来。在泡了一段时间后,服务人员过来轻轻地告诉张先生:"先生,您现在泡的时间刚好,可以到休息区休息一下了。"张先生很享受这段没有被打扰的时光,他来到休息区,服务人员送来免费的茶水和水果。张先生喝着温热的茶水,看到服务手册上介绍的按摩服务,顿时来了兴趣。服务人员为张先生介绍了最受客人欢迎的一位技师小李。张先生走进按摩房,躺在按摩床上感觉十分轻松和惬意。在服务的过程中,小李耐心细致地向张先生讲解各种保健知识:"我们的脚距离大脑最远,距离心脏也最远,这里的血液循环最为不良,皮肤温度最低,氧和各种养分的供应最差,再加上地球引力的作用,很多人体垃圾堆积在这里不能运走,所以很早就有'寒从脚下起''人老脚先衰'的古训。"当发现张先生对保健知识很感兴趣,小李又讲解了曾国藩视"读书""早起""足浴保健"为其人生三大得意之举的故事,张先生听得饶有兴趣。针对张先生的颈椎和腰椎问题,小李进行了有针对性的按摩治疗,并且根据张先生的反应,及时和张先生沟通。按摩结束,张先生感觉自己的颈椎和腰椎仿佛一下子都好了,站起身走路时脚步也轻盈了许多,他不断地夸赞小李,感觉今天的温泉和按摩服务物超所值。

康养旅游住宿接待企业在客人入住过程中,提供独具特色的服务项目,能够增强客人的入住体验。服务人员提供的个性化、亲情化服务,则会给客人留下深刻的印象,成为吸引客人的重要因素。

第一节 温泉水疗服务

随着收入水平的提高,闲暇时间的增加,人们提升生活品质和健康指数的愿望越发强烈,走马观花式的观光旅游已经逐渐被沉浸式的康养度假旅游取代,温泉水疗无疑是人们实现休闲度假健康游的有效方式。人们通过泡温泉减轻压力,放松身心,消除疲劳,获得身体和精神的双重休养。温泉水疗一直都是深受康养旅游者喜爱的项目之一。

一、温泉水疗服务概述

（一）温泉的概念

温泉是一种从地下自然涌出或人工钻井取得的泉水，其水温高于25℃，并含有多种对人体有益的矿物质和微量元素。

温泉水疗是一种由来已久的保健方式。天然温泉水拥有丰富的化学成分，通过饮用或者洗浴吸收这些成分可以对人体形成多种药用效果，而且具有保健、美容、护肤、疗养等功效。

（二）温泉的类型

根据温泉的酸碱度和渗透压可以将温泉分为12种类型，分别是硫黄泉、放射能泉、混合型泉、碳酸盐泉、食盐泉、硫酸盐泉、铁泉、碳酸氢钠泉、明矾泉、酸性泉、单纯泉、二氧化碳泉。不同的温泉有不同的医疗保健功能，例如，硫黄泉能够止痒、排毒及解毒，对治疗慢性皮肤病具有良好的功效；碳酸盐泉对风湿症、关节炎及手脚冰冷有改善作用；碳酸氢钠泉有滋润、漂白皮肤及软化皮肤角质层的作用，并有美容的效果，而且对烧伤或烫伤有消炎、去疤痕的作用。

（三）温泉水疗服务的特点

1. 精细化

温泉康养旅游越来越热，成为市场亮点，康养旅游住宿接待的企业已不满足"只收个门票钱"，因此纷纷打出健康牌、夜泡牌、康体娱乐牌等，努力在延伸产业链上下功夫，围绕温泉资源推出沐浴、桑拿、按摩、SPA、康复、健身、体检等项目，针对中年男性、家庭群体、老年保健客人推出定制化温泉旅游产品。

2. 功能性

温泉康养旅游将从最初的泡汤休闲向欧洲盛行的医疗功能方向发展。欧洲的温泉热潮起源于医疗用途，相关研究也已超过100年。临床医学证明，不同成分的温泉疗效各异。除温泉浴池外，专业的康体疗养中心不仅需要配有专业的医师和教练，一般还需配备水疗设备、健身房、桑拿房和美容室等；同时还应提供一系列物理治疗的办法，如电磁疗法、运动疗法、呼吸疗法和营养疗法等。

3. 体验性

温泉水疗要突出体验的特性，客人往往非常注重温泉水质和沐浴文化，对产品的丰富性也比较注重。因此，服务人员在服务过程中要注意多样化和系统化，增加客人的体验深度，帮助客人引发令人愉悦的体验和联想，通过客人的亲身投入、参与达到深度体验的效果。

4. 差异性

不同客人对服务有不同的需求，服务人员应以客人需求为出发点，关注到每个细节，突出服务的个性化和差异化。例如，为女性客人服务时要充分考虑女性客人的生理和心理特征，推荐具有美容功效的温泉；为老年人服务时要注意节奏轻缓，注重温泉的实际功效，推荐以健康、养生为主题的温泉体验形式。

二、温泉水疗的服务流程

温泉水疗的服务程序为：迎接客人→引领客人至更衣室→引领客人淋浴→引领客人至温泉池→引领客人至休息区→办理结账手续。具体服务标准见表3-1。

表 3-1 温泉水疗的服务标准

程序	标准
1. 迎接客人	（1）做好客人迎接工作，站立姿势标准，主动迎接客人，并微笑问候，"您好，欢迎光临" （2）向客人介绍汤池种类、水温功效、营业时间及安全须知；提示客人温泉沐浴的注意事项，如心脏病、高血压、糖尿病患者，癌症病人，孕妇，皮肤病患者，以及酒后、空腹者不适宜入池 （3）询问客人是否携带泡汤时需要的必备物品，如泳装、泳帽等，若客人未准备，则指引客人到相关地点购买 （4）提示客人前台提供手表、首饰等贵重物品和行李的寄存服务。填写报客单，对已预订的客人，核对客人信息。根据客人男女宾数量发放手牌和更衣柜钥匙，并做好相关记录。注意保护客人个人隐私与个人信息
2. 引领客人至更衣室	（1）客人进入更衣室后，主动向客人问好，双手接过客人手牌并将客人引领至更衣柜前，为客人打开衣柜，提示客人摘下饰品并妥善保管好；待客人更衣后提示客人锁好衣柜，随后向客人介绍梳妆台物品的使用方法，提醒女宾卸妆后体验温泉 （2）提醒客人先淋浴后沐浴温泉，以保证温泉水质卫生。向客人指引淋浴区和汤池的位置，对着便装、不穿泳装的客人及混浴儿童进入温泉区及时劝阻 （3）及时为客人提供相应的二次更衣服务，并主动询问客人下一步的需求 （4）及时清洁卫生，保证地面无积水、无杂物，防滑地垫摆放合理，通风条件良好 （5）及时检查毛巾、浴巾、浴袍以及护肤品、梳子、面巾纸等梳妆用品，及时补充或更换 （6）巡回检查更衣柜、更衣凳、梳妆台、吹风机等设施设备，保证其摆放到位，功能完好。发现客人遗留物品及时交还给客人或交给相关部门保管 （7）定期对更衣柜及其他用品进行清洗、消毒

续表

程序	标准
3.引领客人淋浴	（1）客人进入淋浴间时，主动向客人问好，协助客人将淋浴喷头打开，将水温调到合适的位置，并向客人讲解冷热水开关的使用方法，提示沐浴用品的种类和摆放位置，提醒客人"小心地滑，谨防摔倒" （2）客人沐浴后，主动提供浴巾，并根据客人的意愿帮助客人擦身 （3）浴巾、客服、拖鞋等物品一客一换，客人使用后及时收集，统一存放，集中清洗消毒 （4）及时清理淋浴间，保证卫生；洗发水、沐浴液等保证充足，并及时补充更换 （5）随时检查淋浴热水温度，发现水温过高或者过低及时报告给工程部，保证水温正常；随时检查淋浴设施设备，如有损坏及时报修 （6）保持室内排水、通风设施良好，温度湿度适宜 （7）客人沐浴结束后主动引领客人至温泉区。引领客人时，走在客人的左前方，距离两三步，步伐节奏与客人保持一致，在拐弯处或有台阶地方时，回头招呼客人："请注意脚下。"引导长发女性客人将头发盘起或者发放浴帽
4.引领客人至温泉池	（1）引导客人至消毒池，提示客人首先在消毒池中浸脚消毒。保持浸脚消毒池水的氯含量为5~10mg/L，每4小时更换一次 （2）客人进入温泉池区时，为客人介绍温泉池特色及功效，提醒客人注意事项，例如告知客人每次泡池适宜时长一般为15~20分钟，一次泡池时间不宜过长。如果客人有大量出汗的情况发生，应将时间缩短，并为其及时补充水分 （3）客人入池时，主动提示水深和台阶位置，老人、儿童及行动不便者应主动搀扶其入池和出池。客人入池后，将客人的浴巾、浴袍和拖鞋等物品摆放整齐 （4）随时关注客人的状态，发现客人有身体不适的情况发生，立即提示客人出池休息，并为其适当补充水分、盐分；为有特殊需求的客人提供热量、营养等的补充服务 （5）服务过程中，如发现以下情况，服务人员应及时上前劝阻： ①客人在池内戏水、打闹 ②客人在公共泡池区照相、拍视频 ③客人未穿拖鞋在温泉区赤脚走路 （6）检查浴巾的使用情况，及时更换潮湿的浴巾，保证浴巾、拖鞋等物品供应充足 （7）客人出温泉池时，协助客人擦干身体，并为客人披上浴巾，根据客人的需求，指示休息区或其他功能区的位置 （8）及时监测和测量每个温泉池的水温，如发现水温异常情况，及时通知相关负责人进行调整 （9）每天对水质卫生进行例行检查，并对泡池进行例行常规消毒 （10）及时对泡池周边卫生进行清扫，保证清洁卫生无杂物
5.引领客人至休息区	（1）客人进入休息区后，主动接待并将客人引领到合适的席位；待客人入座后，为客人提供茶水服务，并主动询问顾客的需求，提供相应的服务；客人离开后及时清理桌椅及地面，确保休息区整洁干净 （2）若为室外休息区，根据天气情况提供相应的遮阳伞、雨具等 （3）若为室内休息区，保证空气和通风良好，冬夏季使用空调设备，保证适宜的环境温度，将室内温度控制在24~27℃，为客人播放轻柔的背景音乐 （4）每天营业结束时，对货物和销售额进行盘点和统计，并做好记录和交接 （5）如客人有餐饮、健身、理疗等需求，将客人引领到相应的服务区域

续表

程序	标准
6.办理结账手续	（1）待客人消费完毕，引领客人至收银台结账。收银员需确保账单正确、清晰，并请客人进行核对。收银过程中应唱收唱付，效率高、准确无差错，同时询问客人对服务及环境是否满意，必要时请客人填写意见簿。客人离店时送客人至正门，向客人致谢，邀请客人再次光临 （2）每天下班前或者交接班前做好相关交接记录，并对管辖的设施设备进行检查，必要时将客人意见反馈给主管领导

第二节　健身房服务

现代社会工作压力大，生活节奏快，很多上班族处于"亚健康"状态，这也促使健身这一主题进入大众视野，成为一种新兴的生活方式和时尚潮流。康养旅游者希望通过健身锻炼增强抵抗力，让身体更加健康，同时减少脂肪塑造形体，每天按时去健身房不再熬夜晚睡，养成良好的生活习惯，在有氧运动过程中身体会分泌多巴胺，从而能够感受到精神愉悦，身心放松。

一、健身房服务概述

（一）健身房的概念

健身房又被称为健身俱乐部，是指用来健身康复和锻炼活动的场所。一般而言，健身房都配有齐全的器械设备，有较全的健身项目，有专业教练进行指导，有良好的健身氛围。

（二）健身项目的分类

健身房的健身项目大致可以分为有氧项目和无氧项目。有氧健身项目是指以有氧代谢提供运动中所需能量的运动，一般是富于韵律性、节奏性的运动，运动时间较长（约15分钟以上），如瑜伽、拉丁、肚皮舞、普拉提、健身操等训练强度较低的运动。无氧项目主要是指人体肌肉在无氧供能代谢状态下进行的运动，具有强度高、瞬间性强的特点，健身房内的无氧项目有训练臂力和胸肌的哑铃、杠铃项目，训练腿部、腹部及背部的各种器械健身项目，训练强度较大。

图 3-1　烟台百纳瑞汀天越湾酒店健身房实景　摄影：王飞飞

（三）健身房服务的特点

健身房服务属于服务业，但由于其服务内容、服务设施的特殊性，故被称为"新型服务业"，其服务的特点如下。

1. 无形性

客人前往健身房，借助于各种健身器械，在专业教练的指导下锻炼身体、释放压力、塑造形体，这是一种精神上的获得感和满足感。健身房提供给客人的是一种健身服务，而无任何实物。

2. 长期性

客人走进健身房，健身时间通常为两小时。想要获得良好的健身效果则必须循序渐进，坚持不懈，需要有坚强的意志力。因此，健身是一项长期运动，健身消费具有长期性的特点。

3. 生产和消费的不可分性

客人在健身房从事普拉提、健身操等有氧运动，或者利用杠铃锻炼臂力和胸肌，这些都是健身房为客人提供服务的生产过程，同时也是客人的消费过程。两者在时间上和空间上完全一致，不可分割。

（四）自助式健身房

近年来，随着科技发展，健身房开始引入智能设备。随着科技发展、人们健康意识的提升和健身需求的多元化，"高性价比"成为健身消费的新趋势。依托智能物联技术和大数据分析，自助式健身房应运而生。自助式健身房计费更灵活、全程无推销、24小时营业，吸引了不少消费者加入，其服务流程可以概括为：首先检查设施设备，每天7点至22点，由相关人员如值班经理、工程人员、保安巡逻人员、保洁人员等，间隔1~2小时检查一次酒店客人自助健身区域，确保健身区域内卫生整洁，地面干净无水渍；根据客人的使用情况及时进行清洁，保持健身区域的卫生清洁；每日由驻店工程人员对健身设施设备进行检查、保养，保证正常使用。

二、健身房的服务流程

健身房的服务程序为：岗前准备→为客人办理登记手续→提供健身服务→办理结账手续→送别客人。具体服务标准见表3-2。

表3-2 健身房的服务标准

程序	标准
1. 岗前准备	（1）检查仪容仪表，女员工着淡妆，做到端庄、整洁 （2）检查各类健身器材设备是否完好，锁扣与传动部位是否安全可靠，确保安全运转 （3）擦拭健身器材，保证无灰尘、无杂物、无污渍，并将器材摆放整齐、到位 （4）调节健身房内的照明、湿度、温度，检查是否达到规定标准 （5）做好场地、设备的清洁工作，清点、调换送洗毛巾，备齐各类健身用品
2. 为客人办理登记手续	（1）使用礼貌用语，面带微笑，主动热情问候："先生（女士），上午好，欢迎光临。" （2）如果知道客人姓名，则应使用带姓的尊称来称呼客人 （3）询问客人是否为住店客人，若为住店客人，请客人出示房卡，核对客人的姓名、房号、入住日期后，向客人介绍健身项目、注意事项及介绍健身房近期活动，协助客人进场训练 （4）若为非住店客人，向其介绍健身项目、收费标准、注意事项后，为客人进行信息登记，并为客人开具消费时间及消费项目账单。向客人介绍健身房近期活动，并协助客人进场训练
3. 提供健身服务	（1）登记后，向客人发放毛巾、更衣柜钥匙等客用品 （2）服务员引领客人至更衣室，待客人更衣完毕后将其引领至健身器材旁 （3）对初次到来的客人介绍健身器材和相关设备的性能及使用方法，为客人耐心讲解并做示范动作 （4）征求客人意见，播放背景音乐或电视 （5）细心观察场内情况，及时提醒客人注意事项，当客人变更运动姿势或加大运动量时，应检查锁扣是否插牢，必要时为客人调挡 （6）及时清理客人使用过的毛巾、饮料瓶废弃物，及时补充服务用品 （7）客人运动间歇时，服务员要主动递送毛巾，根据客人需要提供饮料或茶水等服务 （8）运动结束后，服务员要主动征询客人意见，如果客人需要淋浴，则将客人引领至浴室并为客人准备好毛巾和拖鞋

续表

程序	标准
4.办理结账手续	（1）客人示意结束时，服务员应在账单上注明健身结束时间，并请客人过目 （2）为客人办理结账手续，并出具相关票据
5.送别客人	（1）客人离开时，将客人送至门外并欢迎客人再次光临 （2）及时清扫场地并整理物品，及时清洁、检查、擦拭健身房的设施设备，排查安全隐患

◀◀◀ 案例 3-1 ▶▶▶

满意的服务从细节做起

健身房一部主管小郑通过电脑记录注意到，有位姓冯的客人入住酒店 7 次，结果 7 次都去了健身房二部锻炼。这种现象引起了小郑的注意，按理说，从客房到健身房，从距离上一部比二部要近很多，而且一部的器材设施、配备的教练和整体硬件的组合都比二部好很多，为什么冯先生每次都只去二部而不来一部呢？

终于有一天，小郑找到一个机会，向冯先生提出了这个让她困惑很久的问题。客人的一番话让她茅塞顿开，原来冯先生每次经过一部，都会看到一部的服务人员有的在里面聊天，有的在健身器材上玩闹，根本不理会客人。反观二部，虽在硬件设施上比一部要差一些，但是服务人员穿着整齐、态度热情，关注到客人的每一个需求，让客人感觉到自己被关注，所以冯先生选择去二部而不去一部。听了冯先生的一番话，小郑终于意识到每次评比一部都要输给二部的原因了。

【案例分析】

客人的满意来源于很多方面，每个部门的每一次服务、每一个细节都会影响客人的满意程度。从细节看整体，正是这点点滴滴的细节服务为客人的下次光临打下了基础，从而出现了客人 7 次都在同一部门消费的情况。

第三节　游泳池服务

世界卫生组织曾认定游泳是"世界上最好的运动"。游泳可以改善人的心肺功能，促进肺活量的增加；促进胆固醇代谢，降低体内的血脂水平，促进脂肪的燃烧，有利于保持比较健康的体型；游泳还可以改善关节的灵活性，有效降低抑郁症的发生，改善睡眠，让人们保持良好的情绪。在很多康养酒店，游泳项目都深受客人喜欢。

一、游泳池服务概述

（一）游泳池的概念

游泳池是游泳运动的场地，可以在里面活动或比赛，包括游泳场（室外）和游泳馆（室内）。多数游泳池建在地面，根据水温可分为一般游泳池和温水游泳池。

（二）游泳池的类型

按游泳池设置场所分，可以分为室内游泳池和露天游泳池。室内游泳池建造在建筑物内部，池水保持一定温度，一般比室温低2℃，冬天池水需进行加温，可供常年使用；露天游泳池建造在建筑物之外，其开放时间受季节限制，一般仅在夏天使用，池水温度靠太阳辐射进行加温，受风雨天气影响严重。

图 3-2　烟台百纳瑞汀天越湾酒店游泳池实景　摄影：王飞飞

（三）游泳池服务的特点

1. 安全性

游泳是在水环境中进行的运动项目，在水中稍有不慎就容易发生溺水等安全事故，游泳池中的安全保障显得尤为重要，每一位服务人员都应该树立安全意识，将客人的安全放在工作首位。室内游泳池的水温长期处于28℃左右，很容易滋生细菌，因此，康养旅游住宿接待企业应定期对游泳池设备进行检修，定期对所有用具进行消毒，保证水质安全，杜绝事故隐患。

2. 专业性

康养旅游住宿地的游泳池应配备专业救生员，并对负责游泳池的服务人员进行培训，使其具备专业救生知识，培养服务人员处理常见事故的能力以及事故发生时的应变能力。除此之外，服务人员还应掌握游泳池服务项目的服务流程，掌握相关设备的使用、维护与保养知识，在此基础上提供优质、高效、专业化的服务。

二、游泳池的服务流程

游泳池的服务程序为：岗前准备→为客人办理登记手续→引领客人至更衣室→引领客人至游泳池→办理结账手续→送别客人。具体服务标准见表3-3。

表3-3　游泳池的服务标准

程序	标准
1. 岗前准备	（1）做好游泳池、休息区、更衣室、沐浴室与卫生间的清洁卫生工作，保持环境整洁干净 （2）检查各类设施设备、救生器材，确保完好有效。如有问题立即报修并向上级汇报 （3）清洁游泳池水面漂浮杂物，对水底杂物进行吸尘，净化池水，保证水质和温度符合标准 （4）备好各种客用品 （5）检查仪容仪表，符合岗位要求，精神饱满，做好迎接客人的准备
2. 为客人办理登记手续	（1）见到客人主动打招呼，礼貌问好 （2）礼貌地请客人出示房卡，如"我可以看一下您的房卡吗？"为客人办理登记、记账手续，准确记录客人姓名、房号、到达时间 （3）向客人介绍游泳池的各项服务设施、所处位置及注意事项 （4）发放手牌、更衣柜钥匙及经过消毒的拖鞋，引领客人到鞋吧换鞋
3. 引领客人至更衣室	（1）引领客人至更衣室，更衣室服务员礼貌询问客人手牌，根据客人手牌引领至柜门前，打开柜门请客人更换衣服 （2）客人更衣后，提醒客人锁好更衣柜

续表

程序	标准
4.引领客人至游泳池	（1）为客人介绍游泳池、休闲吧及各种配套设施的情况 （2）在客人下水前，提醒客人做一些简单的热身运动，预防抽筋等情况发生 （3）随时为客人提供饮料及小吃服务，根据客人需求填好酒水单，并及时将酒水单送服务台入账 （4）客人游泳休息时，服务员需及时为客人更换毛巾，并及时回收客人用过的毛巾、浴巾，保持地面清洁。及时擦干地面和台面水迹，防止客人滑倒受伤 （5）密切关注水中泳情，发现险情及时急救，确保宾客人身安全。如遇带小孩的客人，应提醒客人看管好自己的小孩，并明确告知1.4米以下儿童禁止进入深水区 （6）严格执行游泳池营业规则，及时劝阻违规行为。如发现饮酒过量或身体不适的客人，服务员要主动劝其离开泳池 （7）客人游泳时巡视设施设备运行情况，发现故障应立即报修 （8）做好更衣区、沐浴区、休息区的巡视工作，确保客人和酒店的财产安全 （9）客人游泳结束后，为客人递送大浴巾，主动引领客人至淋浴室
5.办理结账手续	（1）客人更衣完毕后引领客人至收银台结账 （2）为客人办理结账手续，并主动征求客人意见，将客人的意见汇报给上级主管
6.送别客人	（1）客人离开时主动提醒客人不要遗忘随身物品，道谢送别 （2）及时清理泳池工作场所及更衣室 （3）补齐客用消耗品，迅速恢复营业状态

案例 3-2

溺水事故的应急处理

某康养度假酒店的室外游泳池位于二楼平台，屋顶花园周围环绕，环境优美，深受客人欢迎。一天中午，游泳池深水区岸上有人喊："有人溺水了！快来人啊！有人溺水了！"救生员小赵听到后"扑通"一下跳下水，几个动作就游到深水区，迅速把溺水的客人救了上来。

溺水的客人处于昏迷状态，小赵马上熟练地垫高客人的腹部，使其头朝下，并压拍客人的后背，客人吸入的水从口、鼻流出来了，不过仍然处于昏迷的状态中。小赵马上检查溺水客人能否自主呼吸，发现不能后，马上给客人进行人工呼吸，并为其进行心脏部位挤压，终于，随着"哇"的一声，溺水客人醒了过来。

【案例分析】

在住店期间，客人的安全永远是最重要的。游泳池是安全事故的高发区，应该重点防范。本案例中救生员小赵技术娴熟，具有很好的应变能力，在事故发生时，对客人进行了有效的救护，使生命垂危的客人化险为夷。

第四节　桑拿与蒸汽浴服务

作为康养住宿服务特色项目之一的桑拿与蒸汽浴，对人体有诸多好处，如美白肌肤、延缓衰老，尤其对女士最为显著；还可以加速体内血液循环，打开毛孔排除身体污物，对关节炎、腰背痛、哮喘、支气管炎等有一定疗效。电气石汗蒸房中，电气石持续释放出的天然负离子有助于人体完全放松，延缓紧张的情绪，减轻压力，有镇定安神作用。

一、桑拿与蒸汽浴服务概述

（一）桑拿浴的概念

桑拿浴，原意是指芬兰式的蒸汽浴，现在则泛指蒸汽浴，指在封闭的小房间内用加热的湿空气对人体进行理疗的过程，已有2 000多年的历史。

（二）桑拿浴的类型

桑拿浴分为干桑拿和湿桑拿两种。

干桑拿也叫芬兰浴。洗芬兰浴时，客人坐在木结构的浴室内根据自己的需要向桑拿炉内烧着的灼热的石头上淋水，水迅速蒸发成灼热的蒸汽，在灼热的蒸汽环境中，客人体内的水分迅速变成汗液排出体外。

湿桑拿起源于土耳其，所以又称为土耳其浴，沐浴时，需要不断往散热器上淋水，或是根据需要控制专用的蒸汽发生器开关，使浴室内充满浓重的湿热蒸汽，其湿度极大。客人置身其间，仿佛置身于热带雨林中，在又湿又热的浴室里，只需很短时间，客人就会大汗淋漓，浑身轻松。

（三）桑拿与蒸汽浴服务的特点

1. 专业性

桑拿与蒸汽浴服务的突出特点是对服务人员的专业知识和技能要求比较高，因此服务人员要严格执行蒸汽房、所用器械、更衣室、按摩浴衣的清洁整理规范和标准，避免存在任何事故隐患；准确、清楚地回答客人提出的有关问题，为客人提供热情、周到的优质服务。而一旦出现较严重的服务事故，将给客人造成难以弥补的身心伤害，也会极大损害客人的权益和酒店的形象。

2. 人性化

在给客人提供桑拿服务的过程中，服务人员要主动转换角色，把客人当成自己的家人、亲人，用心、用情关照客人，帮助客人做出合适的消费选择，让客人感受到舒适、方便和浓浓的人情味。例如，提醒客人蒸桑拿的次数不能过于频繁，每周最好不要超过两次，每次最长时间不超过1小时。发现有饮酒或是有高血压、糖尿病、皮肤病的客人想要蒸桑拿，要及时委婉劝阻。

二、桑拿与蒸汽浴的服务流程

桑拿与蒸汽浴的服务程序为：岗前准备→迎接客人→指引客人淋浴、桑拿→送别客人。具体服务标准见表3-4。

表3-4 桑拿与蒸汽浴的服务标准

程序	标准
1. 岗前准备	（1）清洁整理环境卫生，做到地面洁净无杂物，服务台上各类物品摆放整齐。检查更衣柜是否留有杂物，及时清理干净 （2）检查设施设备是否齐全、是否正常运转，如有问题立即报修 （3）确保温度计、湿度计、沙漏计时器、地秤指示准确，位置明显，并将钟表时间核对准确 （4）查看桑拿浴室内的木板有无松动和毛刺，发现问题及时整理好 （5）备齐毛巾、浴巾、浴袍、拖鞋等客用品，如有破损及时更换 （6）整理好仪容仪表，符合岗位要求，做好迎接客人的准备
2. 迎接客人	（1）见到客人主动打招呼，礼貌问好 （2）引领客人至服务台办理登记手续 （3）礼貌地请客人出示房卡，询问客人的具体需求，准确开出单据 （4）询问客人是否有其他要求，是否要租借酒店所提供的物品，将更衣柜钥匙交给客人 （5）为客人指示更衣室的位置
3. 指引客人淋浴、桑拿	（1）引领客人至淋浴间进行洗浴 （2）待客人淋浴完毕后，将客人引领至指定桑拿室，主动向客人介绍桑拿浴室内设施设备的性能及使用方法 （3）提醒客人进入桑拿浴室前带一块冰毛巾捂在口鼻处，以减少呼吸道的灼热憋闷感 （4）客人进入桑拿浴室后，主动询问客人室温、蒸汽密度是否舒适，并按客人要求调节至客人满意为止 （5）若是干桑拿浴室，服务员征得客人同意后，应首先示范，拿木勺舀起适量的水浇在烧得灼热的石头上，以产生大量的热蒸汽

续表

程序	标准
3.指引客人淋浴、桑拿	（6）向客人讲明注意事项，并提醒客人注意安全 （7）做好每一位客人进入桑拿浴室的时间记录，以防止长时间使用引起缺氧昏厥事故的发生 （8）服务员随时观察就浴客人有无不适或意外情况，如有，及时采取急救措施，保证客人人身安全
4.送别客人	（1）客人洗浴结束后，服务员应主动递上冰毛巾 （2）询问客人是否需要按摩服务和酒水服务 （3）引领客人到休息室休息，客人休息过程中，随时注意客人的需求，及时提供必要服务 （4）客人准备离开时，提醒客人不要遗忘随身物品 （5）客人离开时，服务员应将客人送至门口并主动道别 （6）及时清洁整理环境卫生，更换使用过的客用品，准备迎接下一批次的客人

第五节　中医养生服务与专业保健理疗服务

随着人们物质生活水平的提高和老龄化社会进程的加快，越来越多的人意识到健康的重要性，尤其是经历了2003年"非典"疫情传播和2020年"新冠"疫情肆虐后，养生保健成为社会的热点话题，中医养生和专业保健的服务项目越来越多地出现在康养旅游住宿接待中，并受到康养旅游者的欢迎。

一、中医养生与专业保健理疗服务项目的种类与特点

中医是我国四大国粹之一，从古至今，中医疗养都对人们预防疾病、颐养身心、提高生命质量起到了极大的作用。中医养生以预防为核心，讲究"治未病"，使未病之人不得病或少得病，健康长寿，主张对于生命全过程的养生。中医养生项目种类繁多，本节主要介绍康养住宿接待中的推拿、按摩、针灸、艾灸、拔罐、刮痧等服务项目。

（一）中医养生与专业保健理疗服务项目的种类

1. 推拿、按摩

从广义上来说，推拿又称"按摩"，是人类最古老的一种外治疗法。推拿疗法是在其理论指导下，结合现代医学理论，运用推拿手法作用于人体特定的部位和穴位，以达到防病治病目的的一种治疗方法（见图3-3）。从性质上来说，它是一种物理的治疗方法。推拿有助于疏通经络，调和气血，使人精

神振奋，消除疲劳，对保证身体健康有重要作用。从推拿的治疗上，可分为保健推拿、运动推拿和医疗推拿。

从狭义上来说，推拿和按摩又有所不同：

（1）手法不同，推拿与按摩最大的手法差距在于手法的数量，推拿的手法有数十种，按摩的手法只有简单的几种。

（2）目的和方法不同，推拿包括伤科推拿，是中医外治疗法之一，是应用推拿手法达到治病目的的物理疗法，是人类最古老的一种治疗疾病的方法，以诊治疾病为主，健身防病为辅。保健按摩是用按摩手法达到养身保健的目的，是中医保健方法之一，以健身防病为主，诊治病伤为辅。

2. 针灸、艾灸

针灸是针法和灸法的总称，针灸来源于《黄帝内经》，主要是通过针刺疗法，是把针具按照一定的角度刺入患者体内来帮助人们改善身体机能、延缓衰老的一种手法（见图3-4）。灸法则是以预制的灸炷或灸叶在体表一定的穴位上烧灼、熏熨，利用热的刺激来预防和治疗疾病的一种方法。通常以艾草最为常用，因此称为艾灸。人们通过艾灸调养来调节阴阳、调和气血、延缓衰老、预防疾病。

图3-3　推拿服务

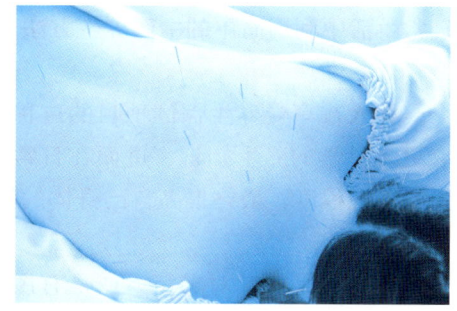

图3-4　针灸服务

3. 拔罐

拔罐疗法又称瘀血疗法，古称"角法"，因古人以兽角做罐治病而得名。拔罐是以罐为工具，利用燃烧、抽吸、蒸气等方法造成罐内空气负压，使罐吸附于腧穴或体表的一定部位，使局部皮肤充血、瘀血，达到防治疾病目的的一种外治疗法（见图3-5）。拔罐时，血液被吸附到皮肤表面形成瘀斑，1~2周消失，瘀斑可以反映身体局部的健康状况。

4. 刮痧

刮痧法是应用边缘钝滑的器具，如牛角刮板、瓷器等物，蘸酒、活血油等介质在人体体表进行刮、挤、揪等物理刺激，使皮肤出现潮红，或红色粟粒状，或紫红色或暗红色的血斑、血泡等出痧变化，通过机械作用，刺激穴位、皮肤经络（见图3-6），将皮下乃至深层组织、内脏之邪气呈现于表、通达于外，从而达到疏通腠理、畅调气血、逐邪外出的目的。

图3-5 拔罐服务

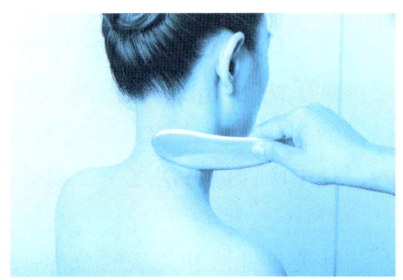

图3-6 刮痧服务

（二）中医养生与专业保健理疗服务项目的特点

1. 目的性

中医养生与保健服务的最大特点是其目的性。客人希望在保健的过程中达到放松身心、强身健体的效果，或者能够了解科学的中医养生知识，能在日常生活中利用简单的中医养生方法，实现养生目的。

2. 教育性

客人在享受养生保健项目的过程中，也在学习并感受中医养生文化，获取更多科学的养生知识，进而在日常生活中改变不良的生活习惯，提高对养生的重视程度，最终提高自己身体的健康水平。

3. 普适性

养生不是仅针对老年人或是有慢性病的人群，而是适合所有追求健康的各年龄阶层的人群。养生旅游者既不是病人，也不是普通客人，是有着养生爱好和渴望延年益寿、追求高品质生活的人。

4. 专业性

中医养生讲究养、护、调、治，在养生过程中会涉及一些中医诊疗手法，如"望、闻、问、切""针、灸、蒸、熏"，以及按摩等技术和中医药知识，因此，专业性是实现中医养生保健的保障。

二、中医养生与专业保健理疗服务项目的流程

（一）推拿、按摩的服务程序

推拿、按摩的服务程序为：岗前准备→迎接客人→进行按摩服务→办理结账手续并送别客人。具体服务程序与标准见表 3-5。

拓展视频：推拿按摩服务

表 3-5 推拿、按摩的服务程序与标准

程序	服务标准
1. 岗前准备	（1）开窗通风，整理按摩床及桌椅，做好室内环境清洁卫生工作，保持环境整洁干净 （2）备齐营业用品及客用品，如有破损及时更换 （3）了解宾客预订情况和其他需要继续完成的工作 （4）检查仪容仪表，符合岗位要求，精神饱满，做好迎接客人的准备
2. 迎接客人	（1）见到客人主动打招呼，礼貌问候，将服务项目表递给客人 （2）为客人介绍服务项目及手法，征求客人意见 （3）待客人确定服务项目后，为客人办理登记手续，将客人引领至更衣室
3. 进行按摩服务	（1）客人更衣后，服务员引领客人至准备好的按摩床并协助客人躺下，为其盖好毛巾后通知钟房记钟 （2）按摩师洗净双手，询问客人是否有皮肤问题和身体损伤部位 （3）将按摩油或按摩膏均匀涂于双手及客人身体上 （4）操作前，主动征询客人意见及使用何种手法，若客人无任何要求，按照操作程序按摩，按摩时根据客人不同的体位采用不同的手法 （5）按摩过程中应勤征求客人意见，及时了解客人的感受，注意力度要适合，压力要均匀，姿势要正确，力求使客人满意 （6）按摩完毕后用毛巾擦去客人身上的按摩油并按下计时钟，告知客人按摩时间，同时为客人递上热毛巾 （7）主动提醒客人不要遗忘随身物品，帮助客人做好更衣前的各项服务
4. 办理结账手续并送别客人	（1）为客人办理结账手续并主动征求客人意见 （2）客人离开时，服务员送客人至门口并礼貌道别，欢迎客人再次光临 （3）及时清洁按摩床并消毒，更换使用过的客用品，准备欢迎下一批次的客人

（二）针灸的服务程序

针灸的服务程序为：岗前准备→迎接客人→进行针灸服务→办理结账手续并送别客人。具体服务程序与标准见表 3-6。

表 3-6 针灸的服务程序与标准

程序	服务标准
1. 岗前准备	（1）检查施灸物品是否齐全 （2）调整好房间温度，要求温度适宜 （3）检查仪容仪表，符合岗位要求
2. 迎接客人	（1）面带微笑，主动问候客人，态度和蔼、语言温柔 （2）询问客人身体情况，为客户建立合适的灸疗方案 （3）提醒客人贵重物品从口袋中取出并寄存在前台
3. 进行针灸服务	（1）引导客人按照既定体位躺好，说："请您躺好！还要不要调整一下？" （2）告知客人即将针灸的部位，说："我们今天针灸××部位，请您放松，不要紧张。" （3）针灸师用 75% 酒精棉球对手部进行消毒 （4）用 75% 酒精棉球对客人需要针灸的部位进行消毒，消毒顺序为从内到外 （5）用 75% 酒精棉球对针进行消毒，然后在相应穴位进针，及时询问客人的感受："您感觉怎么样，有酸胀麻木的感觉吗？" （6）告知客人针灸的时间："30 分钟后取针，您有什么需要请随时叫我们，我们就在旁边，请放心。" （7）准时为客人起针，注意输送部位按压时间稍微加长，说："请您放松，肌肉紧张容易夹针，针感可能会持续一段时间，不过都是正常反应。" （8）提醒客人静卧几分钟再起来
4. 办理结账手续并送别客人	（1）为客人办理结账手续并主动征求客人意见 （2）客人离开时，服务员送客人至门口并礼貌道别，欢迎客人再次光临 （3）及时清洁房间，更换使用过的客用品，准备迎接下一批次的客人

（三）艾灸的服务程序

艾灸的服务程序为：岗前准备→迎接客人→引领客人至灸疗房→进行艾灸服务→办理结账手续并送别客人。具体服务程序与标准见表 3-7。

拓展视频：艾灸迎宾服务

拓展视频：艾灸施灸服务

表 3-7 艾灸的服务程序与标准

程序	服务标准
1. 岗前准备	（1）检查施灸物品是否齐全 （2）铺床单：要求床铺平整、干净，将灸疗服和密封袋整齐地放在床中间 （3）调整好房间温度，要求温度适宜 （4）准备浴足的热水 （5）检查仪容仪表，符合岗位要求
2. 迎接客人	（1）面带微笑，主动问候客人，态度和蔼、语言温柔 （2）询问客人身体情况，为客户建立合适的灸疗方案
3. 引领客人至灸疗房	（1）带领客人进入灸疗房间并询问客人房间温度是否合适 （2）请客人换灸疗服，并将客人的衣服放在密封袋里，放入柜子 （3）关好房间门，准备施灸用品
4. 进行艾灸服务	（1）准备温足（泡脚），准备艾汤并送进房间，询问客人水温是否合适并随时调整。足浴期间，向客人介绍足浴的方法，以微微出汗为度 （2）温足结束，提醒客人温足结束并询问客人温足的感觉 （3）开始施灸。施灸时和客人做好沟通："先生 / 女士，我要开始为您施灸了，请您全身放松，温度是否合适，如果烫了或者没有温度，请您及时告诉我。"并告知客人施灸过程的温度不宜过烫，以温暖舒适为宜，这样的灸感也好，艾灸效果最佳 （4）施灸结束，提醒客人此次施灸结束，请客人换好衣物并休息片刻，询问客人施灸的感受与建议，做好灸后反馈工作
5. 办理结账手续并送别客人	（1）为客人办理结账手续并主动征求客人意见 （2）客人离开时，服务员送客人至门口并礼貌道别，欢迎客人再次光临 （3）及时整理房间，开窗通风，保持灸房的整洁

（四）拔罐的服务程序

拔罐的服务流程为：岗前准备→进行拔罐服务→结账并送别客人。具体服务程序与标准见表 3-8。

拓展视频：拔罐服务

表 3-8 拔罐的服务程序与标准

程序	服务标准
1. 岗前准备	（1）准备好拔罐所需物品，调整好房间温度，保证房间整洁、安静、温暖 （2）衣着整洁，仪表大方，清洁双手并佩戴口罩

续表

程序	服务标准
2.进行拔罐服务	（1）引导客人按照既定体位躺好，协助客人露出拔罐部位，注意保暖 （2）检查罐口有无缺损裂缝，确保罐口光滑、罐身无裂痕 （3）选闪火法或投火法将罐吸附于客人身体选定部位，询问客人的感受："火罐已经为您拔上了，您感觉紧不紧？疼不疼？如果感觉不适，请随时叫我。" （4）随时检查罐口吸附情况，客人疼痛或者过紧，应为客人起罐 （5）拔罐结束后，一手夹持罐体，另一只手用拇指按压罐口皮肤，使空气进入罐内，顺利起罐，并用纱布为客人清洁皮肤 （6）协助客人穿衣，躺平休息
3.结账并送别客人	（1）为客人办理结账手续，询问客人感受 （2）整理环境卫生，开窗通风，消毒双手

（五）刮痧的服务程序

刮痧的服务流程为：岗前准备→进行刮痧服务→结账并送别客人。具体服务程序与标准见表3-9。

拓展视频：刮痧服务

拓展阅读：按摩专业术语表

表3-9　刮痧的服务程序与标准

程序	服务标准
1.岗前准备	（1）准备好刮痧所需物品，调整好房间温度，保证房间整洁、安静、温暖 （2）衣着整洁，仪表大方，清洁双手并佩戴口罩
2.进行刮痧服务	（1）引导客人按照既定体位躺好，协助客人露出刮痧部位，注意保持刮痧部位的清洁，注意保暖 （2）均匀涂抹刮痧油，检查刮具边缘是否光滑，有无破损 （3）刮痧过程中注意用力均匀，主动询问客人有无不适，观察刮痧部位皮肤颜色的变化，及时调整力度 （4）刮痧结束后清洁客人局部的皮肤，协助客人穿衣后休息
3.结账并送别客人	（1）为客人办理结账手续，询问客人感受 （2）整理环境卫生，开窗通风，消毒双手 （3）使用过的刮具消毒备用

案例 3-3

专业知识培养忠诚顾客

李女士在休年假时，入住一家康养度假中心。早上醒来，李女士感到全身酸痛，发烧怕冷，伴随流鼻涕，想到昨天在路上天气有些冷，她穿的衣服又有些少，李女士感觉自己应该是得了风寒感冒。细心的服务人员在了解到情况后，给李女士端来一碗热气腾腾的姜汤，并且建议李女士试试康养中心的艾灸服务，对治疗感冒有非常好的效果，李女士决定体验一下。

艾灸师根据李女士的症状，为其制订了治疗方案，在风门穴和阳陵泉穴施灸。在艾灸的过程中，艾灸师为李女士讲解了艾灸疗法的起源，作用于人体不同穴位起到的功效以及灸后的注意事项，李女士听得很认真，但心里仍持怀疑的态度。李女士感觉出了很多汗，灸完以后各种酸痛消去大半，烧也退了少许。第二天，艾灸师又用同样的方案为李女士施灸一次，灸完后李女士感觉各种症状全部消失，她高兴地说："以前吃感冒药还得三四天，这次艾灸后，好得这么快，中医真是太神奇了。"艾灸师解释道："这是身体阳气不足，要经常补阳。"李女士对这位艾灸师的专业知识深信不疑，决定利用这几天休息时间来一次全身调理保健。

【案例分析】

在中医文化中，艾灸疗法源远流长。灸法的运用起源于人类掌握用火之后，时间亦在石器时代，是人们在长期的社会实践中的知识积累和经验总结，其中蕴含着无比深厚的文化底蕴、科学原理和中医药常识。本案例中的这位艾灸师通过艾灸，不但使客人的病痛缓解，而且通过在服务中与客人的交流沟通，增强在客人心目中的权威性与专业性，给客人留下了美好的体验感受。

第六节　心理疗愈服务

传统的健康观是"无病即健康"，现代人的健康观是"整体健康"。世界卫生组织提出"健康不仅是躯体没有疾病，还要具备心理健康、社会适应良好和有道德"。《2018中国城镇居民心理健康白皮书》发布时，分析了全国约112万城镇人口的心理健康数据，发现73.6%的人处于心理亚健康状态，存在不同程度心理问题的人有16.1%，心理健康的人仅为10.3%。如今，人们对心理健康的关注度越来越高，更关切心理疗愈。

一、心理疗愈服务概述

（一）心理疗愈的概念

心理疗愈就是向内心探索，追求心理健康的过程。心理疗愈类似于中医"治未病"理论，中医的功效在于恢复人体生理平衡，而心理疗愈则在于调整心理的平衡。

（二）心理疗愈的方法

1. 艺术表达

（1）艺术表达的概念。

艺术表达治疗是以心理学为基础，通过艺术活动来缓解人们心理出现的问题，从而实现心理疗愈的过程。艺术表达将心理问题的表达用艺术形式替换，将人们无意识的行为反映出来，让人们通过容易接受的形式了解自己，审视自己，实现内心完善。常见的艺术表达治疗包括音乐、绘画、电影、舞蹈、雕塑等。

（2）艺术表达的特点。

①艺术表达疗愈具有非沟通性的特点，人们可以通过任何艺术活动来进行自我表达，如绘画创作、制作陶艺、欣赏音乐等。艺术表达治疗可以减少对患者的限制，使不同语言、不同年龄、不同艺术表达能力的人都能获得疗愈；对于心理出现状况而拒绝沟通的人，可以减少其心理压力，使治疗过程变得更加轻松而且具有趣味性。

②艺术表达治疗还具有时空整合性的特点，艺术表达能够在普通沟通治疗中，使表达不清楚、拒绝沟通、心理情况交代不清楚等问题得到改善。人们通过艺术表达不仅能将过去和现在的心理状况展示出来，还可以表达出未来期盼。根据不同作品，将不同时间、地点发生的事件完整地表达出来，体现出了时空整合性的特点。

（3）艺术表达的应用。

①音乐作为广泛流行的艺术表现形式，具有使人心理放松的作用。音乐治疗方式作为艺术表达心理治疗方式之一，是我国艺术表达疗愈中运用最多的治疗方式。音乐本身能够使人情绪有所缓解，情绪是人心理活动和内分泌

的控制者，长期受负面情绪影响能够导致身体机能发生变化。音乐治疗能够对人情绪进行调节，改善消极情绪，使人精神状态有所转变，激发体内积极能量，从而推动心理健康发展。在音乐治疗过程中，患者与治疗师共同参与音乐设计，通过音乐体验缓解情绪，达到解决心理问题的效果。除此之外，在业余时间听一些相关音乐缓解情绪，也可以收到辅助治疗的效果，改善患者心理健康状况。

②绘画是人们通过图画来表达心理状况的一种方式，是人们进行心灵沟通的一种形式。绘画由符号、线段等元素组成。在心理治疗过程中，绘画能将治疗氛围变得安全轻松，治疗过程不受限制和束缚，将人们心理产生的无法接受和表达的问题，通过绘画形式表现出来，从而增强患者与治疗师之间的沟通，使治疗师充分了解患者的内心世界。绘画心理疗愈最普遍的形式是"房、人、树"形式，通过分析患者画中线条特点及线条粗细深浅的不同，可以发现患者的性格和内心特征，使心理疗愈更具效率，效果更加明显。

2. 读书会

读书会是指由一组人参与的互动形态的团体阅读活动。读书会在国外又叫学习圈、读书俱乐部、阅读小组等。读书会起源于20世纪初的瑞典，在欧美国家，读书会现已非常普及。随着心理学的发展，文学阅读被越来越多地应用于心理疾病的治疗中。文学阅读具有多样功能，"文学能够给灵魂带来欢乐，因为它通过虚构和幻想能够唤起对抗精神疾患的力量。"人们在阅读的过程中正视自己的困境，舒缓宣泄情绪，在与其他人交流的过程中汲取力量，最终走出心理困境，寻找到一种放松、乐观的生活状态。

3. 心理咨询

心理咨询是指运用心理学的方法，对心理适应方面出现问题并企求解决问题的人提供心理援助的过程。心理咨询在生活中有着极其重要的作用。心理咨询能够为人们提供全新的人生经验和体验。对于那些心理适应属于正常范围的人来说，心理咨询所提供的全新环境可以帮助他们认识自己与社会，处理各种关系，以便更好地发挥人的内在潜力，实现自我价值。对于那些由于心理问题而遇到麻烦的人，可以在心理咨询的帮助下，逐渐改变与外界格格不入的思维、情感和反应方式，并学会与外界相适应的方法，提高工作效率，改善生活品质。

二、心理疗愈服务的流程

这里主要介绍心理咨询服务流程：预约→填表→咨询→续约→存档，具体服务标准见表 3-10。其余心理疗愈服务流程与此类似。

表 3-10　心理咨询的服务流程与标准

流程	服务标准
1. 预约	客人通过电话或来前台处提前预约。在来访信息登记表上填写相关信息，并确定面谈的咨询师
2. 填表	到服务中心由工作人员协助填写来访者资料记录，交纳首次咨询预约金
3. 咨询	准时和咨询师面谈，面谈时间一次为 1 小时
4. 续约	需要续约的客人在每次面谈结束后预约下一次咨询时间，并补交相关费用
5. 存档	咨询师在心理咨询登记卡上填写咨询记录后，统一存档

第七节　康养特色服务项目的销售

在如今大健康时代，康养旅游作为旅游生活新方式，已经成为大众旅游的常态模式，越发受到青睐。康养旅游住宿接待企业在面对机遇的同时也面临着挑战，酒店中的温泉水疗、健身房、中医养生保健等康养项目从根本上来讲销售的是服务。提高客人的满意度，提供别具一格的服务项目，培养忠诚顾客，对康养旅游住宿接待企业实现特色服务项目的销售具有重要意义。

一、康养特色服务项目的销售概述

随着消费的不断升级，人们对旅游住宿的需求也越来越多样化，有的注重品质，有的在意实惠，有的喜欢新颖，有的倾向传统。即使是同样一种体验，有的客人非常满意，有的客人则不尽然。这就要求康养旅游住宿接待企业在销售特色服务项目的过程中，以提高客人的满意度为重点，在此前提下开展一系列营销活动。

首先，增强全体员工的服务意识。每一名员工都是与客人直接沟通的使者，每一名员工传递的服务态度、语言、情绪、方法都是接待企业整体服务的一部分，每名员工所做的一切都将成为客人对接待企业服务感觉的一部分，服务营销涉及接待企业的每一名员工和每一个角落。

其次，要提高全员的服务质量。接待企业的服务质量是全体员工服务质量的总和，只有提高每一名员工的服务水平，通过培训和学习的方式，解决员工短板，整体质量才会真正提高。

最后，接待企业要注意服务的全过程。通过员工和客人的互动交流，了解客人在享受服务过程中的感受，使客人成为服务营销过程的参与者，从而及时改善员工的服务以满足客人的期望。

二、康养特色服务项目的销售策略

随着中国旅游形式的多元化及富裕群体的日益扩大，市场出现新变化，特色化、个性化将成为发展趋势，康养旅游将会成为一种成熟的业态。在进行康养特色服务项目的销售时，要从以下四个方面来把握。

（一）产品策略

产品是营销中首要也是最重要的因素，它由四个层面组成：

1. 基本产品

基本产品也称有形产品，是指从物质上能展示产品核心利益的多种因素，包括服务项目及服务水平等。

2. 期望产品

期望产品也称核心产品，是指顾客从康养旅游住宿接待企业提供的产品中得到的根本利益和各种服务，是顾客各种需要的满足。期望产品是企业产品中最基本、最主要的部分，也是最吸引顾客的部分。例如，一位饥肠辘辘、疲惫不堪的客人所追求的核心产品很可能只是一顿美食和一间舒适的客房。

3. 延伸产品

延伸产品也称附加产品，是指客人在购买企业产品时所得到的附加利益或者附加服务，如免费接送服务、旅游信息咨询等，康养旅游住宿接待企业可以利用这些附加利益和附加服务来提高宾客的满意度。

4. 潜在产品

潜在产品是由企业提供的产品所带来的潜在的或无法预见的利益或价值，更多表现为人际关系、归属感和自我实现需要的满足。

康养旅游住宿接待企业提供基本产品和期望产品之后，产品和服务的质量可以得到保证，顾客会表示满意；然而，顾客表示满意还不够，只有在此基础上进一步提供延伸产品和潜在产品，企业才能有竞争优势，这也是营销的成功之道。

◀◀◀ 案例 3-4 ▶▶▶

神奇的"催眠旅馆"

全新的旅游饭店产品的推出，往往给顾客耳目一新的感觉。危地马拉有一家"催眠旅馆"，以治疗失眠、神经衰弱而闻名海内外。不管顾客患有多么严重的失眠症，入住该旅馆，上床 5 分钟后都能酣然入睡，醒后精神焕发。原因在于客床浸入了一种称为"留安那"的草药，有催眠作用。

【案例分析】

案例中的"催眠旅馆"是原来酒店市场上从未有过的，能够给客人带来一种全新感受和利益的产品。随着新需求、新市场的涌现，需要酒店企业不断推陈出新，在产品设计上以新取胜。

（二）价格策略

价格是营销中带来收入的因素，康养旅游住宿接待企业应向市场传递产品的价值定位，实现差别定价。企业产品能否获得顾客欢迎，其定价策略起着十分重要的作用，下面介绍两种主要的定价策略。

1. 折扣定价策略

折扣定价通俗来讲就是打折，即在原有价格基础上针对顾客的来源、数量、目的等方面综合考虑进行一定的优惠。通过淡季季节折扣，以吸引更多的中端顾客，达到薄利多销的目的。例如，对于有长期合作的政府机构、商务单位可以给予不同程度的折扣，以增加客人对企业的忠诚度和归属感；当客人通过企业官微、官网对客房、温泉进行预订，也可以给予客人一定的折扣。

2. 心理定价策略

指根据客人心理需求，给予客人尾数为 8、9 的心理需求定价。例如，温泉的门票价格为 198 元 / 位，带有室内温泉池的客房价格为 998 元 / 天；或者客人提前 5 天、4 天、3 天预订，分别给予不同程度的优惠。

（三）渠道策略

康养旅游渠道是指促使产品或者服务最终到达客人时，取得康养旅游住宿接待企业的所有权或帮助转移其所有权的所有企业和个人，主要包括中间商、代理中间商。进入互联网时代以来,企业的销售渠道发生了革命性的变化,除传统的旅行社、政府、代理商等渠道外,还融入了携程、美团、飞猪等在线预订平台。大多数接待企业建立了官方网站、官方微博、官方微信的销售矩阵,销售的渠道越来越多,销售手段越来越丰富。随着短视频 App 的兴起,短视频也将成为新的销售渠道。

(四)促销策略

促销是营销活动的重要组成部分,主要包括广告、人员推销、公共关系、营业推广等一系列行为。

1. 广告

广告是指康养旅游住宿接待企业通过各种大众传播媒体,向目标市场传播康养旅游企业的相关信息,展示企业产品和服务,可分为线上广告和线下广告。线上广告如在携程、去哪儿等在线旅游平台投放展示广告,将特色房型、服务项目、优美环境等以精美的图片和生动的视频呈现。同时,还可以利用社交媒体平台进行广告投放,如在小红书发布精美的打卡图文笔记,在抖音上投放住宿宣传短视频,吸引更多年轻消费群体关注。线下广告如在机场、高铁站等人流量大的地方设置广告牌,展示接待企业的位置优势、高端服务等信息,吸引商务出行和旅游中转的旅客。广告能用于建立接待企业的长期形象,促进快速销售。要想将信息触及每一位受众,广告是成本最低且最有效的方法。

2. 人员推销

人员推销是康养旅游住宿接待企业推销人员通过面对面洽谈业务,向顾客提供信息,劝说顾客购买产品和服务的过程。推销人员可以是接待企业的销售团队,主动拜访周边企业、旅行社等机构,与负责人洽谈合作。如与当地一家大型企业对接,了解企业的商务出差、会议举办需求,向其推荐商务房型、会议室租赁服务等,为企业提供专属的协议价格和服务套餐,成功吸引企业长期合作。推销人员还可以是接待企业的前台和客房服务人员,在客人办理入住和入住期间,适时推荐的特色康养旅游服务项目。

3. 公共关系

公共关系是指康养旅游住宿接待企业为改善与社会公众的关系,促进公众对接待企业的认识、理解及支持,达到树立良好企业形象、促进商品销售的一系列促销活动。促销活动形式包括举办主题活动和参与公益活动,通过举办文化主题活动,如艺术展览、美食节等,邀请当地知名人士、媒体、网络大 V 等参加,提升康养接待企业的知名度和美誉度。通过参与公益活动如环保公益活动,组织员工和客人参与海滩清洁活动,树立良好的企业形象。

4.营销推广

营销推广是康养旅游住宿接待企业进行促销时不可缺少的一种手段，具有吸引客人注意力的作用，可以促进客人购买企业产品。随着各大 OTA 网站服务的多元化，越来越多的客人愿意在平台购买全部出行产品，那么采用景区＋康养旅游住宿接待企业产品联动，设计景区＋康养企业＋餐饮＋区位交通的产品组合就更能方便客人购买。例如针对健康养生客人，推出高铁＋交通车＋景区门票＋温泉的产品组合，或者蔬果采摘＋景区登山道＋康养企业的产品组合。此外，康养旅游住宿接待企业可以利用自身的服务项目和服务设施，借鉴 Club Med 一价全包模式，打造属于本企业的一价全包模式。例如适用于家庭客人的房＋餐＋下午茶＋温泉或者游泳＋玩乐项目，适用于养生客人的住宿＋体检＋中医诊疗＋养生食谱＋太极拳等。

本章小结

本章主要介绍了康养住宿的一些特色服务项目，是对第二章康养主题客房的拓展和延伸，在第二章与第四章康养住宿接待之间起到了承上启下的作用。本章介绍的服务项目包括生态康养类项目——温泉水疗服务；康体运动类项目——健身房服务、游泳池服务；健康理疗类项目——桑拿与蒸汽浴服务；文化康养类项目——中医养生与专业保健理疗服务、心理疗愈服务。其涵盖了康养旅游服务项目的所有类型，每一种项目都介绍了服务的特点及具体的服务流程，并在此基础上介绍了服务项目的销售策略。学习者不但要学会具体的服务流程，还需要掌握销售策略，尽可能地销售康养住宿中的特色服务项目。

思考与练习

一、填空题

1. 中医养生与专业保健理疗服务项目的特点有（　　）、（　　）、（　　）、（　　）。
2. 心里疗愈的方法有（　　）、（　　）、（　　）。
3. 康养特色服务项目的销售策略有（　　）、（　　）、（　　）、（　　）。

专业词汇

二、多项选择题

1. 下列客人中，不适宜泡温泉的有（　　）。
 A. 饮酒后的客人　　　　　　B. 有高血压的客人
 C. 孕妇　　　　　　　　　　D. 儿童
2. 常见的艺术表达疗愈形式有（　　）。
 A. 音乐　　　　　　　　　　B. 绘画
 C. 陶艺　　　　　　　　　　D. 电影
3. 康养旅游住宿接待企业常用的促销策略有（　　）。
 A. 广告　　　　　　　　　　B. 渠道策略
 C. 公共关系　　　　　　　　D. 营业推广

三、讨论题

1. 你在以前的旅游过程中体验过康养特色服务项目吗？与同学一起分享。
2. 你还知道哪些康养住宿特色服务项目？请列举一些，并与同学交流。

四、实训题

温泉接待服务训练内容：

全班同学分成几个小组，组内同学分别扮演客人和工作人员，分别从迎宾服务、项目介绍、结账服务、送别服务等程序进行模拟接待，教师进行考核和指导。

五、案例分析题

守护健康的隐形管家——智慧健身房里的温情时刻

在某康养度假酒店，其健身房因接入了智能健康管理系统而别具一格。这里配备了生物识别器械、体态分析仪，还建立了云端健康档案，为每一位住客的健康保驾护航。

52岁的王女士，因颈椎病需要定期入住酒店进行疗养。这次，她希望借助健身房的锻炼，改善肩颈僵硬的问题。当王女士刷房卡走进健身房的那一刻，智能健康管理系统就自动调取了她的健康档案，其中颈椎病史清晰可见。值班健身顾问李婷收到系统提示后，迅速行动起来，提前为她准备了低冲击训练方案。

王女士首先使用3D体态扫描仪进行体态筛查，系统很快检测出她右肩的活动度仅65%，远低于健康值80%。于是，系统自动锁定了划船机、高位下拉器等可能对她颈椎造成更大压力的禁忌器械，并在电子屏上弹出醒目的警示标识。之后，王女士踏上智能椭圆机开始锻炼，扶手压力传感器敏锐地检测到她左手施力不均衡，设备立即自动降低阻力，同时语音提示："检测到身体偏移，建议调整握姿"。

  李婷在一旁密切关注着王女士的状态，她留意到王女士在锻炼过程中多次揉捏肩膀，便主动上前询问："系统显示您右肩肌群紧张，是否需要体验我们的筋膜放松舱？"征得王女士同意后，李婷引导她使用红外热敷筋膜仪，同时贴心地播放颈椎保健操教学视频，帮助王女士放松肩颈。不仅如此，李婷还联系了中医理疗师，为王女士预约了次日的推拿服务，并将本次运动的心率、关节负荷值等数据加密发送至理疗师的平板端。

  离店前，李婷考虑到王女士回家后的健康管理，特意为她定制了"家庭版肩颈养护计划"，其中包含扫码即可使用的 5 分钟办公室拉伸视频、可连接家用智能手环的云端运动处方，以及每月 1 次的免费远程体态评估服务。

请思考：
1. 案例中智能设备如何实现健康风险前置管理？
2. 服务人员在智能化场景中需强化哪些服务意识？
3. 如何将健身房服务与康养旅游核心需求深度结合？

第四章

康养旅游住宿接待服务

本章重点

接待服务是康养旅游住宿服务的核心内容。本章学习重点是康养旅游住宿预订与入住接待服务、离店与后续服务的标准程序和规范。

学习要求

通过本章内容的学习，学习者能够在了解服务接待模式的基础上，熟悉康养旅游住宿服务的电话和网络预订程序，能高效提供康养旅游住宿入住接待服务、问询服务、结账及离店后续服务；掌握康养旅游住宿投诉的处理程序和方法，培养住宿接待服务的主动性和灵活性。

本章思维导图

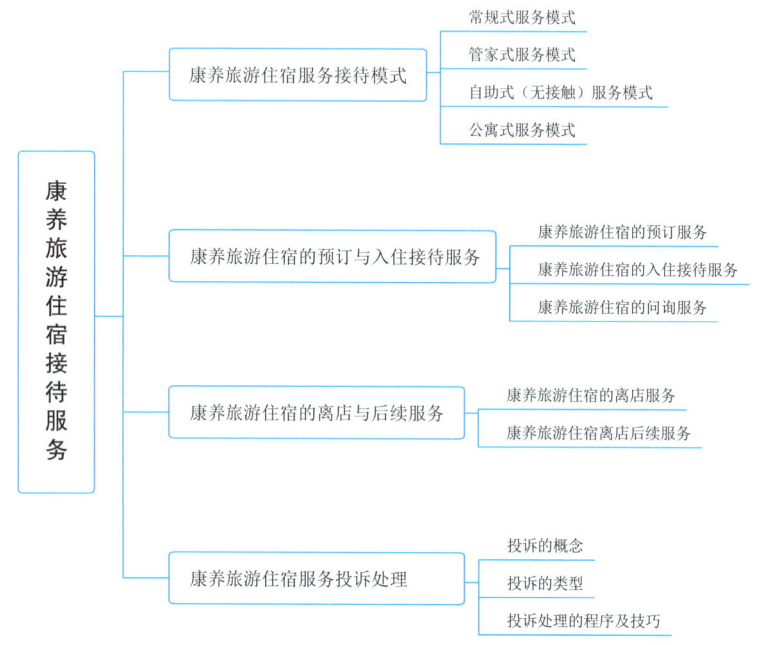

第四章　康养旅游住宿接待服务

>>> 情景导入 >>>

春节到了，李先生夫妇决定带着父母、孩子一同出游，在文化底蕴深厚的青城山度过一个轻松愉悦的春节。他听说青城山山麓有一家道文化康养主题酒店，也是中医药健康旅游示范项目，便预订了该酒店的康养行程，想趁着春节7天假期，享受一场私人订制的康养之旅，消除身心的疲惫。

李先生的车行驶至酒店停车场，安保小邓指挥停车后，又帮忙拿下行李，转交给前来迎接的管家小艾和礼宾员小陈。小邓对李先生说："李先生，您的车上有积雪，时间久了对车漆会产生腐蚀作用，我用常温水帮您清洗，您看可以吗？"李先生很意外："你们还帮忙洗车啊，而且还这么专业。"小邓微笑着回答："我们是康养酒店，当然也会对您的爱车提出保养建议。"

小艾向李先生一行介绍："李先生，你们好，我是诸位贵宾的服务管家小艾，7天的康养之旅我将陪伴各位一同度过。"办理完入住手续后，小艾带领李先生一行来到康养生活馆，茶艺师呈上康养道茶，持证医师开始检测血压、血糖，把脉，在等待出具健康说明书的时候，大家品道茶，享受肩颈按摩，消除舟车劳顿带来的疲乏。医师讲解了健康说明书，并介绍酒店和户外康养项目。酒店康养项目包括：太极晨练，六步养生功练习，中医脉诊，艾灸养生，生命检测仪测量，根据身体指标配置养生餐，抄写《道德经》，茶山采茶、制茶、品茶，制香、品香，参观书画院，汤池泡浴；户外康养项目有：参观都江堰水利工程，游览青城山、参观熊猫谷等。

小艾引领李先生一行前往客房。房门开启时，一缕淡淡的幽香沁人心脾。小艾说："李先生，每个房间配置了不同的沉香，具有安神静心、行气止痛的作用；案几备了经书、笔墨纸砚，可以临摹抄写；茶台上备有道茶和说明，注明了每个时辰适合的不同道茶；书桌上准备了养生书籍《跟掌门学养生》男士版和女士版；卫生间备有按摩足疗盆和浴足包，每天晚上泡脚半小时，有助于睡眠。"李先生惊赞道："房间配了这么多养生用品，真是太好了。"小艾打开衣橱："李先生，我们了解到你们家小朋友要入住酒店，因此专门准备了一套小朋友的太极服。"小朋友开心地跑过去："哇，我还从来没穿过太极服呢，我要练太极。"一家人开心地笑了，为期7天的康养之旅就此拉开帷幕。

以上场景体现了康养酒店管家优质的对客服务，本章将全面讲述康养旅游住宿接待服务，包括其接待模式和服务要领。

第一节　康养旅游住宿服务接待模式

住宿服务是康养旅游的重要组成部分。随着游客对服务品质要求的提高，旅游行业不断推陈出新，制定出适合不同客户群体的服务模式，以满足老年旅居、伤残病医养、女性客人、亲子家庭客群等的不同需求。

一、常规式服务模式

常规式服务模式可以分为楼层服务台和客房服务中心。

（一）楼层服务台

楼层服务台是指在康养旅游住宿区域每个楼层设立的服务台。它发挥着前厅部总台在楼层办事处的职能。其优点是能提供面对面的亲情服务，有利于楼层安全保卫工作，及时准确了解房态。缺点是劳动力成本高、管理分散，容易对住店客人造成干扰，使部分客人产生被"监视"之感。

（二）客房服务中心

客房服务中心根据客人住宿期间的服务要求，由客房服务中心统一协调，实行 24 小时值班制。其优点是减少对客人过多的干扰，降低了劳动成本，有利于统一调度和控制。缺点是弱化了服务的直接性，以"暗"的服务为主；楼层一些不安全的因素无法被迅速发现和处理；服务的及时性也受到影响。

拓展阅读：康养旅游住宿常规服务

随着旅游行业的迅速发展，住宿业楼层服务台模式逐渐被淘汰，客房服务中心模式取而代之。近几年，康养旅游蓬勃发展，康养旅游住宿常规服务的接待模式从单一型转变为复合型，即以客房服务中心为主，在各楼层电梯口安排专人负责迎宾和问询服务，贴心地为客人提供个性化服务，让客人有宾至如归的感受。

二、管家式服务模式

住宿管家是旅游住宿经营活动中的重要岗位，在负责客人住店期间的所有日常事务的基础之上提供个性化服务。管家用真诚、真心为客人带去温暖，让客人留下美好的住宿体验，提高了旅游住宿企业的竞争力。管家式服务包含金钥匙服务和管家服务两种服务模式。

（一）金钥匙服务模式

国际金钥匙组织是一个国际性的民间专业服务组织，1929年成立于法国，1995年被正式引入中国。金钥匙服务是在合法合理的前提下，为客人提供无微不至的服务，最大限度地满足顾客个性化的需求。其服务理念是：先利人、后利己；用心极致，满意加惊喜；在客人的惊喜中找到富有乐趣的人生。

案例 4-1

养生酒店的金钥匙管家服务

大堂副理小艾是酒店第一批获得金钥匙会员资格的员工。秉承金钥匙的服务理念，小艾在工作中一直对客提供"满意加惊喜"的暖心服务。这天，小艾在接待中无意听到两位团队客人的对话，了解到汪先生的母亲七十大寿快到了，但自己因为参加会议不能亲自为母亲祝寿，深感遗憾。小艾思索片刻后，找到该会议会务组负责人杨女士，告知自己的想法：与汪先生的家人联系，了解情况，询问家人是否愿意带着汪先生母亲到青城山度假，入住酒店，与汪先生一同庆祝生日，给汪先生一个惊喜，也满足了家人的愿望。会务组杨小姐很开心，并表示因汪先生作为本次会议的重要讲师，不能亲自为母亲祝寿，公司领导也很遗憾。如果该想法能实现，那么不仅体现了酒店的暖心服务，也体现了公司的人文情怀，并承诺庆生费用由总经理签单。

当天会议结束后，汪先生接到杨小姐的电话，告知晚餐地点更改为酒店养生包间玉兰阁，体验酒店道家养生餐。汪先生准时到达包间，推开包间门，看见座上的父母、妻儿、公司领导，他惊呆了。这时灯光熄灭，音乐响起，小艾推着烛光摇曳的生日蛋糕进入包间，大家一起拍手唱起生日歌。汪先生的眼泪夺眶而出，他快速走到母亲身边，与母亲深情相拥，并与母亲一同许下生日愿望。灯光亮起，汪先生擦拭着泪水说道："感谢大家，感谢公司，我一直为不能陪伴母亲过生日而感到遗憾，这太让我感动了。"

公司领导笑着起身："这可不是公司的想法，酒店金钥匙小艾无意间听到你与别人的谈话，然后找到小杨提出了建议，这才把家人都接到青城山来。"汪先生紧紧地握着小艾的手说："太感谢了，太有心了，太让我感动了！"小艾说："我们酒店一直秉承金钥匙的服务理念，让您开心是我们的宗旨。"

为了让汪先生的家人能更好地体验青城山的在地文化，小艾为汪先生的家人设计了为期三天的康养行程，家人们在酒店体验了青城太极、青城艾道、青城茶道、养生功法练习、采茶活动等康养项目。离店那天，小艾送别汪先生一家，汪先生的母亲握着小艾的手："小艾，这是我最难忘的一次生日，谢谢你！"

该会议公司领导专程找到酒店总经理，表达长期合作的意向。他说，公司合作了很多酒店，但唯独这次让他们整个团队都感到惊喜和感动。惊喜的是酒店不仅提供了有形的康养产品，更提供了无形的但却深入人心的康养服务。这件事情也让自己的公司增加了凝聚力，回公司后也会进行内部分享，号召员工学习这种工作上的主观能动性。

【案例分析】

金钥匙服务是在传统酒店服务基础上的延伸，强调个性化与惊喜服务。金钥匙员工必须要有专业的服务技能、超前的服务意识、敏锐的观察能力，将服务做到极致，将有形的康养文化和无形的酒店服务完美结合，根据客人的特性设计服务方案，让客人留下深刻的回忆。

（二）管家服务模式

管家服务起源于中世纪欧洲贵族家庭，通过统筹协调前台、客房、餐饮及康体疗愈等职能部门，形成系统化服务解决方案。在康养主题酒店运营中，为确保宾客获得高品质康养体验，管家服务聚焦于康养项目体系的专业化服务支持，涵盖健康评估、疗程规划及康复跟踪等全流程服务模块。

普通服务人员提供的多是常规服务，而管家则充当了客人的总调度，根据客人需求对其进行个性化服务。当尊贵的客人提出需求时，在不违背法律道德的前提下，管家应给予最大的满足。康养旅游住宿接待的管家服务，主要围绕客人住宿全流程提供专业、高效和个性化的管家服务。从客人的行前订房到抵店前的沟通，客人抵店以及离店，康养旅游住宿的管家将为其精心提供健康评估、定制化康养计划、健康检测等健康管理服务，以及专业的接待服务。

拓展阅读：隐秀尚庭酒店的管家服务

康养管家具体工作包括提供体检预约、健康档案建立及全程跟踪服务，帮助客人了解自身健康状况；根据健康评估结果，制订个性化的饮食、运动、理疗等方案；通过智能设备（如智能手环）实时监测客人的健康数据；负责客人住店期间的康养服务工作，酒店康养项目介绍、客人的康养项目安排等。

三、自助式（无接触）服务模式

随着信息技术的发展，自助式服务更加快捷方便，能有效保护客人隐私。为确保客人安全，尽量减少人员的接触，部分康养旅游住宿企业纷纷推出了"无接触服务"，即客人入住期间办理各项服务无须与人接触，客人自助办理入住。

客人到达康养旅游住宿接待点后，可直接使用前台自助机完成身份验证，待系统自动匹配订单，完成选房、押金支付后，直接领取房卡入住。客人通过手机，可以实现无房卡手机开门。房间智能化，让客人体验到无处不在的惊喜。客人进房自动开启定制欢迎场景，根据客人爱好定制的音乐舒缓地响起，徐徐开启窗帘和电视机欢迎屏。房间温度恒定在24℃，清新的空气让客人感觉好像是走进了大自然，营造出最舒适的睡眠空间。客人通过语音互动，实现开关窗帘、灯光、电视音量等房间设备的实时控制，增添了互动有趣的入住体验感，同时也体现了康养旅游住宿接待的个性化服务。

住店期间，客人需要补充房间物件或体验送餐服务时，可以享受酒店机器人的上门配送服务。如遇到客人生病，康养旅游住宿企业也可以提供24小时远程医疗服务。无接触智能化服务使客人能愉快地自助办理入住、退房等业务，还能完成开发票、选房型等操作，有效解决了酒店在入住及退房高峰时段的排队问题。

拓展视频：酒店自助（无接触）入住服务

四、公寓式服务模式

公寓式服务来源于公寓式酒店管理，最早起源于19世纪中后期的欧洲，是当时旅游区租给游客供其临时休憩的物业。公寓式酒店既有酒店的性质，又相当于个人的"临时住家"。

在亚健康问题、老年人健康问题、慢性复杂性基本疾病成为21世纪人类共同面临的三大健康问题的背景下，为顺应人们高度关注自身健康的趋势，以健康养生服务为基础的康养酒店公寓正在快速发展，由此形成公寓式服务模式。康养旅游住宿公寓式服务模式在房间配置有厨房，并综合配套棋牌、书吧、演艺、健身、营养餐食、养生理疗等服务项目，满足康养客人养生保健、悦养身心、文化娱乐等需求，从养、护、医、食、娱等多方面，全方位、多层次、智慧化为客人提供综合健康养生服务。

第二节　康养旅游住宿的预订与入住接待服务

预订是康养旅游住宿服务的首个重要环节。一方面，预订可以让客人更有效地计划行程；另一方面，康养旅游住宿企业可以根据预订提前为客人设计更贴心的康养服务。入住接待服务是客人抵店后服务的开始，是客人享受康养服务的第一步。

一、康养旅游住宿的预订服务

（一）电话预订服务流程

1. 接起电话，礼貌问候

电话铃响三声内接起电话。左手握话筒，右手握笔。主动报酒店名称和部门，向客人问好。

2. 询问需求，介绍康养客房

向客人介绍康养住宿主题客房特色，推销康养客房。当客人要求预订房间时，向客人询问预订内容：姓名、抵离店日期、房型、数量，是否有特殊要求（带有婴儿、高原缺氧、行动不便等）。

3. 查询系统并确定是否能接受预订

（1）能够接受预订。迅速为客人办理康养客房预订手续。

（2）暂时不能接受预订。如果客人所要求的房间已超预订，礼貌地向客人解释，主动向客人介绍其他类型房间，主动征询客人意见，作为候补预订，一旦有客人取消预订申请及时补入。

4. 向客人询问其他预订内容

礼貌地向客人询问：住店客人姓名、入住房间数、入住人数、公司名称、客人对房间的要求，是否需要接机服务（如果需要，还要询问航班号及时间）、预订人姓名、联系方式，客人抵店时间、付款方式。如果是协议公司订房，房价按协议价执行。

介绍康养旅游住宿接待点的文化主题和健康养生项目（太极、艾灸、功法、中医脉诊、设备诊疗、健身锻炼、书法静心、养生餐配置等）。在预订中要根据客人要求灵活进行升级促销。

5. 确认预订内容

同客人确认预订内容：客人姓名、房型、房间数量、房价、公司名称、房间要求，是否要求接机服务，预订人姓名、联系方式、抵达时间、付款方式等。

6. 向客人致谢

预订内容确认完毕后，向客人致谢。

7. 输入预订信息

将预订内容及时输入预订系统，如客人有特殊要求，在预订系统中及时做好备注。

拓展视频：电话预定服务流程

案例 4-2

实训范例：康养旅游住宿电话预订

电话铃响，前厅接待员在三声内接起："您好，×××康养酒店，请问有什么可以为您效劳？"

客人："你好，我想预订3月4日到3月7日两间房。"

接待员："好的，先生，您一共入住3晚，预订两间房。我们是道文化康养主题酒店，也是中医药健康旅游示范项目酒店，您看您需要订康养主题房型吗？"

客人："能介绍一下这个房型的特点吗？"

接待员："可以。我们提供国学修养、佛法学习、太极养生、经书抄写等特色主题活动体验的文化康养类主题客房，房价是每晚488元；以温泉水疗系列体验为主的生态康养主题客房，每晚588元；中医康养文化体验为主题的客房，提供药膳茶饮、药液沐浴、推拿、针灸等特色服务，每晚688元。另外入住期间，您还可以体验我们的康养行程。"

客人："康养行程具体是什么内容呢？"

接待员："我们酒店制定了系列的康养服务项目，并建立康养客史档案，由康养管家全程跟进您的康养行程，在您离店后也将持续推送健康知识，让您在家也能进行自我康养调理。"

客人："好的，那我预订两间生态康养主题客房吧。"

接待员："好的，先生，请稍等，我现在为您登记。"

客人："是的。"

接待员："好的。先生，请问您贵姓，电话号码多少？同行几位？有没有小朋友？"

客人："张明，电话183×××8999，一共4个人，没有小朋友。"

接待员:"张先生,请问您是刷卡还是付现呢?"

客人:"刷卡。"

接待员:"张先生,由于现在是旅游旺季,我们只能将预订的客房保留至入住当日的下午6点以前;如果您下午6点以后才能到达,可以用信用卡担保,我们将您预订的房间保留至深夜12点。请问您是否需要用信用卡担保预订?"

客人:"不用了,我们下午5点就到。"

服务员:"好的,李先生,请问您还有其他需要吗?"

客人:"尽量帮我安排高楼层房间。"

接待员:"好的,张先生,我已经为您预订好2间生态康养主题客房,入住时间是3月4日至3月7日,共3晚,每晚588元,含双早,房费共3528元。您的电话是132×××8999,房间需要高楼层。稍后您的康养管家会和您联系,请问还有什么可以为您效劳?"

客人:"没有了,谢谢。"

接待员:"好的,张先生,温馨提示请提前准备好泳衣,如果没带,我们的汤池也有泳衣可以购买;若是近期进行过体检,您也可以带上体检报告,我们的中医会根据体检报告为您制定更适合您的行程。谢谢您,期待您的光临!"

客人挂断电话后,接待员再挂断电话。

康养管家小艾拨通客人电话:"张先生,您好,我是×××康养酒店小艾,是您此行的康养管家,为了更好地设置您的康养行程,有些问题需要提前咨询,您现在方便吗?"

张先生:"方便,你请问。"

小艾详细记录张先生及同住客人的年龄、喜好、禁忌等情况,初步建立康养客史档案,预留生态康养主题客房。

(二)网络预订服务流程

1. 认识网络订房平台

互联网高速发展的时代,客人可使用手机、电脑等通信设备,通过订房网站、酒店官网或App,查询康养旅游住宿酒店环境及服务项目,实现网络订房。常见的网络平台有携程网、去哪儿网、途牛网、驴妈妈旅游网、马蜂窝网、同程旅游网、爱彼迎网、Agoda、Booking等。

2. 网络预订处理流程

（1）客人进行网络预订。

（2）客人通过网络下订单后，康养旅游住宿酒店网络预订员的手机收到预订提示信息。

（3）网络预订员登录订房网络后台，查看"待确认订单"界面显示信息。

（4）通过康养酒店某系统查看实时房态是否满足客人需求。

（5）网络预订员确认信息后，接受确认，建立预订、登记信息。

（6）康养住宿酒店管家根据预订信息、客人特殊需求等因素排房、制房卡。

（7）若当日房源充足，则可免费为客人升级，提升宾客满意度。

（8）康养管家准备客人抵店前沟通事宜、入住当天的房间设备检查、欢迎礼品等。

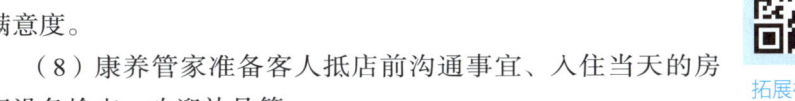
拓展视频：网络平台订房流程

（9）统计、整理网络预订信息，发至OTA管家接待组，便于前厅、客房、餐饮、康体各部门做好接待工作。

3. 网络预订注意事项

康养旅游住宿接待点预订部销售员需增强销售意识，及时关注、耐心对接销售阶段性价格调整，确保官网及网络平台的阶段性价格及房间限额量无误。

多做后台维护，确保客人通过网络预订后所获取的预订信息准确、清晰，避免因信息传达不充分造成网络预订客人与管家产生不必要的纠纷。

拓展视频：网络预定处理流程

二、康养旅游住宿的入住接待服务

（一）散客入住接待服务

1. 迎接服务

（1）提前沟通。客人抵达康养旅游住宿接待点当天，管家提前联系，将酒店位置、天气情况等信息发送给客人，并询问客人到达酒店的时间、人数以及行程安排是否有变化。如果遇到恶劣天气，应将路况信息及时告知客人；如果紫外线强、海拔高，还应提醒客人防晒、防高原反应等注意事项。

（2）物品准备。管家提前检查客人房间设施物品准备情况，做好客人抵达的迎候工作。

（3）迎候客人。主动为客人开车门，礼貌问候客人，管家替客人拿行李，并与客人确认行李数量。

2. 办理入住手续

（1）引领至休息区，呈上康养欢迎茶。康养管家引领客人至休息区，即刻为客人办理入住手续。

（2）收取客人有效证件。康养管家收取客人有效身份证件，坚持一人一证实名制登记。请客人进行人脸识别，身份证信息录入系统。完成之后将身份证还给客人。

（3）收取费用、打印账单。因康养行程暂未确定，康养管家向客人建议刷预授权，便于统一扣费、统一结算。接待员打印账单，康养管家请客人签字确认。

（4）询问有无贵重物品寄存。康养管家询问客人是否有贵重物品需要寄存，若有则按照寄存流程办理手续。

（5）递交房卡。康养管家将房卡交给客人，并介绍房卡使用方法。

（6）送行李到房间。礼宾将行李送到房间，并同步介绍房内康养设备使用方法，如智能床垫遥控、香薰机定时等。

3. 指标检测体验服务

（1）客人来到康养生活馆，持证医师为客人提供身体指标检测服务。

（2）持证医师为客人把脉，测量血压、血糖，生命检测仪测量身体数据，开具健康说明书，制定康养行程项目和时间节点的安排，详细向客人讲解身体情况和康养项目。

（3）康养管家根据合理化健康评估结果，制订个性化的饮食、运动、理疗等方案，并附上收费标准。客人同意签字确认后，按方案执行，并将客人信息及康养方案传达到相关部门。康养管家需在系统中建立动态康养客史档案，同步关联餐饮、康体等部门数据。

4. 进房途中介绍

客人身体指标检测完毕，康养管家引领客人回房途中，应主动为客人介绍康养旅游住宿接待点环境、康养旅游住宿主题文化（主题客房）、康养服务项目。

5. 房间介绍

到达房间后，康养管家首先为客人介绍康养客房的主题特色，然后按照客房的空间布局，引领客人参观客房，主动为客人介绍康养客房设施设备，为客人现场演示，并引导客人进行体验。针对中老年等特殊客群，需要着重介绍房间的安全设施，提醒客人灯光照明、地面防滑等注意事项。

在介绍完成后，主动询问客人对于客房的产品和服务是否有疑问，及时为客人解答，根据客人的需求为客人提供相关服务。

作为服务人员，康养管家应注意：沟通时语言简洁明了，客人疲惫可暂不打扰客人休息。

6. 全程跟进康养行程

（1）针对有康养行程的客人，康养管家根据行程表提前半小时发消息提醒客人，并到房间门口等候，引导客人体验康养项目。

（2）根据每日身体指标变化更新康养客史档案，康养管家及时和客人沟通，测试客人身体指标。关注客人入住房间感受、健康需求是否满足等信息，及时反馈给医师，做好反馈记录，跟进反馈结果，为不同客人提供健康需求保障。

（二）团队入住接待服务

1. 迎接服务

（1）康养管家配置。康养管家数目根据团队人数配置2~3人，通常配置1名康养主管家和1~2名康养副管家。主管家负责具体衔接所有事务，副管家协助开展对接、跟进工作。

（2）提前沟通。宾客抵店前24小时，康养主管家需将酒店定位信息、当地气象数据及入住所需身份凭证等资料以短信的方式，及时发送给即将抵店的客人。

（3）物品准备。康养主、副管家提前检查预订房间的设施设备完好度、物品准备情况，做好客人抵达的迎候工作。提前通知康养生活馆持证医师和工作人员准备好检测设备、康养欢迎茶等物品。

拓展视频：办理入住手续服务流程

（4）迎候客人。康养管家带领礼宾一同在大厅门前等候，见到客人应主动上前，自我介绍。

（5）清点行李。礼宾员将行李搬运下车，清点数量，检查行李箱外观，登记后请领队签字确认。

拓展视频：进房途中介绍服务流程

2. 办理入住手续

（1）引领至休息区，呈上康养欢迎茶。康养管家引领客人至休息区，并送上康养欢迎茶。

（2）收取客人有效证件。康养管家收取客人有效身份证件，执行一人一证实名制登记。请客人进行人脸识别，身份证信息录入系统。完成之后将身份证还给客人。

（3）收取费用、打印账单。如康养行程暂未确定，康养管家向客人建议刷预授权，便于统一扣费和结算。接待员根据分房表办理入住手续，打印账单，康养管家请客人签字确认。

（4）询问有无贵重物品寄存。康养管家询问客人是否有贵重物品需要寄存，若有则按照寄存流程办理手续。

（5）建立微信群。康养主管家建立微信群，请团队客人和副管家进群，便于及时发布提醒信息。

（6）递交房卡。康养主管家根据分房表将房卡交给客人，并为客人介绍房卡使用方法。

（7）送行李到房间。问陪同要一份分房表和团签，礼宾员根据分房表分配行李，分别将行李送到房间。康养管家引领客人前往康养生活馆。

3. 身体指标检测体验服务

（1）康养管家引领客人到康养生活馆，进入相应检测区域。

（2）持证医师把脉，生命检测仪检测、量血压、量血糖同时进行。

（3）康养管家和工作人员记录每位客人的身体指标数据，同时向客人提供体检、健康咨询等服务，帮助客人了解自身健康状况。

（4）康养管家引领客人回房，等待医师进行数据分析。

4. 进房途中介绍

进房途中，康养管家向客人介绍康养旅游住宿的功能区域、康养主题文化和康养服务项目。

5. 房间介绍

到达房间后，康养管家首先为客人介绍康养客房的主题特色，然后按照客房的空间布局，引领客人参观客房，主动为客人介绍康养客房的设备，为客人现场演示，并引导客人进行体验。针对中老年等特殊客群，需要介绍房间安全问题，提醒客人灯光照明、地面防滑等注意事项。

在介绍完成后，询问客人对于客房的产品和服务是否有疑问，及时为客人解答疑问，根据客人的需求，为客人提供行李拆包服务，根据客人的需求为客人提供其他相关服务。

6. 为客人讲解康养行程项目

（1）指标分析。分析每位客人身体数据后，持证医师对客人讲解健康方案，以及康养行程项目（为保护客人隐私，需单独沟通）。

（2）康养管家为每位客人建立康养客史档案，记录客人身体指标数据。

7. 全程跟进康养行程

康养管家分别对集体项目、分组项目适时跟进。集体项目时，康养管家全体参与，分别记录客人康养结果。分组项目时，康养管家分组跟进，对应记录康养结果。

根据行程表安排，康养管家适时提醒并陪同客人参加行程表安排的康养项目。密切关注客人健康需求，及时反馈给医生，做好反馈记录，跟进反馈结果。

 案例 4-3

公司年终总结会接待流程

某旅游公司年终召开总结会，公司高层领导商议让员工亲身感受康养旅游的发展趋势，便在×××康养主题酒店预订了康养行程。

会议时间为 4 天，康养管家安排行程如下：为期 3 天的三日道课程，1 天的公司总结会采用禅坐的方式进行。

因参与人员较多，酒店配置了 4 名康养管家（1 名主管家，3 名副管家）负责康养行程的接待工作。主管家建立微信群，将参会人员全部邀请进群，在群里发布参加康养行程的具体安排、注意事项等信息，并请会务组提前收齐参会客人身份证，便于高效办理入住手续。

公司客人到店入住后，持证医师根据客人身体指标制定了集体项目、分组项目，康养管家建立康养客史档案并根据客人的分组各安排一名副管家跟进。大家一同练习青城太极拳、六步养生功法，参加康养知识讲座，制茶、品茶；分热性、寒性体质分桌品尝养生餐；分组进行艾灸调理、健身训练、户外徒步等。

在第 4 天的公司年终总结会上，客人纷纷表示第一次参加这样的年终总结会，深刻感受到康养旅游的精髓，旅游已不仅仅是食住行游购娱，康养旅游的发展需要从人们对健康的需求出发，新型冠状病毒感染之后，人们对中医的重视度更高，相信中医能更全面地做到防治未病，所以，康养需要结合中西医的调理方式进行。

康养行程结束后，康养主管家将此次会议人员整体健康说明书、离店时身体指标交给会务组负责人，并告知会持续推送康养知识及养生建议。

【案例分析】

对于团队康养客人的接待，需提前确认人数、康养需求，便于系统地安排康养行程。持证医师需根据每位客人的身体指标有针对性地制定康养项目，康养管家根据项目开展效果及时反馈，跟进反馈结果，满足团队客人的康养需求。

三、康养旅游住宿的问询服务

客人入住期间,遇到各种困难,会当面或者微信咨询康养管家相关问题。特别是儿童、老年、伤残病康养客人,康养管家对他们的关注会更多一些。康养管家要准确解答客人问询,并在能力范围内给予客人最大限度的帮助。康养管家问询服务应做到以下几个方面。

(一)客人常规性问询内容准备

(1)了解康养旅游住宿接待企业各部门及周边的最新信息,市内电话信息中心、地图、导游指示、交通(飞机、车、船)时刻表、母婴店位置。

(2)熟悉各营业部门的经营项目、营业时间以及收费标准。为客人提供精准信息,并能为客人耐心做示范,引导客人体验。

(3)了解餐厅、茶坊、大堂吧、康养部门的营业时间、位置。

(4)熟知康养主题客房的内部设施、房型及房价。

(5)了解康养客群(肥胖、睡眠不好、血压、血糖)营养餐食的搭配。

(6)熟悉课程康养。

(7)熟悉康养旅游住宿接待企业现有的康养项目内容及服务群体。

(二)提供问询服务

康养管家提供问询服务时,要仔细倾听客人要求,保持目光接触,适当采取肢体语言,体现出酒店对客人的真诚。如客人通过微信咨询相关服务内容,管家应及时回复,尽全力满足客人需求。对于不能即刻解答的问题,千万不可模棱两可或使用否定词回答,应寻求其他部门帮助,或者查阅资料后再给予客人答复。

实训 4-1

散客入住接待

1. 实训准备

iPad、酒店宣传册、入住登记表、房卡、笔。

2. 实训内容及标准

青城山旅游康养住宿酒店入住接待

张小姐一家听说青城山有一家康养主题酒店,可以量身制定康养项目,便预订了这家酒店的康养行程。康养管家小杨接到张小姐一行的订单后,与张小姐联系，询问客人性别、年龄、喜好、禁忌等，初步建立了客人的康养客史档案。

张小姐一行到达酒店，小杨为客人办理入住手续后，带领客人到康养生活馆体验肩颈按摩，消除舟车劳顿带来的疲惫。持证医师为客人把脉，测量身体指标，开具健康说明书，制定康养行程项目。小杨将客人身体指标记录到康养客史档案中。

小杨全程陪同客人参加康养项目，更新康养数据，医师每日根据数据配置养生餐。张小姐一行参与了青城太极拳练习、六步养生功法练习，制香、品香，饮用道茶，采茶、制茶和理论康养知识学习等项目，圆满完成康养行程。

张小姐一行离店后，每天都会接到康养管家小杨发送的康养知识和建议，她对此特别满意。

3. 学生实训形式

（1）情景模拟训练。

（2）学生分小组进行，互相轮替。

散客入住接待实训内容和操作标准见表4–1。

表4–1 散客入住接待实训内容和操作标准

操作流程	实训内容和操作标准
1. 迎接服务	（1）提前沟通 （2）准备物品 （3）迎候客人
2. 办理入住手续	（1）引领客人至休息区，呈上康养欢迎茶 （2）收取客人有效证件 （3）收取费用，打印账单 （4）询问有无贵重物品寄存
3. 身体指标检测体验服务	（1）礼貌引领客人到康养生活馆，请持证医师进行检测 （2）协助持证医师进行检测工作，做好相关记录 （3）如果客人有异样，及时提供相应服务 （4）介绍康养项目及流程
4. 进房途中	（1）介绍康养酒店环境 （2）介绍酒店主题文化 （3）介绍康养项目
5. 房间介绍	使用酒店规范语言和标准动作介绍康养主题客房特色
6. 全程跟进康养行程	（1）更新康养客史档案 （2）关注客人感受

4. 评价与考核（见表4-2）

表4-2　评价与考核表

实训项目	项目要求	分值	得分
内容	解决方案科学合理	20	
	情景展示完整	20	
	有自己独立、新颖的观点	10	
语言表达	普通话标准、流畅	10	
	声情并茂，有感染力	10	
职业素养	举止有礼，符合行规	10	
	微笑，有亲和力	10	
	穿着打扮大方得体	10	
总分		100	

第三节　康养旅游住宿的离店与后续服务

客人离店时，康养旅游住宿接待点需了解客人对康养行程的感受和建议，便于康养服务质量的提高和改善。离店后续服务是康养旅游住宿人性化服务的延续，是将客人发展为忠实客户的重要途径。

一、康养旅游住宿的离店服务

（一）散客退房服务流程

1. 退房前沟通，询问需求

（1）康养管家在退房提前一天主动联系客人，预约离店前的身体指标检测。

（2）询问客人是否需要续住或延迟退房，确认退房是否需要帮忙搬运行李。

（3）如有客人询问购买旅游特色伴手礼赠送亲友，适时推荐康养酒店的特色纪念品。

2. 身体指标检测

康养管家联系持证医师为客人进行身体指标检测。持证医师为客人检测血压、诊脉。根据实际情况为客人出具健康说明书，对比客人入住前的指标数据，提出合理化建议。

3. 客人住宿体验反馈

管家询问客人入住感受及对酒店康养项目体验满意度，请客人填写宾客意见表，感谢客人提出的宝贵意见。

4. 核对客人信息

收回房卡和押金单，核实房号、客人姓名，报房务中心查房。

5. 结账、打印消费单

康养管家与客人核实消费单及金额，确保账务清楚准确。

（1）若房间有其他消费，则明确告知客人消费项目和金额，客人确认后录入系统，打印消费单。

（2）将房费、养生项目费用向客人详细讲解，请客人签字确认。

6. 开具发票

根据消费项目开具发票（餐饮消费为普票，住宿消费为专票）。

（1）普票：按实际消费明细和金额开具普票，开具成功后提供二维码给客人，请客人在 48 小时内提取。

（2）专票：请客人提供专票信息，按实际消费明细和金额开具，开具成功后提供二维码给客人，请客人在 48 小时内提取。

7. 送别客人

离店时，康养管家为客人送上精美的康养特色赠品，帮助客人搬运行李到车上，送别客人。

（二）团队退房服务流程

团队退房流程参照散客退房，但也有几点不同之处：

（1）是否需要叫早服务。

（2）是否需要统一用餐服务。

（3）是否需要确定团队统一收取行李时间。

◀◀◀ 案例 4-4 ▶▶▶

6818 房间退房程序

离客人退房时间还有 10 分钟，6818 房间的康养管家来到楼层等待。

刘先生打开门，拉着行李出来，康养管家小艾上前接过行李，问候道："刘先生好，我帮您拿行李吧。"

小艾引领刘先生来到康养生活馆，请持证医师为客人检测身体指标，并通知客房查房。

查房结束后，礼宾员将账单送到康养生活馆交给小艾。小艾检查完账单后双手递给刘先生："刘先生，这是您此行的账单，共计消费 9 480 元，餐饮消费 2 380 元，客房消费 4 280 元，康养项目 2 820 元，请您查看是否准确？"

刘先生查看账单后回复："没问题。"

小艾拿出移动 POS 机："好的，您在入住时一共刷预授权 15 000 元，那我现在按照您实际消费金额给您结算。"

刘先生将银行卡递给小艾："好的，你刷吧。"

小艾刷卡后将 POS 机和账单递给客人："刘先生，请签字确认。"

小艾："刘先生，本次康养行程您的感受如何呢？请在宾客意见表上留下您的宝贵意见，可以吗？"

刘先生："可以。"

刘先生在填写宾客意见表时，前台收银已经开具发票，小艾将二维码发给刘先生，并告知："刘先生，请在 48 小时内提取发票。"

刘先生看了看手机："好的。"

持证医师开具好健康说明书和居家康养建议书，详细向客人进行讲解。

小艾和礼宾员一同将客人行李搬运至车上，送别客人。

二、康养旅游住宿离店后续服务

康养酒店提供离店后续专属服务和权益，提升复购率与品牌忠诚度，同时形成"住宿—健康管理—长期关怀"的全生命周期服务闭环。客人的离店后续服务具体做法包括：整理客史档案，成立会员体系，加强网评管理、定期向离店客户推送康养知识和康养项目。

（一）整理客史档案

（1）档案整理主要由康养酒店管家负责，部门主管督导、检查、汇总，再上交部门经理。康养管家根据客户类型（老年、亲子、女性、伤残病医养）分类，按字母顺序建立档案。档案信息包括客人姓名、性别、出生年月、喜好、身体状况、消费习惯、联系方式等。整理客人对房间温度、床品材质、饮食禁忌（如低糖、低脂）、康养项目选择（如SPA、中医理疗）等偏好。

（2）建立客人历史档案的方式，包括电脑查询系统和手工制表。

（3）若客人是首次入住，则检查客史档案是否自动生成，检查客史档案内的消费记录是否自动更新，及时记录新的数据（如新增偏好、投诉解决情况）。

康养酒店使用的操作软件一般自带客史档案功能，客人消费后会自动生成客史档案，建立客户初始档案后，后续的消费将自动生成存档。（见图4-1）。

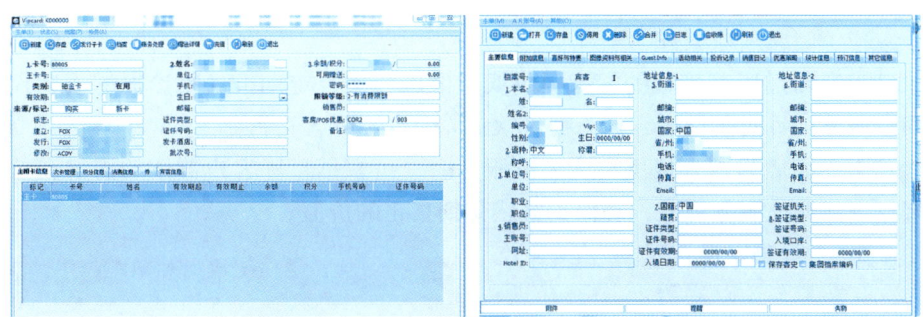

图4-1　两种不同软件的客史档案界面

（二）维护宾客关系

（1）等级与权益设计

根据消费金额、入住频次、复购率设定会员等级（如普通、银卡、金卡）。高等级会员免费升级房型、专属康养顾问、优先预约热门项目。基础会员可享受积分兑换基础服务（如下午茶、基础理疗）。

（2）积分与复购激励

积分兑换抵扣房费、兑换健康礼品（如中药泡脚包、体检套餐）。针对休眠客户发送专属折扣券（如"春季调理特惠套餐"），连续入住3次赠送1次免费中医体质检测等。

（3）会员社群运营

线上建立健康主题社群，配备健康管理师定期答疑。

线下活动邀请高等级会员参与健康讲座、中医义诊、定制化康养体验日。

（4）专属服务

客人生日礼遇，赠送定制化健康礼盒（如有机茶饮、肩颈按摩仪租赁券）。对长期未消费客人，发送个性化关怀短信以及专属优惠券。

（5）主动关怀服务

康养酒店管家负责将宾客联系方式同步于工作手机，通过手机号加宾客微信。离店后3~7天内电话回访，询问康养效果（如睡眠改善情况），提供后续健康建议。节假日发信息问候客人，结合节气（如冬至、三伏天）发送养生提醒（如"冬至宜进补，推荐当归羊肉汤食谱"），让客人随时了解、关注康养旅游住宿企业文化的推广。

（6）个性化推荐

根据客史档案推送定制化产品，对偏好瑜伽的客人推荐冥想主题住宿套餐，对消费过温泉理疗的客人推送季节性温泉护理新品。

（7）健康跟踪服务

为参与过康养疗程的客人提供线上健康档案，定期推送复诊提醒或远程问诊服务。针对慢性病客人，提供饮食/运动计划电子手册。

康养酒店为客人提供离店后续服务时，可根据目标客户群体的需求和偏好，灵活调整服务内容，确保宾客感受到真正的价值。

（三）加强网评管理

1. 获取网络订房OTA好评的途径

（1）反馈收集OTA平台（如携程、美团）、社交媒体（小红书、抖音）的评论。利用NLP技术对评论进行分析，如情感倾向分类（积极/中性/负面）、标记高频关键词（如"服务慢""环境安静"）。为OTA客人提供增值服务，如茶道体验券、艾灸体验券、免费升级房型等。

（2）康养管家主动与客人沟通，了解客人体验满意度情况。若客人给出5分好评，再次入住可享受折上折，并赠送茶道体验券、艾灸体验券等。

2. 分析差评、中评、好评客人的心理需求

（1）给予差评的客人大多是因为设施、卫生、服务等原因没有得到满意的体验感，通过评论进行不满情绪的宣泄，希望通过差评引起酒店重视，并寻求解决方案或补偿。

（2）中评的客人大多是因为感受平平，没有感受到惊喜和暖心的服务。少数客人会进行文字好评，但是不会给5分的满分，客人认为入住期间的体

验感还可以提高。

（3）好评的客人通常对酒店服务、设施、环境等感到满意，愿意分享正面体验，寻求认可，并期待酒店的感谢或奖励。

3. 对于中评、差评的回复技巧

（1）及时回复：尽快回应客人的反馈，表明酒店重视客人的意见。

（2）真诚道歉：对客人不满的地方表示歉意，即使问题不完全在酒店。

（3）表达理解：站在客人角度，理解他们的感受，避免推卸责任或辩解。

（4）说明原因：简要解释问题原因，避免过于技术化或找借口。

（5）提出解决方案：针对问题提供具体的解决方案，如补偿、升级房型等。

（6）邀请再次光临：表达希望客人再次入住的意愿，并提供优惠或特别服务。

（7）保持礼貌：无论客人言辞如何，始终保持专业和礼貌的态度，感谢客人提出的宝贵意见和建议。

4. 注意事项

个性化回复：避免使用模板化回复，根据客人反馈进行个性化回应。

积极解决问题：及时跟进问题解决，避免拖延。

记录反馈：将客人反馈记录在案，用于改进服务质量。

通过分析客人心理需求并运用恰当的回复技巧，康养酒店可以有效处理中差评，提升客人满意度，维护酒店声誉。

（四）定期向离店客户推送康养知识与康养项目

客人离店后，为了让客人体验到持续性的康养服务，同时增强康养旅游住宿企业与客人的黏合度，建立长期友好的合作关系，康养管家将根据康养客史档案，通过不同渠道（微信、短信、微信公众号、酒店抖音、酒店小红书、电话）定期向离店客人推送康养知识。康养知识包括节气康养知识、四季康养知识、时辰康养知识、月份康养知识、节日康养知识、季节交替期间康养知识、敏感季节康养知识、日常康养知识等，并根据康养客史档案数据，定向推送适宜客人体质与身体状况的康养项目及相关建议。

第四节　康养旅游住宿服务投诉处理

康养旅游住宿服务的投诉处理是提升康养旅游住宿服务品质、有效提升客户满意度的重要渠道之一，直接影响品牌信誉和客户忠诚度。

一、投诉的概念

康养旅游住宿投诉是指因为接待企业在康养设备、卫生、服务等方面无法满足客人需求，造成客人不满，客人通过口头、书面等方式进行意见反馈，要求得到合理解决。投诉是发现康养服务盲区、优化健康管理体系的预警信号。站在客人的立场思考、解决问题，圆满解决客人投诉，不仅能消除客人不满，还能建立稳固的宾客关系。

二、投诉的类型

（一）对服务态度的投诉

这类投诉的原因包括：没有受到关注，语言粗暴，答复不负责任，向管家咨询问题没有及时得到反馈等。

（二）对设施设备的投诉

这类投诉的原因多是康养设备质量的问题，包括康养设备陈旧，健康监测不到位，施工或房间不隔音引起的噪声等。

（三）对管理质量的投诉

这类投诉的主要原因包括：没有达到预期的康养成效，康养住宿接待企业各部门之间沟通不紧密，住客财物在店内丢失等。

（四）对异常事件的投诉

这类投诉的主要原因包括：城市供水供电系统障碍，恶劣天气、特殊原因无法使用康养设备等。

常见的客人对客房、餐厅、前厅、康乐等部门的投诉，如表 4-3 所示。

表 4-3　康养旅游住宿被客人投诉的主要方面

客房最容易投诉的原因	餐厅/康养部最容易投诉的原因	前厅最容易投诉的原因
整理客人房间太迟 房间康养设备无法使用 房间 Wi-Fi 信号不好 淋浴出水小 住客遗留物无法寻回 房间用品不够充足 房间有异味	饭菜口味不好，出菜太迟 原材料不新鲜 客人在使用康养设备时噪声大或受伤 健身俱乐部或温泉的储物柜遗留客人的物品 服务不够专业，态度缺少亲和力 康养达不到预期效果	入住高峰期，无法帮客人搬行李 客人办理入住，房间卫生还没有做好 遇到酒店常客，客人要求身份证不用登记 重房 催退房语言缺乏技巧，声音语调亲和力不佳

三、投诉处理的程序及技巧

（一）投诉处理程序

1. 保持冷静

康养管家第一时间面对客人，仔细、认真、耐心听完客人的投诉内容。

2. 表示同情和理解

保持目光接触，用恰当的语言安慰客人，真诚道歉。注意语言措辞，不要转移注意力。

3. 认真倾听

康养管家应仔细倾听，明确客人不满意的原因，确保记下所有问题的相关描述和细节。认可客人的感受，不要打断客人讲话，时刻保持冷静。

4. 产生共鸣

语调平和，换位思考，拉近与客人的距离。

5. 记录要点

简单清楚地总结问题，并且重复讲一遍，准确核对。

6. 提供解决方法或要求时间以解决问题

（1）一些小的投诉，康养管家通过跟进或补偿可以直接处理。尽快地分析问题并提供合理的解决方案，询问客人是否接受解决方案。

（2）如果不能马上解决，礼貌要求客人给予调查情况的时间，向客人确保事情会尽快查清并及时回复。

7. 立即行动，解决问题

着手调查事实真相，通知值班经理进一步跟进。如果投诉不能解决，立即寻求帮助。

8. 检查落实

康养管家跟进投诉，真诚地感谢客人。检查和落实客人的投诉是否已经得到圆满解决。

9. 归类存档

康养管家整理投诉处理资料，并加以归类入档，以备使用。

（二）投诉处理技巧

（1）快速有效地响应宾客需求。

（2）将宾客安排在安静的场所沟通（避免影响其他宾客）。

（3）认同宾客，站在宾客的立场思考问题。

（4）不推脱责任、勇于承认错误。

（5）不轻易做出任何承诺。

（6）向宾客阐明解决问题的步骤和预计时间。

（7）与宾客保持联系，反馈解决进度。

（8）合理考虑赔偿问题，有足够支撑。

（9）根据实际情况处理，多方面考虑，维护宾客关系。

（10）重塑宾客信任，保持良好的关系。

（三）康养旅游住宿酒店常见原因及改进建议

康养酒店以健康管理、养生疗愈为核心服务，客户对服务品质、专业性和环境体验的要求较高，因此投诉往往集中在以下几个方面：

1. 服务与专业性问题

（1）康养项目效果不符合预期

投诉原因：客户体验后未达到宣传的疗效（如SPA、理疗、健康课程等）。

改进建议：避免过度承诺，明确说明项目的适用人群和可能效果。提供个性化评估，根据客户身体状况推荐合适的项目。

（2）专业人员资质不足

投诉原因：理疗师、营养师等缺乏专业认证，服务质量参差不齐。

改进建议：定期培训员工，确保资质合规。公开专业人员履历，增强客户信任。

2. 设施与环境问题

（1）设施陈旧或维护不足

投诉原因：水疗设备故障、健身器材老旧、房间隔音差等。

改进建议：定期检修设备，及时更新硬件。设计静音区域，确保疗养环境的静谧性。

（2）卫生与清洁不达标

投诉原因：公共区域（如泳池、SPA房）清洁不到位，床品或浴巾有污渍。

改进建议：加强清洁流程监管，使用环保消毒产品。提供一次性用品或密封包装的寝具。

3. 沟通与套餐收费问题

投诉原因：套餐包含的服务与实际不符，额外收费未提前告知。

改进建议：在预订时明确列出所有费用和条款。提供标准化服务清单，避免口头承诺。

4. 健康管理相关问题

（1）饮食安排不合理

投诉原因：健康餐食口味差、分量不足，或未考虑过敏/宗教禁忌。

改进建议：提前收集客户饮食偏好和禁忌，提供定制化菜单。聘请专业营养师设计多样化健康餐。

（2）健康监测不到位

投诉原因：承诺的健康评估（如体脂检测、睡眠监测）流于形式，数据不准确。

改进建议：使用专业设备，定期校准仪器。提供详细的检测报告和后续改善建议。

5. 运动安全问题

投诉原因：水疗区防滑措施不足、急救设备缺失，或运动指导不当导致受伤。

改进建议：定期检查安全设施，张贴警示标识。为高风险项目（如高温瑜伽）配备专业监护人员。

6. 服务态度冷漠

投诉原因：员工缺乏主动关怀，机械化服务缺乏温度。

改进建议：培训员工以"客户健康伙伴"角色提供服务，注重情感互动。

康养旅游住宿酒店的核心竞争力在于"信任感"，只有通过细节把控和专业服务，才能减少投诉并建立长期口碑。

<<< 案例 4-5 >>>

康养酒店养生餐的投诉

康养客人王先生找到康养管家小艾,很生气地说:"小艾,你们的养生餐配置有问题,给我孩子配的排骨。我孩子不喜欢吃排骨,他想吃笔筒春卷,服务员还建议不吃。"

小艾:"王先生,您别生气。您先坐,我给您泡一杯道茶。"小艾将道茶递给王先生:"王先生,很抱歉,之前可能没解释清楚为何要给您儿子小凯配排骨。在第一次给小凯做身体检测时,医师发现小凯长了三颗双排牙。现在很多孩子出现这种情况,这大多是因为现在的食物偏软,减少了乳牙咀嚼的力度,很容易出现乳牙未掉落恒牙就长出来的情况,就导致了双排牙。所以医师是想加强小凯乳牙的咀嚼力度,而且在你们回家之后,也要多给小凯吃一些固体食物,避免再次发生这种情况。"

王先生半信半疑:"是这样吗?我还真不知道。"

小艾微笑着说道:"这样吧,王先生,您可以在网上搜索,也可以问问您的医生朋友。很抱歉,之前没有了解到小凯不喜欢吃排骨,那您看他平时喜欢吃什么固体食物,我们重新为他调整菜单。"

王先生:"好吧,那我回头问问。菜单先不调整吧,我给小凯讲讲,真是这样的话,他会明白的。"

小艾:"好的,王先生,那您先和小凯谈谈,需要调整菜单您随时告诉我。至于笔筒春卷,因为我们的春卷适合于热性体质的客人食用,小凯体内有寒湿,所以服务员不建议小凯食用。待会儿我就调整菜单,将春卷做成两种,分别适合寒性和热性体质的人。"

王先生笑了:"好的,那就麻烦你了。"

晚上用餐时,服务员端着笔筒春卷放在小凯面前,说:"小凯,笔筒春卷有两种颜色,红色的是爸爸妈妈吃的,黄色的是你吃的。"

小凯高兴极了:"真有趣,还能分颜色呢,我吃黄色的。"

王先生和王太太也开心地笑了。

【案例分析】

因客人对康养设备、康养项目不甚了解,所以康养管家接到客人投诉:

(1)首先要了解是否因工作人员对设备、项目介绍不清楚造成客人不满。若是,则从康养的角度向客人详细讲解;若有需要,请医师讲解。

（2）了解客人诉求，在不违背康养初衷的情况下调整康养方案。

（3）若是客人要求修改康养方案，请客人在修改单上签字确认。

（4）康养管家跟进修改后事宜，确保达到预期效果。

本章小结

本章学习了康养旅游住宿服务的模式、康养旅游住宿预订与接待服务流程、康养旅游住宿结账及离店后续服务、康养旅游住宿服务投诉处理四个小节内容。结合实际的案例分析，引导学生理解康养旅游住宿酒店的接待服务理念，掌握康养旅游住宿接待操作流程，灵活处理康养旅游住宿酒店接待中客人的投诉问题。学习者需要了解客人对康养旅游住宿服务的需求，掌握接待服务的技巧与策略，通过系统的学习和实际的案例分析，学习者可掌握康养旅游住宿服务的核心理念和服务技巧。

思考与练习

一、填空题

1. 康养旅游住宿服务接待模式有（　　）、（　　）、（　　）、（　　）。

2. 客人投诉的类型有（　　）、（　　）、（　　）、（　　）、（　　）。

专业词汇

二、名词解释

1. 康养管家

2. 康养行程

参考答案

三、简答题

1. 简述网络预订的服务流程。

2. 请你描述客人离店后，康养酒店为了维护客户关系，应如何向客人提供后续服务。

3. 简述客人投诉的处理程序。

四、案例分析题

客人摔倒的处理

晚上8点，某康养酒店康养管家小王接到客人电话，得知客人父亲在客房摔倒。小王询问事发地点后，立即汇报值班经理，并通知房务中心。

值班李经理立即前往客房，并在前往客房的途中致电前台，了解客人的基本信息，入住客人为周先生与他的父亲。摔倒的是周先生的父亲周老先生。并打开手机录音功能。在征得周先生同意后，李经理拨打120，并一同前往医院。经过全面检查，确诊为腰部扭伤，伤势不重，但因周老先生年纪较大，需入院治疗。安顿好医院的事宜后，李经理给周先生留下了联系方式。李经理回到酒店，仔细查看事发当时的监控视频，发现周老先生在行走途中无任何物品影响，是因为自己左脚绊到右脚，重心不稳摔倒的。李经理将事发当时的视频资料、录制的音频资料保存好后，向总经理汇报了此事。

次日一大早，李经理带上酒店厨房烹制好的早餐及住院期间所需的生活用品到了医院，代表酒店进行慰问，并向主治医生了解了周老先生的病情、恢复时间、预计费用等情况。

李经理与周先生协商此事，告知监控视频看到的事发经过，提出解决方案：

（1）免除周先生父子在酒店已经产生的所有消费费用。

（2）周老先生住院期间由酒店负责送餐。

（3）赠送免费房券三张。

（4）承担周老先生再次到周边景区的门票。

（5）治疗费用，建议通过社保和商业保险报销。

由于酒店处理及时且态度积极良好，周先生同意了酒店提出的方案。

周老先生康复出院后，康养管家小王安排好车和司机，李经理及管家小王陪同客人到车站，送别周先生父子。此后，管家小王经常询问周老先生的恢复情况，并在中秋节前，向周先生寄去了酒店自制的月饼和本地特产。最后，周先生成为该康养酒店的忠实客户。

提问：意外事件发生以后，酒店为救治受伤客人做了哪些工作？

第五章

康养客房的清洁与整理

本章重点

康养客房清洁与整理的主要任务：一是做好清洁卫生；二是更换添补客房用品；三是对康养客房内的设备用品进行维护和保养。本章重点是掌握不同形态康养客房的清扫程序与标准，尊重客人隐私和生活习惯。

学习要求

通过本章的学习,掌握康养客房清洁保养的相关知识;能按照正确规范的程序对不同形态康养客房进行清扫作业;了解不同主题的夜床设计;养成善于观察、吃苦耐劳的良好习惯。

本章思维导图

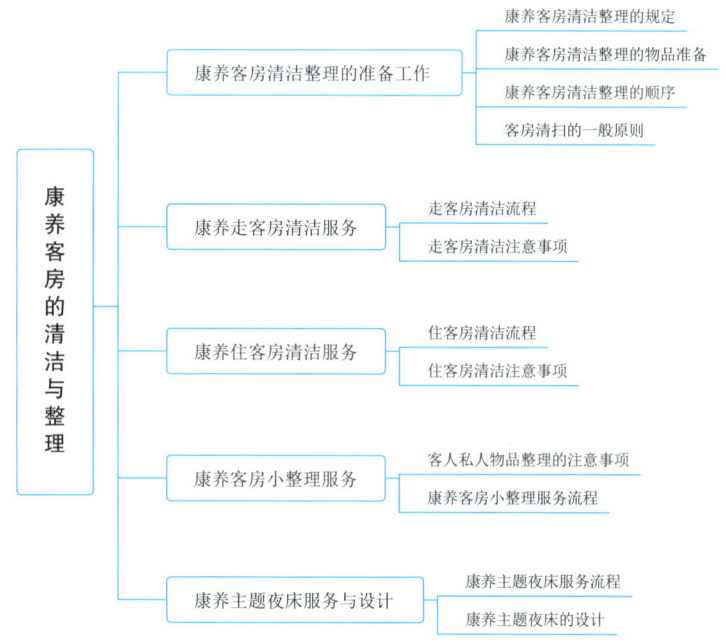

第五章　康养客房的清洁与整理

<<< 情景导入 >>>

凌小姐是一家知名公司的模特，平时工作特别繁忙，经常世界各地飞来飞去。由于工作的原因，凌小姐也特别注重自己的身材和容貌，这不，刚结束了在国外的旅拍，她打算找个地方给身体和心灵放个假，顺便"拯救"因长时间户外拍摄而晒伤的肌肤。经朋友推荐，她来到了邻市的一家康养酒店。没到酒店之前，凌小姐其实是有些担心的，因为她是公众人物，每次住酒店都有一些服务员借着这样或那样的由头来她的房间一睹"真容"，有的时候甚至还会要求合影或索要签名。这样不仅打扰了她的休息，又让她完全没有私人空间，使她非常不舒服。

刚到这家康养酒店，凌小姐就发现多虑了。这家康养酒店就像一个世外桃源，远离城市中心，感受不到尘世的喧嚣。绿树掩映下的酒店建筑古朴静谧，独具特色的装修风格大气温婉，彬彬有礼的服务人员亲切友好、热情有度……

办理好入住手续之后，凌小姐被工作人员引领至305房间。工作人员帮凌小姐放好行李，礼貌地告别过后便退出了房间。"咦，这次居然没有要签名！"凌小姐心里想着……刚进入房间凌小姐就闻到了阵阵清甜的香气，这间客房没有刺鼻的消毒水味，也没有浓烈的熏香味，更没有让她过敏的花粉味。原来香气的来源是茶几上的精致果盘，这让凌小姐心情非常舒畅。

奔波了一天的凌小姐有些乏了，吃过晚饭后，便打算早早休息。刚洗漱完毕，门铃响起了，原来是酒店康养服务项目之———睡前美容按摩。一边享受着按摩，凌小姐心里想着："这位技师手法还挺专业，一点儿都不输专业的美容按摩院。"按摩完，她感到整个人都轻松了不少，皮肤也水嫩嫩的。她满意地送走了服务人员准备入睡。刚躺下，她发现这家酒店的枕头非常有特色，软硬适度，散发出一种若有似无的香气，萦绕鼻尖。不久，凌小姐就进入了梦乡，一夜好眠。凌小姐在这里连续住了几天，她发现自己的精神状态非常好，皮肤也比之前更好了。离店后，凌小姐在公众平台上对这家康养酒店作出了很高的评价，表示以后只要有时间，就会来到这家康养酒店休养身心。回家后，她还特意打电话咨询酒店的枕头是用什么材质做成的，是否可以售卖，希望能够购买回家。

原来，酒店在接到凌小姐的预订过后，查阅了有关信息，了解到凌小姐对花粉过敏，所以特意把茶几上的插花换成了果盘。知道她是公众人物，所以特别尊重她的隐私，除了必要的服务之外，不过多地打扰她，让她能安心自在地在酒店活动。为凌小姐提供的枕头也是这家康养酒店特有的、专为女性客人设计的养生美容枕。其外形新颖别致，美观实用，内有珍珠粉、薰衣草、决明子、青葙子等十余种天然草本材料做填充物，所以有祛风寒湿痹、安抚心灵、延缓衰老、加深睡眠等功效，深受住店客人的喜爱，也有不少客人专门购买回家。

随着经济的高速发展，生活节奏的不断加快，人们更加注重生活的品质、身体的健康以及精神的愉悦。越来越多的人在工作之余选择以健康愉悦的方式休养身心，故健康养生型的旅游目的地成为这类客人的首选。为保证客人有一个卫生、安全、健康的睡眠环境，康养客房的工作人员必须将客房清扫干净，使客房保持整洁，并根据客人的喜好布置不同的场景，让客人在这里度过一个舒适、难忘的假期。

第一节　康养客房清洁整理的准备工作

为了保证康养客房清洁整理的质量，提高服务人员的工作效率，给住店客人创造一个舒适安宁的住宿环境，服务人员在对康养客房进行清洁整理前，需要了解相关规定，做好各项准备工作。

一、康养客房清洁整理的规定

当客人到达康养酒店办理入住之后，该房间的使用权便归入住客人所有，该房间也就成了客人的私人空间，任何工作人员都不得擅自进入客人房间，必须遵守酒店的相关规定。

（一）不打扰客人

客房作为客人的私人领地，服务人员不得无故打扰。康养客房的清洁整理一般是客人不在房间时进行；如客人在房间，则必须征得客人同意后方可进房打扫，以不干扰客人的活动为原则。

（二）注意房间指示灯

当房间侧面的墙上亮出"请勿打扰"指示灯，或者有反锁标志，抑或是房门外的把手上挂有"请勿打扰"的牌子时，切勿敲门进房。如果到了下午2:00仍未见客人离开房间，可打电话询问。若仍无反应，为避免重大事故的发生，应立即报告上级。

（三）进门前先敲门通报

客房服务人员在进入客房之前都应先敲门通报，待客人允许后再进入房间。敲门标准是康养客房服务人员应掌握的基本技能，只有严格按照敲门程序执行，才可以避免客人不必要的投诉。

（1）先查看一下房间是否挂有"请勿打扰"的牌子，若无则按门铃或敲门。敲门时要有节奏和停顿，用食指或中指的关节敲门，共敲三次，每次三下。每次之间要有停顿，静听房内反应，边敲门边通报自己的身份（House keeping/ 客房服务），不可边敲门边用房卡开门。

（2）若房内无应答，则可用房卡开门，如果门锁显示蓝灯，房内没声音便可以进入。注意开门时，应先将门打开 1/3，再次通报身份，确保无人应答再进入房间。

（3）进门后如果发现客人在睡觉（或在浴室），没有听到敲门声，服务人员应立即退出房间，关上房门，动作要轻，切不可吵醒（打扰）客人。若客人醒了应向客人道歉，并简单告知客人进房间的理由，然后离开房间把门关上；若碰见沐浴出来的客人，应立即道歉，告知进房原因后轻轻地退出房间。注意礼貌礼节，动作应轻柔，以免给客人留下不好的印象。

拓展视频：进门程序

（四）开门作业

服务人员清洁整理房间时应开门作业。开门打扫的意义在于：一、表示该客房正在清扫；二、有利于房间的通风换气；三、防止意外事故的发生。

（五）讲究职业道德，尊重客人隐私

（1）康养客房服务人员应养成吃苦耐劳的习惯，始终保持良好的工作状态，保证工作效率。

（2）不能为了图方便，将客用布件用作清洁抹布。

（3）不得使用或接听住客房内的电话，以免引起麻烦。

（4）保护客人隐私，尊重客人生活习惯，不得乱动客人的东西，不得在客人房间内休息，完成工作后即刻离开。

（5）不能让其他无关人员进入客人房间，若客人在房内，除必要的问候以外，不主动与客人闲谈，不得影响客人。

（6）在酒店任何地方遇到客人，都应主动打招呼，记住常客的姓名和习惯禁忌。

（六）以绿色健康为准

（1）康养旅游住宿接待点的住宿环境应清雅、幽静、舒适、健康，要求客房内采光充足，有良好的通风系统，并摆放对人体健康有益的绿色植物。

（2）房间的牙刷、香皂、梳子、拖鞋等一次性客用品最好选择可降解原料，也可以选择能重复使用的拖鞋，但要定期对其进行清洁、消毒。客房的毛巾、枕套、床单、浴衣等客用棉织品，可按顾客意愿更换，减少洗涤次数，减少对环境的污染。

（3）取消一次性不可降解塑料封套、擦鞋盒、洗衣袋等，使用健康、无污染、可再生的替代品。

（4）康养客房内可摆放康养资料或有关健康养生的报刊、书籍等。

（5）采用对人体无害和对环境无污染的清洁器具和清洁剂。

二、康养客房清洁整理的物品准备

康养客房的服务人员应按要求着装，准时上岗签到，听取上级工作安排，领取房卡和各种报表。客房服务人员工作时，应保管好对应工作区域的工作房卡，严禁乱丢乱放。工作结束后，服务人员要亲自交回工作房卡，并注明归还时间。领取房卡之后进入相应的工作间，为清洁整理客房做相应的物品准备。

（一）准备客用布件

客房布件主要分为两类：一类是客用布件，如床单、被套、浴袍、浴巾、面巾等；另一类是服务人员所使用的布件，如各种各样的抹布。服务人员在正式进入相应的工作区域之前，应准备好对应客房数所需要更换的客用布件的数量，要求布件洁净、无破损、无污迹、熨烫平整、舒适度良好。

（二）准备各种清洁工具

（1）准备清洁抹布。服务人员在进入客房之前，要准备好清洁过程中所需的各种抹布。在康养酒店中，没有"万能清洁布"，不同的器具、不同的区域均要使用不同的抹布，可用颜色、大小等加以区分，如：红色抹布用于清洁卫生间马桶、尿斗等卫生设施；蓝色抹布用于清洁玻璃、镜子、显示屏等光滑表面；绿色抹布用于清洁卫生间洗手台、淋浴区、浴缸等；黄色抹布用于清洁房间内的家具表面，如桌子、椅子、床头柜等；白色抹布用于擦拭餐具、杯具、迷你吧台等与食品接触的区域。通过颜色分区管理，酒店可以有效提升清洁卫生标准，为客人提供更安全、舒适的住宿环境。在使用过程中最好每个颜色的抹布准备两条，干湿分开，绝不能一条抹布从头用到尾，更不能将客用布件当抹布使用。

（2）准备清洁小桶。清洁小桶是客房服务人员在清扫客房时用来盛装常规清洁器具的工具，如面盆刷、牙刷（用来刷残留在浴缸、镜面或台面上的斑点）、百洁布、喷壶等。保证清洁小桶内外清洁，物品摆放有序，整洁美观。

（3）准备汤池清洁工具。以温泉为主题的康养酒店除了公共区域有供客人使用的温泉池以外，有的康养酒店在客房内部设有私人汤池，服务人员在对该类客房进行清扫之前，还应准备相应的汤池清洁工具，如无死角汤池刷、水推等。

（4）茶盘清洁工具。不同的康养酒店客房所配备的茶盘不尽相同，可根据本酒店的实际情况、茶盘的材质（如竹木、陶瓷、玻璃、金属等）等选用合适的茶盘清洁工具，以确保清洁效果并避免损坏。以下是常用的茶盘清洁工具及其用途：

软毛刷：清洁茶盘缝隙和雕刻部分，去除茶垢和残渣。茶巾（棉布或超细纤维布）：擦拭茶盘表面，吸干水分，保持茶盘光亮。海绵或软布：清洁茶盘表面的茶渍和水渍。竹制或木质刮板：刮除茶盘上的顽固茶垢或残渣。小镊子或牙签：清理茶盘排水孔或缝隙中的细小残渣。中性清洁剂：去除茶盘上的顽固污渍。柠檬或白醋：可去除茶渍和水垢。吸水球或吸水管：吸干茶盘积水，保持干燥。保养油（如橄榄油或专用木油）：保养竹木茶盘，防止干裂。

（5）其他康养设施设备的清洁工具。酒店客房内的康养设备（如按摩椅、足浴盆、空气净化器、理疗仪等）需要专门的清洁工具和方法，以确保设备卫生、安全，并延长使用寿命。需准备专门清洁客房内康养设备的工具。如：超细纤维布、消毒湿巾、软毛刷（清洁设备缝隙、按钮和难以触及的区域，如按摩椅、理疗仪、足浴盆等）、棉签（清洁细小区域，如按钮缝隙、接口等）、带软刷头的小吸尘器（用于清洁理疗仪、空气净化器等）。通过合适的清洁工具和正确的清洁方法，可以确保客房内康养设备的卫生和安全，为客人提供更好的住宿体验。

（三）准备玻璃清洁器

为了给客人创造出亲近自然、宁静幽雅的住宿环境和增强采光，大多数的康养客房安装有较大的落地窗，客房内部也有较多玻璃制品。擦玻璃成了康养客房服务人员清洁房间时一项最基本但又费时费力的工作，所以正确地使用玻璃清洁器具，能提高工作效率，且安全可靠、简便易行。

（1）长臂杆。服务人员使用长臂杆即可站在地面清洁高处，从而降低了爬高工作的危险程度，长臂杆上面还装有尼龙锁圈及手柄。

（2）"T"形手柄。"T"形手柄可以安装在任何长度的长杆上，握住清洁器的一端，可以将其伸到角落或其他刷子够不着的地方进行清理。

（3）短柄削刮器。短柄削刮器用来刮去粘在玻璃、镜面、瓷砖等表面的污点，把它接在长臂杆上，可以清理离地面约10米高的地方。

（4）双向玻璃清洁器，也叫双面玻璃擦子，是目前酒店客房使用最广泛的一种玻璃清洁器，分为单层玻璃器和双层玻璃器（也称真空玻璃器），专门针对一些高层建筑物的玻璃和大面积玻璃。

在使用双面玻璃清洁器的时候，首先要把整个闭合的双面玻璃清洁器分开（磁力比较强的双面玻璃清洁器中间通常有块海绵板），把玻璃清洁器浸入稀释后的玻璃清洁剂中，使玻璃清洁器上的海绵垫湿润即可；然后把拉环套在手指上，把有拉环和绳子的部分放在玻璃外侧，把有手柄的部分放在玻璃内侧，让两部分重合（与之前闭合时一样），这样玻璃清洁器会靠自身的磁力牢牢地夹在玻璃上；这时另一只手可以推拉内侧的手柄来擦玻璃，以达到双面清洁玻璃的效果。

（5）喷壶。用来喷洒稀释过后的玻璃清洁剂。

（四）准备各类清洁剂

合理安全地使用清洁剂，既能提高服务人员的工作效率，又能保证清洁质量。市面上的清洁剂种类繁多，康养客房应选择绿色无害的清洁剂。一般来说，中性清洁剂（pH 为 6~8）较为温和，配方没有腐蚀性，不损伤物品，因此使用范围广泛。针对不同的清洁对象，应使用不同的清洁剂。

（五）准备消毒剂

客房消毒剂专门用于客房物品及环境的杀菌消毒。但要特别注意，不同的物品要使用不同的消毒剂。康养客房为了给客人创造安全健康的环境，在消毒剂的选择上要特别慎重，既要达到消毒的效果，又要尽量避免损伤物品表面或留下难闻的气味。杯具、茶具等最好选用物理消毒。

（六）准备吸尘器

吸尘器是一种应用广泛的清洁设备。它可用于清洁地板、家具、帘帐、垫套和地毯，不但可以吸走其他清洁工具不能清除掉的缝隙、凹凸不平处、墙角以及形状各异的各种摆件上的灰尘，而且不会使灰尘扩散和飞扬，清洁程度和效果都比较理想。吸尘器是康养酒店日常清扫中不可缺少的清洁设备。

（七）准备客用消耗品

拓展阅读：房务工作车

服务人员在正式开始客房清扫工作之前，还应准备一定数量的客用一次性消耗品以便补充，如牙刷、牙膏、梳子、香皂、拖鞋等。但为了节约成本，也为了健康环保，目前康养酒店正在减少一次性消耗品的使用，提倡客人自带洗漱用品。也可以使用可降解材料做成的一次性消耗物品，既能减少对环境的污染，又能为住店客人提供方便。

除准备上述物品外，也有一些康养酒店保留了传统的房务工作车，它是服务人员清扫整理房间时装载物品的重要工具。不同类型的康养旅游住宿企业根据所处位置的不同、建筑风格的差异、男女服务人员体力的差别等情况，所配备的工作车也不尽相同。总体来说，工作车可以减轻劳动强度，提高服务人员的工作效率。

三、康养客房清洁整理的顺序

康养客房的清扫顺序不是一成不变的，应视客情而定。服务人员在了解自己所负责清扫的客房状态后，应根据用房的轻重缓急、客人情况和领班或总台的特别交代决定当天客房的清扫顺序。

服务人员在确定对客房清扫的顺序时，应考虑以下几点：一是要满足住客的需要，根据住客具体或特殊需求决定客房清扫顺序；二是要有利于客房的销售，提高客房的出租率；三是要方便服务人员操作，提高工作效率；四是要有利于客房设备用品的维护和保养。综合考虑以上几点，客房清扫整理的选房顺序并没有绝对的标准，往往是根据具体情况制定，灵活调整。另外，康养酒店具有难以避免的季节性，可根据淡旺季的不同差异来确定客房的清扫顺序，既要满足住店客人的需要，又要保证客房的正常出租，确保住宿接待企业的收益。

（一）淡季客房清洁整理的顺序

（1）请立即打扫房。挂有"请即清扫"牌子或亮着"请即打扫"指示灯的房间，或者客人口头要求打扫的房间，应优先安排清洁整理。

（2）总台或领班指示打扫的房间。

（3）VIP（Very Important Person，VIP）房。也称贵宾房，该房间的住客是非常重要的客人，应重视对其服务，所以要尽快安排打扫。

（4）普通住客房（Occupied，OCC）。这类客房是客人正在使用的房间，可趁客人不在房间时再进房打扫。

（5）走客房（Check Out，CO）。表示客人已结账离开的客房，这类客房应尽快清扫整理出来，以便尽快出租，提高酒店经济收益。

（6）空房。

（二）旺季客房清洁整理的顺序

康养酒店在旺季期间房源紧张，为了客房能尽快出租，可按照以下顺序对房间进行清洁整理：

（1）空房。

（2）走客房。

（3）挂"请即打扫"牌子的房间。

（4）总台或领班指示打扫的房间。

（5）VIP房间。

（6）客人不在房间的住客房。

（7）客人在房间的住客房。

四、客房清扫的一般原则

为了提高工作效率，保证客房清洁卫生质量，服务人员在对客房进行清洁整理时应遵循以下原则：

（1）从上到下。抹尘和擦玻璃及墙面时应从上至下进行。

（2）从里到外。擦拭桌面、地毯吸尘和擦拭卫生间地面时，应从里向外清扫。

（3）环形清理。在清洁卧室、卫生间及汤池房时，应按顺时针或逆时针方向进行环形清扫，以求时效及避免遗漏。

（4）先铺后抹。清扫客房时应先铺床，后对房间内的家具物品及康养设备进行抹尘，以免扬起的灰尘重新落在家具物品上。

（5）干湿分开。在擦拭不同的家具物品时，要注意分别使用干、湿抹布。如清洁灯具、电器时必须使用干抹布。

（6）在清洁整理房间时，应先整理卧室，再清洁卫生间，最后清洁汤池。

第二节　康养走客房清洁服务

走客房的清扫，也称为"做房"。做好走客房的清洁服务，才能为康养旅游住宿客人提供舒适、幽雅、健康、清洁、安全的住宿环境，保证康养客房的正常出租。

一、走客房清洁流程

客房服务人员接到通知后，应尽快对走客房进行彻底的清洁整理，以保证客房的尽快出租，保障康养旅游住宿企业的经济效益。其工作主要包括常规的卧室清洁、卫生间清洁和康养主题功能场景区域清洁三项。

(一)卧室清洁流程

康养走客房的清扫程序可以用 11 个字来概括,即"进""收""撤""铺""洗""抹""补""吸""查""灯/登"。具体流程如下:

1. 进

(1)轻轻敲门三次,每次三下,通报"客房服务人员(或 Housekeeping)"。

(2)缓缓地把门推开,把"正在清洁"牌挂于门锁把手上。打开房间所有的灯,检查有无故障。

(3)把小垫毯放在卫生间门口的地毯上,清洁篮(或清洁小桶)放在卫生间云台一侧。

(4)拉开窗帘、窗纱,使室内光线充足,便于清扫。检查帘子是否有脱钩和损坏情况。

(5)打开窗户,让房间空气流通,使室内空气清新。

2. 收

(1)收走卧室及卫生间的垃圾。康养客房内一般不设烟灰缸,但如果有烟灰缸,则需要仔细检查烟灰缸里的烟头是否完全熄灭,再将烟灰倒进垃圾桶,以免引起火灾。注意不要将手直接伸进垃圾桶里,以免被垃圾桶里面的碎片或尖锐物品划伤。

(2)收走客人用过的餐具、杯具和加床。

(3)按次序检查衣柜、组合柜的抽屉,检查是否有客人遗留物,若有遗留物品应在第一时间交给领班或主管,并在工作日报表上做好记录。

3. 撤

撤床(见表 5-1)。将用过的床单撤走,放入专用的布草袋里。

表 5-1 撤床程序和注意事项

程序	注意事项
撤枕套	(1)注意是否有客人遗留物品 (2)注意枕头有无污迹
撤被套	注意用巧力,禁止猛扯被套
撤床单	(1)从床褥与床架的夹缝中慢慢拉出 (2)注意垫单是否清洁 (3)禁止猛拉床单
收取用过的床单、被套、枕套	点清数量

4. 铺

"铺"即铺床，也称"做床"。为了让客人获得高质量的睡眠体验，要保证床单被褥干净整洁，床垫枕头软硬适中，操作流程符合酒店标准。具体操作如表 5-2 所示。

表 5-2 中式铺床程序和标准

程序	标准
整理床垫	位置端正、平整、四边平齐，床垫无污迹、无毛发、无破损，床垫拉正对齐
抛铺床单	（1）床单中线居中，不偏离床垫中线 （2）床单正面朝上，表面平整光滑 （3）包角紧密垂直且平整，式样统一，四边披边紧密且平整
套被套	（1）站在床尾，抛开被套，平铺于床上；被套口向床尾打开；羽绒被芯放置于床尾，被芯长宽方向与被套一致 （2）将被芯两角套入被套内，被芯头部塞入被套顶部并填实；抖开被芯，四角定位，被芯与被套两边的空隙均匀 （3）抛开羽绒被，被头拉到与床垫的床头部位齐平，一次定位成功；被头朝床尾方向反折一定距离 （4）被套中线居中，不偏离床中线；羽绒被在被套内四角到位，饱满、平展，在被套内两侧两头平整 （5）被套表面平整光滑，被套口平整且要收口，被芯、绑绳不外露
套枕套	（1）将枕芯平放在床上，撑开枕套口，将枕芯往里套；抓住枕袋口，边提边抖动，使枕芯全部进入枕袋 （2）将超出枕芯部分的枕袋披好，枕套开口包好不外露，并把袋口封好 （3）套好的枕头须四角饱满、平整，枕芯不外露
放枕头	枕头放置于床头适当位置，与床头平齐，枕头开口朝下，整个枕头表面平整、光滑、无褶皱
放床尾巾	将床尾巾放于床尾，正面朝上，中线居中
检查	床铺外观整洁美观

拓展视频：客房中式铺床

床铺好以后应该先整理卫生间，留一定的时间，等因铺床而扬起的灰尘落下后，再用抹布除尘。卫生间的清扫程序详见"卫生间清扫流程"。

5. 洗

（1）清洗客人用过的杯具、茶具并消毒。

（2）使用专门的清洁器具和清洁剂清洗房间配置的相关康养设备与物品（如足浴盆、茶盘、棋盘与棋子等），并根据情况做好消毒处理。

（3）将清理干净的垃圾桶放回原位。

6. 抹

（1）从门开始对整个房间抹尘，并注意门把手和门后安全图的抹拭。

（2）按顺时针（或逆时针）方向，从上到下把房间所有的家具、康养设备等物品都抹一遍，家具的底部及边角位置均要擦拭干净。

（3）注意干、湿抹布的区别使用。如对灯具、电视机等设备物品应用干抹布擦拭。很多康养客房内还放置了供客人使用的乐器，某些乐器必须使用干抹布擦拭，如古筝、扬琴等；空灵鼓等乐器可以用拧干的湿抹布擦拭，再用干抹布把水迹擦干；家具软面料上的灰尘要用专门的除尘器具；墙纸上的灰尘切忌用湿抹布擦拭。

（4）检查房内电器设备。在抹尘的过程中应注意检查电视机、音响、电话、灯泡等电器设备、康养器材以及健身器材等是否有故障，一经发现立即报修，并做好记录。

（5）除了抹布擦拭以外，房内设施、设备如有污迹或不光滑，还要借助于洗涤剂等物品对家具进行洗涤。

7. 补

（1）补充房内物品。房内所有物品均须按康养旅游住宿企业要求摆放整齐。

（2）补充杯具。房间的杯具要根据企业规定的数量及摆放要求补足、放好。注意拿杯子的下半部分，不可在玻璃杯上留下指纹，应将酒店商标朝向客人。

8. 吸

将吸尘器拿进房间，先把吸尘器电线理顺，插上电源，然后再开机。

（1）先从窗口位置开始吸尘（有阳台的房间从阳台开始）。

（2）吸地毯时要按先逆纹、后顺纹的顺序进行。

（3）对边角位置、有家具阻挡的地方吸尘时，要移动家具，吸尘后复位。

9. 查

查就是自我检查。房间清扫完毕后，客房服务人员应回顾整个房间，看是否打扫干净，物品是否齐全，摆放是否符合要求，是否有遗留清洁用品或工具。最后还须检查窗帘、窗纱是否拉上，空调开关是否调到适当位置。

10. 灯/登

（1）将房内的灯全部熄灭。

（2）将房门轻轻关上，取下"正在清洁"的牌子。

（3）登记进房、离房的时间和做房的内容。

（二）卫生间清扫流程

卫生间是客人最重视的区域之一，也是最容易留下污渍的地方，所以对走客房卫生间的清理应全面、彻底，既要清洁美观，又要符合卫生标准。服务人员在对卫生间清洗前要戴上手套，避免清洁剂伤手和在玻璃镜面留下指纹。

1. 开

（1）打开卫生间所有的灯及排风系统，检查有无损坏和故障。

（2）打开淋浴间玻璃门或浴帘，并检查浴帘挂钩有无脱落。

2. 收

（1）收走卫生间垃圾，将剃刀片、碎肥皂、沐浴液瓶、洗发液瓶、牙膏等按酒店要求分类处理，切不可全部倒进垃圾桶里，否则既容易划伤手又不环保。

（2）收走客人用过的布件（浴巾、面巾、方巾等）。

3. 冲

（1）放水冲走马桶里的污秽。

（2）用淋浴喷头放水冲洗淋浴间墙壁。

4. 刷

（1）用清洁剂依次喷洒面盆、浴缸、镜面，将洁厕剂滴入马桶。

（2）用专用刷子刷面盆、浴缸，注意面盆及浴缸水龙头上的污迹以及淋浴间喷头上的污迹。

（3）用马桶刷刷洗马桶、厕板和盖板，要特别注意刷干净坐厕马桶的出水口、入水口、厕内壁和底座等。

5. 抹

（1）用相应的专用抹布抹干净喷头、香皂碟、面巾纸盒、卫生间灯开关、插座、电话、卷纸架、吹风机等。

（2）用湿抹布抹去镜子、云台、水龙头、面巾架、墙壁、卫生间门板等的污渍，再用干抹布擦干上面的水迹。

（3）抹去浴缸、面盆内外的水迹。

（4）用专用的抹布抹马桶及水箱。

（5）抹布要做到"专色专用，专物专用"，切不可一条抹布从头用到尾，绝对不可将客用布件当抹布使用。

6. 消

对卫生间各个部位进行彻底消毒。消毒可以采用擦拭的方法，也可以用喷洒的方法。

7. 补

（1）补充卫生间内的用品，如牙刷、牙膏、梳子、香皂、沐浴液、浴帽、拖鞋等，按统一要求整齐摆放。

（2）面巾纸、卷纸要折角，既美观又方便宾客使用。

（3）面巾、方巾、浴巾、地巾等按规定摆放整齐。

8. 扫

用专用的卫生间硬毛笤帚将卫生间的地面刷洗干净，再用大的吸水性强的抹布将卫生间地上的水擦干。有的酒店使用吸尘器吸卫生间地板，但要注意转换吸尘器的功能，使其适宜硬地板。地板有水的地方不能吸，防止漏电和发生意外。吸尘时要注意把藏在地板缝隙里的头发吸走。

9. 查

（1）检查一次性客用品、布件是否补充到位。

（2）检查物品是否按规定摆放整齐。

（3）检查面盆、浴缸、镜面、淋浴间、地面是否有水渍。

（4）清洁后的卫生间一定要做到整洁干净、干燥，无异味，无毛发、无脏迹、无皂迹和水迹。

10. 关

检查无误后将灯和排风系统关上，将卫生间门虚掩。

（三）康养主题功能场景区域清洁的注意事项

不同类型的康养主题客房里面的功能场景不尽相同，所以客房服务人员在对康养客房进行清洁整理时，除常规的清扫卧室和卫生间外，还要注意根据不同类型康养主题功能场景来确定房间清扫整理的标准和方法。

1. 生态康养类主题客房的清洁整理

生态康养类主题客房是较早兴起的一类康养主题客房，以温泉水疗系列为主，这种类型的康养酒店在客房内部设有专供住店客人享用的汤池，服务人员对汤池的清洁整理也成了康养酒店客房清扫的重要任务之一。其具体操作如下：

（1）放。收走客人用过的浴巾或浴袍。打开汤池放水阀，放掉汤池里客人使用过的温泉池水。

（2）刷。汤池池水含有大量对人体有益的矿物质，但这些矿物质容易吸附在汤池四壁，形成难看的污垢，服务人员在清洁汤池时要用专用刷子刷洗汤池底部和四壁，使之保持清洁干净。

（3）冲。刷下来的污垢及清洁剂泡沫需要用干净的水冲洗干净。

拓展视频：汤池清扫

（4）消。对整个汤池房进行彻底消毒。

（5）擦。将汤池四壁擦拭干净，做到无污渍、无毛发，注意卫生死角。

汤池池水可等客人办理入住之后或根据客人需要注入。

（6）抹。按顺序进行抹尘，补充客用物品，将汤池房内所有物品按酒店标准摆放整齐。

2. 康体运动类主题客房的清洁整理

除了公共的健身房以外，康养酒店还会在客房内提供一些客人在房间就能使用的运动设备，如跑步机、瑜伽垫、足底按摩垫等。服务人员在对这类客房进行整理时，要特别注意对这些运动设备的清洁与保养，坚持正确的清洁方式，可以延长设备的使用寿命。首先是对这些设施设备进行抹尘，按"干湿分开"的原则对房内的健身器材进行仔细抹尘（切不可使用酸性清洁剂擦拭，否则会对其造成腐蚀）。其次是根据具体使用情况对瑜伽垫等运动用品进行清洗或更换，对运动设备进行彻底消毒。最后检查运动器材的安全性，确保其功能正常，以保证客人使用安全。

3. 其他主题康养客房的清洁整理

除了上述康养主题客房之外，还有许多其他类型的主题康养酒店或康养客房，如艺术文化类康养主题客房、国学和民俗文化类康养主题客房、中医药类康养主题客房等，其清洁程序基本类似。在对这些客房进行清洁整理时，要特别注意房内的主题物品的清扫，如茶盘、棋盘的清洗与消毒，房内摆放的各种民族乐器的清洁与消毒，笔墨纸砚的更换与清洁维护等。

二、走客房清洁注意事项

服务人员在对走客房进行清洁整理时，要严格按照康养旅游住宿企业规定的程序与步骤进行，遵守职业道德。

（1）按照相关规定进入房间。

（2）仔细检查是否有遗留物，尤其是枕头下面、壁橱里和保险柜里。若发现有遗留物应尽快交给领班或主管；如有大量现金或贵重物品，服务人员不可随意挪动，应立即报告上级，并在工作报表上做好记录。

（3）检查房间家具、设备有无损坏或丢失，如发现损坏或丢失，应立即报告上级，并进行登记。

拓展阅读：客房消毒

（4）清洁卫生间时必须注意不同项目使用不同的清洁工具和清洁剂，绝不能一张抹布从头用到尾，也不能将客用布件当清洁抹布使用。

（5）要对卫生间及汤池等各个部位进行严格消毒，确保干净卫生。

（6）不得使用房内设施（如电话、卫生间、乐器等）。

（7）客房清扫结束后，应立即通知总台，及时通报为 OK 房（已清扫完毕，可以正常出租的房间），以便能够及时出租。

（8）按康养旅游住宿企业标准摆放客房用品。每个康养酒店都有自己摆放物品的标准，并非一成不变，具体操作按酒店相关规定进行。

 实训 5-1

客房中式铺床

1. 实训要求

实训项目	客房中式铺床
实训目的	掌握正确的铺床程序
实训方法	实践操作
实训准备	床、床垫、整套床上布件
实训要求	1. 掌握正确的铺床程序及技巧 2. 在规定时间内完成 3. 质量达到既定的标准和要求

2. 实训内容及评分标准（参照客房铺床技能大赛标准制定本评分标准）

项目	操作程序及标准	分值	扣分	得分
床单 （24 分）	开单	3		
	打单定位	4		
	中线居中，不偏离中线	5		
	床单正反面准确（毛边向下，抛反不得分）	2		
	床单表面平整光滑，不得有水波纹	4		
	包角紧密垂直且平整，式样统一（90 度）	3		
	四边掖边紧密且平整	3		
被套 （10 分）	一次抛开、平整光滑	4		
	被套正反面准确（抛反不得分）	3		
	被套开口在床尾（方向错不得分）	3		

续表

项目	操作程序及标准	分值	扣分	得分
羽绒被 （35分）	羽绒被放于床尾，羽绒被长宽方向与被套一致	4		
	抓住羽绒被两角一次性套入被套内，抖开被芯，操作规范、利落	5		
	抓住床尾两角抖开羽绒被并抛开定位，被子与床头平齐	5		
	被套中线居中，不偏离床中线	5		
	羽绒被在被套内四角到位，饱满、平展	3		
	羽绒被在被套内两侧两头平整	3		
	被套口平整且要收口，羽绒被不外露	3		
	被套表面平整光滑	3		
	羽绒被在床头翻折45厘米	4		
枕头 （4个） （16分）	四角到位，饱满挺括	4		
	枕头开口朝下并反向床头柜	3		
	枕头边与床头边平行	3		
	中线对齐	3		
	枕套沿无褶皱，表面平整，自然下垂	3		
综合印象 （15分）	总体效果：中线居中，平整美观	7		
	操作过程规范，动作娴熟、敏捷、优美，能体现岗位气质	8		
合计		100		

操作时间： 分 秒 超时： 秒	扣分： 分
跑动、跪床、撑床 次：	扣分： 分
实 际 得 分	

第三节　康养住客房清洁服务

住客房是客人正在使用的房间，房间的使用权归住店客人所有。这类客房也被称作"续住房"，属于客人的私人空间，所以在清洁整理时要特别注意，不可侵犯客人的隐私。

一、住客房清洁流程

康养客人的住店时间一般都比较长，应特别重视对其房间的清洁服务。康养住客房的清扫流程与走客房大致相同，但还应注意以下几个方面。

（一）进房

（1）进入客房前先按门铃或敲门，房内无人方可进入，之后准确填写进房时间。

（2）若客人在房间，应礼貌问好，主动征求意见，得到允许后方可进房清扫。

（3）如果客人暂不同意清理房间，则要将该房间号码和客人要求清扫的时间做好记录，按照客人要求的时间再来为客人清扫整理。

（4）开门作业，以防止意外事故的发生。

（二）整理床铺

（1）为节约环保，减少布件洗涤次数，可征得客人同意，根据情况更换布件。需要更换的按表5-1和表5-2的步骤进行，不需更换的则将客人使用过的床重新整理，保证平整美观。

（2）若需要更换床上布件，在撤床的时候绝不能将卸下的枕头放在地上。

（3）将床上的客人物品整理好，衣服折叠好挂进衣柜，也可整理完毕再放回原处。

（三）清洁、更换客房用品

（1）将客人使用过的杯具、茶具清洗干净并做消毒处理。

（2）清扫整理卫生间，对卫生间进行通风换气。重点清洁云台、面盆、恭桶、浴缸、淋浴间和镜面，确保卫生间内无毛发、无异味、干燥。

（3）按客情需要更换卫生间布件，如浴巾、面巾、方巾、地巾等。

（4）将客人使用过的相关康养设备与物品（茶具、茶盘、香薰座、棋盘与棋子等）清洗干净并视情况做消毒处理，并按酒店标准摆放好。

（四）抹尘

（1）采用"干湿分开""从上到下"的原则对房间各个物品进行抹尘，包括镜面、桌面、床头柜、壁橱、行李架、运动器材、各类乐器等，但应注意不得弄乱客人物品。

（2）在对运动器材类进行抹尘的时候，注意器材的各个按键，抹完尘后记得检查是否复位，以免出现安全事故。

（3）在对各种乐器进行抹尘的时候，注意动作要轻，切不可因过度用力致使乐器发出难听的声音，影响客人。

（4）物品清洁整理后应原样复位，在擦拭行李架时，不要乱动客人的行李，只擦去浮尘即可。

（五）添补客房用品

（1）补充茶叶、矿泉水、饮料、纸巾、便签等。

（2）补充迷你吧（小冰箱）内客人自费的食品和饮品，并做好记录。

（3）补充卫生间用品。

（4）补充汤池房用品。

（5）补充主题康养客房其他物品（如宣纸、墨汁等）。

（六）收走垃圾，清洁地面卫生

（1）收走房间内所有垃圾，做好垃圾分类。

（2）用吸尘器对地面进行吸尘。因吸尘器在工作时会发出一定的噪声，如遇客人在房内，操作时须征求客人意见。

（七）道别

房间整理结束后，礼貌地跟客人道别，再退出房间，离开时为客人轻轻关上房门。

（八）在房务报表上记录好离开房间的时间

离开客人房间后，应迅速在工作报表上注明离开该客房的时间，以便查核。

二、住客房清洁注意事项

对于康养旅游住客房的清洁与整理，服务人员应更加认真仔细、注重细节，以免引起客人不必要的投诉。

（1）进入客房应严格遵守有关规定。

（2）客人放在椅子上或床上的外衣可挂在衣柜里，内衣、睡衣简单折叠后放在床上。女宾住的房间，不要轻易移动其衣物。擦拭衣柜、行李柜时，应保持柜内物品原有状态，如遇客人衣物凌乱，应帮助折叠整齐后放回原有位置，也不要挪动客人的行李，一般只要擦去大面积的灰尘即可。

（3）若发现房内有大量现金或贵重物品，服务人员应及时报告上级，并做好记录或留言提醒客人使用房间保险箱。

（4）清扫客房时，若房内电话铃响起，为了尊重客人对客房的使用权，维护其隐私权，服务人员不能接听电话。

（5）房内有客人时，可将空调开到中档或征求客人意见；如果客人已将空调开到某一温度，应尊重客人，不能重新调整。

（6）在清理客房时，若客人中途回房，服务人员应先礼貌地请客人出示客房房卡，核对客人身份。确定是该客房的住客后，询问是否可以继续整理，如果可以，应尽快清理好，以便客人休息；如不可以，应及时退出房间。

（7）如果发现宗教信徒在房间点蜡烧香等，应礼貌地劝阻客人，向客人说明存在的不安全因素，并及时将情况报告领班或大堂经理。

（8）若房内有加床，整理完毕后，应添加一份客用品，不能遗漏。

（9）若客人在房间时对客房进行整理，在保证标准化清理的基础上，尽快完成清扫，整理完毕礼貌地向客人道别，离开时轻轻地将房门关上。

（10）整理房间时，要始终将房门开着。

（11）不得使用客房内设施，包括卫生间、电话、乐器、健身器材等。

（12）清理卫生间和汤池时，应专备一条脚垫。

案例 5-1

胆小的小李

小李是一个胆小的 00 后女生，也是一家康养酒店的客房服务员。这段时间是酒店的旺季，房间早早就被预订完了，小李的工作强度也有所增加。这天，小李刚从已经打扫完毕的 502 房间出来，累得够呛，转身看到一位女士从 508 房间门口急急忙忙地朝小李走过来，小李还没来得及问好，就听女士气冲冲地说："我是 508 房间的，我跟我先生吵架了，我回来拿点儿东西，房卡在他那儿，你帮我开一下门。"小李见这位女士如此生气，生怕引火上身，赶紧帮她打开了 508 房间的房门。到了晚上，便听经理说 508 房间客人投诉丢了东西。

【案例分析】

小李本身就是一个胆小的女生，当她遇到突发事件时往往手足无措。本案例中小李看到正在生气的客人，怕客人迁怒于她，所以没有仔细核对客人的身份就打开了房门。而且小李看到客人是从 508 房间方向走过来，就主观地认为她就是 508 房间的客人，从而造成失窃。客房服务人员在工作中应严格按照酒店相关规定执行，冷静、客观地处理突发事件，预防此类事故的发生。

第四节　康养客房小整理服务

小整理服务一般简称"小整服务"，主要是酒店为 VIP 客人或特殊人群提供的一种亲切而高雅的服务形式，是充分体现住宿优质服务的一个重要方面。

一、客人私人物品整理的注意事项

康养客人的住店时间一般较长，客人的个人物品也比较多，服务人员在整理客人物品时尤其要小心谨慎，既要让房间保持整洁美观，又要注意不能侵犯客人的隐私，在整理时需注意以下几个方面：

（1）要尊重客人的隐私，在整理客人房间时，对待客人私人物品要特别仔细认真，不要碰客人的物品，如需整理，完毕后应放回原处。

（2）整理客房时，客人的文件、报纸、书刊等应适当整理，但不能弄错位置，更不准翻看。

（3）客人的物品如照相机、手机、笔记本、钱包之类的物品不能随意触摸。

（4）女性用的化妆品若发现已使用完毕，服务人员也不得将空瓶或包装纸盒私自扔掉。

（5）不要随意挪动或打开客人的手提箱或其他包裹。

（6）客人放在床上的衣物需帮助整理，叠好后要整齐地放回原处。

（7）对于有宗教信仰的客人，若房间里放有与宗教相关的物品，服务人员切不可随意触摸，更不可因为好奇置于手中把玩。

总之，除放在垃圾桶和废纸篓里的东西外，出现在地毯上的物品也只能替客人做简单的整理，切记不可自行处理。

二、康养客房小整理服务流程

小整理服务主要是整理客人午睡后的床铺，包括对房间进行简单的清洁和打扫。康养酒店的客人以休养身心为主,大多数客人有午休的习惯,客房人员可在客人去餐厅用餐时迅速为客人开床,以便客人午休。小整理的目的是使客人走进房间时有清新舒适的感觉,使客房处于干净整洁的状态,做法如下:

(1)按规定进入客人房间。

(2)开灯。

(3)关上遮光窗帘,为有午休习惯的客人开床(如果客人已经睡醒,则需要拉开窗帘,整理客人睡过的床铺)。

(4)清理桌面、纸篓内和地面的垃圾杂物。

(5)简单清洗整理卫生间,根据需要更换客人用过的浴巾、杯具等。

(6)简单整理汤池房,将所有物品按要求摆放,客人用过的浴巾等布件可根据情况更换。

(7)补充房间茶叶、纸巾和其他客用品。

案例 5-2

不翼而飞的石头

晚上8点,某康养酒店的值班经理小王接到了808房间客人的投诉电话,客人告知他的东西丢了。808房间住着一位来自新加坡的客人,一早便离开客房去体验酒店特有的康养项目。客人说,他早晨出去时将一块石头放在客房的卫生间,晚上回来时发现没有了。小王听见客人丢的是一块石头,认为没什么大不了的,就对客人说:"您先别着急,负责打扫您房间的服务员现在已经下班了,等明天上班我再给您回复,您看可以吗?"客人说:"等明天可不行,这块石头可不是一般的石头,对我来说非常重要。"

原来这位客人是一位老兵的儿子,他的父亲在新中国成立前夕流落到了新加坡。老人一生的愿望便是叶落归根,但是由于多方面的原因,老人直到去世也没能回家,去世后也没能安葬在家乡。808房间的客人此次特地回到大陆,根据老家习俗在故乡的山坡上取了一块石头,准备带回新加坡,了却老人生前的心愿。

小王知道了事情的原委后,马上打电话找到白天负责清扫该房间的服务员小郑了解情况。小郑回忆说:"白天清扫卫生的时候,看到在卫生间的地上放着一块石头,石头上还沾着黄泥,弄得地上都是。我心想这石头没什么用,脏兮兮的,而且是放在卫生间的垃圾桶旁边,认为是客人不要的。于是就和垃圾一起扔掉了。"

小王决定马上寻找，但饭店的垃圾是不过夜的，白天倒的垃圾此时已经运到了垃圾场。小王带着几名服务员赶到垃圾场，幸好垃圾场还没有进行处理。在垃圾场工作人员的引导下，几个人打着手电筒，在脏臭的垃圾堆中终于找到了客人丢失的那块石头。

虽然由于服务员的疏忽给客人带来了麻烦，但客人对饭店的处理态度和结果还是满意的。客人接过服务员找回的石头，幽默地说："幸亏找到了，要不你们还得派人去趟黄河边。"客人说完笑了起来。

【案例分析】

从表面看，值班经理小王的做法是值得称赞的。他晚上带着员工打着手电在脏臭的垃圾堆中为客人找东西。但仔细想想，这不仅是在为客人服务，而且是对服务人员工作过失的补救。服务员在清扫客房卫生时看到了这块石头，认为石头很脏没用就当垃圾扔掉了。这块石头虽然是客人放在地上的，但客人并没有退房，服务人员不能主观地判断这块石头有没有用。另外，客人没有放在垃圾桶里的东西，服务员就不能自作主张清除。服务人员工作时要严格执行酒店的各项规定，事事以客人为中心。当客人发现石头不见了找到值班服务员的时候，应第一时间联系相关人员，不可以任何理由推托，对酒店工作人员来讲，客人的事都是大事。

第五节　康养主题夜床服务与设计

夜床服务即夜床的整理，也称"做夜床"或"晚间服务"，是一种高雅而亲切的对客服务形式。夜床服务的内容主要包括做夜床、房间整理、卫生间整理三项。夜床服务的意义在于：
（1）做夜床以方便客人休息。
（2）整理环境，使客人感到舒适温馨。
（3）表达对客人的欢迎和礼遇规格。

一、康养主题夜床服务流程

夜床服务通常在 18:00 以后开始，也可以在客人到餐厅用晚餐时进行，或根据康养旅游住宿服务企业的要求进行。夜床服务的步骤和流程可以归纳为进房、开灯、拉窗帘、清理杂物、开夜床、整理卫生间、补充客用品、检查和离房9个步骤。

（一）进房

严格按照进房程序进入客人房间。填写进房时间，如挂有"请勿打扰"牌或亮有"请勿打扰"指示灯，或者是客人不需要夜床服务，则需在夜床报表上做好登记；如客人在房间，征得客人同意后方可进房。

（二）开灯

进房后先开灯，并将空调开到适宜的温度。将晚安礼品带入房间放置在指定位置。

（三）拉窗帘

关好玻璃窗，将白纱帘、遮光帘均拉严至窗户居中位置。

（四）清理杂物

撤走客人用过的餐具，清理垃圾。

（五）开夜床

（1）将靠近床头一边的被子向外折成45°。

（2）将枕头拍松并摆正，如有睡衣则叠好放置在床头上。

（3）按酒店规定将鲜花、晚安卡、早餐牌或酒店特色小礼品放在相应的位置。

（4）在夜床折口对应的地巾处摆好拖鞋。

（5）如遇降温，应在床尾多放一条毛毯。

（6）若有加床，也在此时整理好。

（六）整理卫生间

（1）清理卫生间的垃圾，撤走待换的布件。

（2）关上浴室窗帘。

（3）将防滑垫平铺在浴缸中间位置。

（4）将地巾铺好，并摆上防滑拖鞋。

（5）将玻璃及镜面擦拭干净。

（6）按客情需要将浴袍包装除去，用西装衣架挂好，挂入卫生间内浴衣挂衣钩上。

（7）将卫生间的易耗品及布草补充齐全。

（8）操作完毕后，将卫生间门虚掩。

（七）补充客用品

（1）将客房用品补充齐全。

（2）将汤池注到相应的水位。

（3）将晚安饮品放在床头柜。

（八）检查

（1）检查物品是否配齐，房间窗户、玻璃门是否关好。

（2）检查房内床灯用灯开启是否到位。

（3）检查各项设施设备运行状态。

（4）点上帮助客人睡眠的香薰。

（九）离房

除夜灯和走廊灯外，关掉所有的灯并关上房门。如客人在房内则不用关灯，向客人道别后退出房间，轻轻关上房门，并在开夜床报表上做好记录。

二、康养主题夜床的设计

随着人们旅游意识的增强、个性化要求的提升，千篇一律的夜床服务模式已经不能给客人带来惊喜，所以康养酒店要为客人营造一种亲切、温馨的睡眠环境，体现对客人的礼遇规格，让客人在该酒店有一个难忘的经历。夜床服务在原来的基础上要有所创新，满足人们追求个性化生活和品位的需要。

主题夜床是通过个性化客房赠品的选择（如食品、鲜花、饰品类、纪念品等）和独具特色的物品摆放方式，结合酒店自身的特色、客人类型、季节气候等因素设计出独具特色的夜床服务模式，以此让客人感到舒适和受尊重。

（一）主题夜床赠品设计

在主题夜床赠品的设计搭配时，应根据康养客房的主题文化、住客类型等提供赠品，以满足不同宾客的需求。如给儿童客人送玩具，给情侣赠送特制巧克力，给禅修人士赠送菩提果等。

（1）礼品类型。送给客人的礼品要小巧、便携，最好是可以让客人随身携带的实用型物品，既有纪念意义，又有实用价值；有独具特色的外包装，外包装上要有明显的康养旅游住宿企业标志和联系方式，可帮助提高企业的知名度与美誉度。

（2）礼品颜色。礼品的颜色可根据季节、节日、气候等来选择，如春季选择绿色，夏季选择蓝色，春节选择红色等。

（3）礼品材质。礼品的材质要根据赠品的类型来选择，不可千篇一律，要突出康养酒店的主题和特色，注意材料的质感和耐用性以及对人体是否有益。

（二）绿摆的设计

（1）插花。插花可根据康养酒店的风格和客房的环境设计，或简约、或大气、或精致。要体现出高雅、艺术，给住店客人美的享受，不可颜色过杂、香气过浓。

（2）绿植。客房作为客人休息的地方，摆放的植物不宜过多，一至两盆即可。宜安排小型的盆花，如芦荟、文竹等。尽量不要布置悬吊类植物，既不适合康养客房，也不方便对其进行照料。

（3）花瓣。在某些特定的节日和接待某些重要的客人时会在夜床服务的时候撒一些花瓣在卧室和卫生间，用以烘托气氛。

（4）盆景。可以在客房内放置符合酒店康养主题的山水盆景。盆景不宜太大，以小巧精致为佳，最好通过此类盆景的设计，能体现出该康养酒店的经营理念。

（三）拖鞋的设计

康养客人对客房的舒适度要求高，所以拖鞋的尺寸尽可能适合客人。拖鞋的材质要柔软舒适、绿色健康，颜色及花纹匹配夜床主题，区分男女拖鞋。有的康养酒店还会为住店客人提供按摩拖鞋。

（四）香薰的设计

康养客房的香薰以清新淡雅为主，舒缓客人情绪，使客人放松身心，帮助客人睡眠。常用的无火香薰摆件，因小巧玲珑、外观精致、使用安全，被广泛采用；也可以根据康养酒店的主题提供其他类型香薰。

（五）晚安致意卡设计

晚安致意卡可以有效地拉近酒店与客人之间的距离，是让客人感到舒适、温馨的必备品。晚安致意卡的颜色和材质可以视住宿接待企业的情况而定，内容也不尽相同，但主题都是表达对客人的欢迎与祝福。为了体现对住店客人的重视，很多康养酒店的晚安致意卡由住宿接待人员手写（见图5-1）。

（六）安睡饮品设计

现今社会生活节奏加快，因压力增大入睡困难的客人大增，康养旅游住宿接待点可根据客人需要设计出两三款既好看又好喝的安睡佳饮供客人睡前饮用，帮助客人获得较好的睡眠质量。

拓展阅读：主题夜床设计

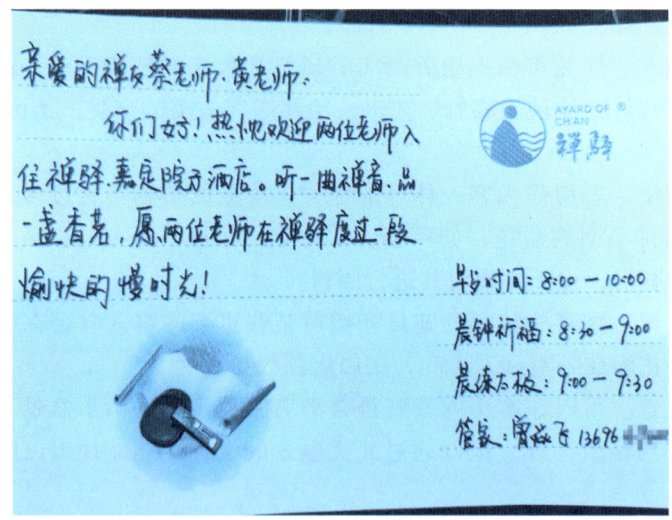

图 5-1　四川乐山禅驿嘉定院子（酒店）晚安卡　摄影：蔡秋月

一般来说，晚安饮品以热饮为主，因为热饮更有利于放松。比如温牛奶、草本茶、杏仁奶等。同时，可以添加一些天然甜味剂，如蜂蜜、枫糖浆，或者低热量的甜菊糖。此外，还可以考虑加入一些香料，比如肉桂、姜黄，这些不仅增加风味，还有抗炎和促进血液循环的作用。但要考虑不同人群的需求，比如乳糖不耐受的人可以选择植物奶，如杏仁奶、燕麦奶；素食者需要确保所有成分都是植物性的；糖尿病患者则需要低糖或无糖的选择。所以，可能需要设计几个不同的版本，或者提供替换建议。另外，晚安饮品的口感也很重要。饮品应该顺滑、温和，不会有刺激性的味道。同时也要注意饮品的营养搭配。比如，添加一些镁含量高的食材，如杏仁，因为镁有助于放松肌肉和神经。或者加入富含维生素 B 的成分，帮助缓解压力。

◀◀◀ 案例 5-3 ▶▶▶

细心的张芳

张芳是某高端康养度假酒店的客房服务员，她在为 2308 房间的客人开夜床时发现住客李女士（50 岁，商务人士）眉头紧锁、频繁揉肩，似乎肩颈不太舒服。张芳完成夜床服务后便轻声询问："李女士，看您比较疲惫，我已经为您点燃了我们酒店特有的助眠香薰，您看是否还需要肩颈热敷服务？"征得客人同意后，张芳为客人调暗了客房灯光，播放起助眠的轻音乐，还为客人提供了热敷颈枕和舒缓草药茶（提前备注客户过敏史，避开禁忌成分），最后在床头放置手写卡片："愿今夜好眠，明日焕新——您的康养管家张芳"。

次日整理房间时，李女士不在房间，张芳发现李女士还自带了护腰靠垫和维生素保健品。所以张芳又在客房添加腰部支撑软垫，并附上便签：已为您增加腰部支撑，如需调整请随时联系。随后，张芳又联系酒店营养师，定制了一份与客户保健品不冲突的"护肝养生茶"，随晚餐免费配送。

第三天清晨，张芳整理房间时发现桌上有未拆封的安眠药盒。看来之前的助眠香薰对李女士没用，张芳又在客房放置助眠足浴包+使用说明，附言："天然草本足浴助您放松，祝夜夜好梦。"晚餐时配送小米红枣粥，附带助眠功效卡片。

第四天李女士离店评价：李女士留言："张芳的服务远超预期！她不仅关注细节，更用心理解我的需求，像家人一样温暖。下次一定再来！"后来，李女士主动在社交媒体分享体验，为酒店带来3组新客户预订同款服务。

【案例分析】

首先，张芳的主动服务意识强：从观察客户状态到发现物品细节，提前预判需求，而非被动等待指令。其次个性化执行，结合客户自带物品、身体状况调整服务方案，体现"一人一策"。然后边界感把控：不过度打扰客户隐私（如不直接询问安眠药），用行动传递关怀。最后情感化增值：手写卡片、定制茶饮等细节，增强客户记忆点和归属感。

本章小结

本章主要介绍了康养客房清洁与整理的相关知识，包括清洁整理前的准备工作，不同客房的清洁整理流程、注意事项，以及主题夜床的设计等。通过本章的学习，学习者应掌握正确的客房清洁流程，在实训中保证客房清洁卫生质量，提高工作效率，提升客人满意度。

思考与练习

一、填空题

1. 在进入客房之前,应用( )指敲门。
2. 小整服务一般是为( )客人提供的。
3. 夜床服务结束之后,除( )灯和( )灯外,服务人员应关掉所有的灯并关上房门,再离开房间。

专业词汇

二、单项选择题

1. 亮着"请勿打扰"灯的住客房如果到了( )点仍未见客人离开房间,可打电话询问。
    A. 13:00   B. 14:00   C. 15:00   D. 16:00
2. 下列关于康养客房主题夜床设计的表述,不正确的是( )。

参考答案

    A. 康养客房的香薰以清新淡雅为主
    B. 为了体现对住店客人的重视,很多康养酒店的晚安卡是由住宿接待者手写的
    C. 客房作为客人休息的地方,布置的植物不宜过多,一两盆足够
    D. 客房内的插花要求颜色艳丽,端庄大气
3. 客房服务人员打开房门时,应先将门打开( ),再通报身份,如无人应答再进入房间。
    A. 1/2   B. 1/3   C. 2/3   D. 1/4

三、多项选择题

1. 开门打扫的意义在于( )。
    A. 表示该客房正在清扫   B. 表示对客人的尊重
    C. 是有利于房间的通风换气   D. 防止意外事故的发生

四、判断题

1. 客房服务人员只有在客房部遇见客人,才应主动和客人打招呼。( )
2. 康养客房内可以摆放康养资料或有关健康养生的报纸、书籍等。( )

五、简答题

1. 简述夜床服务的意义。
2. 简述康养客房清扫的相关规定。

第六章

康养旅游住宿的针对性服务

本章重点

了解老年康养旅居客人、伤残病医养客人、女性康养旅居客人、亲子家庭的消费心理、体验需求,掌握相关的服务要领。

学习要求

通过本章内容的学习，学习者应能够准确区分康养旅游住宿的针对性客群，掌握不同客群的服务要点，深入理解其消费心理，精准把握其体验需求和服务关键；同时，熟悉康养旅游住宿常规服务的注意事项、服务方式、项目设置及操作流程，全面构建对康养旅游住宿针对性服务的知识体系，从而有效提升对客服务技巧与服务质量。

本章思维导图

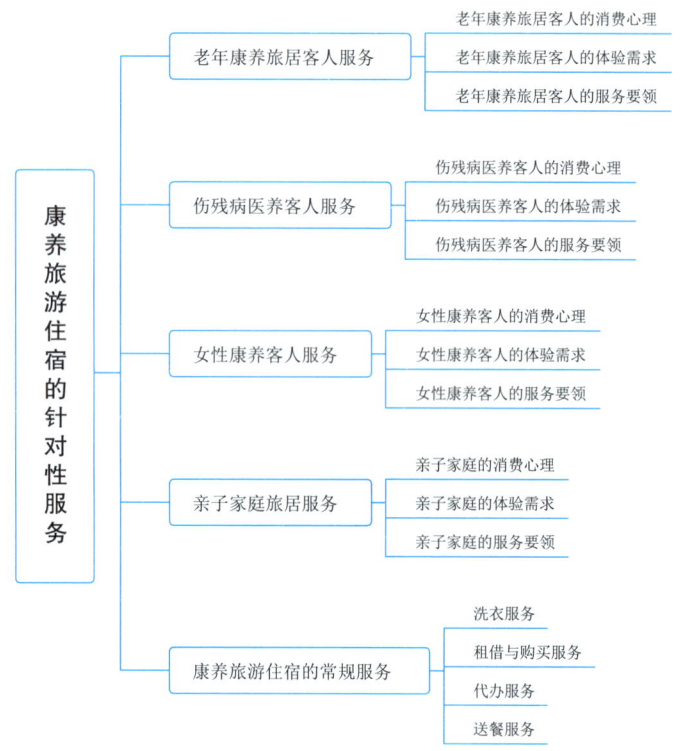

第六章　康养旅游住宿的针对性服务

>>> 情景导入 >>>

吕小姐是一家企业的高管，平时工作繁忙，每天都有开不完的会、审不完的项目文件。这一天，她终于迎来了长达5天的年假，她兴奋地刷着携程网页，预订了一家网评5星、"网络大V"也极力推荐的温泉康养主题酒店，她想好好开启自己的放松之旅。

第二天，经过不到3小时的车程，她来到了川西某温泉酒店。一路上的彩林让她如痴如醉，下车后她大口呼吸着被负氧离子浸润的空气，还夹杂着花儿的芳香，真是沁人心脾。来到酒店，她大步走向前台，身着亚麻禅服的礼宾员微笑着向她行了个合十礼，而后快步迎上前去，接过她手里的行李。她办理完入住手续，拿着特别定制的精致手链型房卡打开房门，她的行李已静静地躺在房间。她入住的是一间榻榻米房，刚进房门，映入眼帘的是超大的飘窗，飘窗上是精致的茶具，而飘窗外，远处是清晰可见的高耸雪山，近处则是冒着热气的汤池。这一冷一热的交替视觉冲刺，让她莫名地兴奋和激动。她心里筹划着，如何在这里度过她悠闲的5日假期。她轻轻地走到飘窗前，盘腿坐在茶桌前，烧水台嘀嘀一响，开启了一边煮茶、一边品茶、一边欣赏美景的曼妙时光。

静坐在窗前，吕小姐轻轻地闭上眼睛，完全放空了自己，仿佛把自己沉浸在空灵的幻境中，她感到无比轻松和愉悦。她慢慢地睁开双眼，轻轻地站起身来，换上浴袍，她要出去泡汤了。这家温泉康养酒店有大大小小几十个汤池，玫瑰精油汤池是吕小姐的首选。玫瑰精油有美容养颜、调节女性内分泌、淡斑淡化黑色素的功效。吕小姐小心翼翼地进入汤池，浸泡在泉水里。她能感受到在泉水里每一寸肌肤的细胞被撑开，正如饥似渴地汲取着养分。泡完后，她仿佛感觉自己的皮肤变得更加饱满有弹性了，接着她又换了中草药汤池以及传说中的"妇女之汤"的铁泉汤池。这两种汤泉有利于改善女性贫血，对风湿病、子宫发育不全、湿疹等都有显著的辅助疗效，最适合女性。吕小姐按照引导员的提示，在每个汤池浸泡10~15分钟。不一会儿，她感到有些疲惫了，汤泉边的服务员向她递过去一杯温热的姜茶。她喝完走向了房间，轻轻地脱掉拖鞋，走近榻榻米，宽阔的大床正是她此刻的归处。

白净的被单下是软绵绵的助眠床垫，吕小姐轻轻地往上一躺，瞬间像是被柔软的云朵包裹。她闭着眼睛，想象着自己飘浮在蓝天之下，云朵之上，自由自在地飘动着，不一会儿，她就进入了甜甜的梦乡。

康养旅游住宿的核心任务是深入了解并满足顾客的消费心理与体验需求。随着住宿业差异化竞争的不断深化，康养旅游住宿以其独特的服务定位和创新模式，正在成为行业发展的重要方向。本章将系统介绍康养旅游住宿服务中的四大重点客群：老年康养旅居客人、伤残病医养客人、女性康养客人以及亲子家庭旅居客人，结合行业实践与理论分析，帮助学生掌握针对不同客群的服务要点与操作规范，为未来从业奠定扎实的理论与实践基础。

第一节 老年康养旅居客人服务

老年康养旅居客人是康养旅游住宿客群的重要组成部分之一。在党的二十大报告中明确提出"实施积极应对人口老龄化国家战略"的背景下，银发浪潮加速到来，老年人康养需求持续增长，我国老年康养旅游行业迎来新的发展机遇。作为从业者，要深入贯彻落实党的二十大精神，坚持以人民为中心的发展思想，深刻理解老年康养旅居客人的消费心理，提供高质量、人性化的服务体验，满足老年人对美好生活的向往。同时，要严格遵守老年康养旅居客人的服务原则，注重服务细节，从细微处体现对老年人的关心与关怀，以实际行动践行"老有所养、老有所乐"的目标，为推动康养旅游行业高质量发展贡献力量。

一、老年康养旅居客人的消费心理

（一）稳定性消费心理

由于传统消费观念的影响，老年客人消费习惯较为稳定，对旅游产品价格较为敏感，受消费流行影响较小。老年消费者有着几十年的消费购买实践，在长期的选择和使用过程中，积累了丰富的经验，对消费过的、体验感好的产品容易产生信任感，并产生专注于该产品的心理。他们相信"老字号"和传统商标品牌，对某些品牌就会产生一定的偏好，具有较高的品牌忠诚度。这种消费习惯和消费偏好一旦形成，很难改变，会在很大程度上影响老年消费者的购买行为。康养旅游住宿的从业者在服务中尤其要注重企业品牌的维护，自觉将个人服务与企业品牌相融合，注重个人行为和服务对于企业的"代表性"。

（二）求实消费心理

老年康养旅居客人的消费观较为成熟，冲动型消费和目的不明确的盲目消费少，往往非常相信自己的购买经验，对能够满足自己需要的商品和服务有着比较深刻的理解；他们会根据自己长期积累的经验和业已形成的标准，思量再三，再做购买决定，不轻易作出消费决策，属于理性消费者。老年消费者往往也会带着家庭角色进行消费，由于自己是家庭的长辈，在家庭中起到一定的表率作用，尽管购买消费是其个人行为，老年消费者仍然会考虑家庭的整体利益，兼顾家庭；有时个人消费还具有牺牲性，特别是对于高价值的消费产品，购买决策过程较长；他们对新潮的东西反应较为迟钝，不跟时髦，追求实用和可靠，讲究实惠，具有较强的求实心理。康养旅居企业在品牌打造和宣传时，应注重迎合老年康养客人的求实消费心理，将康养服务品质凸显在客人的每一步所到之地和每一眼所看到的场景，让老年人真实感受到入住的实惠。

（三）健康导向消费心理

老年康养旅居客人由于身体机能的退化，对健康的关注排在首位，其中包含肌体健康、饮食健康、运动健康及心理健康。老年消费者体力相对以前下降，他们希望选择的康养旅居地点便利，避免过多路途上的车马劳顿；要求基础设施健全，有专门的老年步行道和活动场所；多数老年人早晚均有运动的习惯，有助于老年康养旅居客人开展适量的运动；他们对空气质量要求高，希望能避开城市的雾霾、粉尘等不健康的空气元素，呼吸到足够量的负氧离子，净化体质。我国资源依托型康养产业可最大限度地满足老年康养旅居客人对自然环境的需求，如森林康养、温泉康养和生态农业康养。这类康养住宿自然环境好，阳光、空气、水源等均有优质保障。老年康养旅居客人对美食有着特殊的追求，他们渴望在健康的基础上吃到美味可口的饭菜。他们口味清淡，希望食物天然，少油少盐少糖，拒绝辛辣；对早餐的质量要求很高，希望早餐能够丰富，选择多；使用的食材要求新鲜，不用囤货，对于一日三餐的膳食注重健康合理的搭配，要求碳水化合物、蛋白质、脂肪、维生素都要合理地进入搭配的食谱中；对食物讲究轻加工、保原味，烹调方式以炖、蒸、煮为主，减少煎、炸等深加工烹饪方式。如今素食已成了许多康养住宿企业大力推荐的养生餐食，且广受老年旅居客人的欢迎。

（四）补偿性消费心理

老年康养旅居客人家庭负担较轻，子女均已独立，60岁以上的老年人多数出生在20世纪50年代、60年代。他们大多经历过物资匮乏的年代。在家庭经济负担减轻之后，一些老年消费者试图实现过去由于能力和条件限制未能实现的消费欲望，出现"补偿性"的消费心理。低龄老人倾向于休闲类消费，高龄老人倾向于服务性消费。随着老年人所处的年龄阶段不同，他们的消费心理和消费特征各有不同，但在选择康养旅居时均倾向于选择高端康养型，如森林康养、温泉康养、医疗康养、文旅运动康养等，高端康养住宿既保证了康养的效果，又提高了享受的品质。

（五）敏感性消费心理

老年康养旅居客人绝大多数为纯消费者，他们具备独立思考的能力，他们的消费意志也具有较强的自主性。作为纯消费人口的老年康养旅居客人，他们的自尊心较强，希望被关注，但又不希望被特殊关注；希望被关怀，但又不希望被过度关怀。特别是对于腿脚不便或有生理缺陷的老年康养旅居客人，对他们的服务和诉求应正确把握，避免让老年人反感，产生不快情绪。

二、老年康养旅居客人的体验需求

（一）注重便捷性

老年康养旅居客人因生理机能退化，对便捷性需求尤为突出。首先，交通便捷是首要条件，应尽量减少换乘，优先选择轨道交通等适合老年人的出行方式。康养住宿选址应靠近交通枢纽，同时周边需配备完善的医疗卫生机构，确保老年人能够就近就医。高品质康养住宿应配备专业医疗团队，提供健康监测和应急医疗服务。其次，康养旅居地应建设无障碍设施，如平坦开阔的老年人步道、加宽加固的健身场所等，方便老年人日常活动。此外，房间设计应逐步实现智能化，减轻老年人的体力与脑力负担，如配备智能语音助手、自动感应灯光等，提升居住便利性。

（二）注重健康养生

拓展视频：茶艺表演

老年康养旅居客人注重休养生息，讲究健康生活作息和规律的饮食，强调慢节奏。康养旅居地多采用太极、八段锦等柔和健身法，帮助老年人调整身心，强身健体；在文化氛围上突出禅修、禅意、国学、读书等理念和活动，让老年人在丰满静谧的文化中度过老年旅居时日，放松身心，颐养天年。老年人对美食的体验需求不再讲究新颖、时尚，而是带着情怀，将身心融入食材中，去品味食物中的原汁原味，感受大自然的馈赠；他们更注重食材的新鲜度、采摘时间和烹饪方式。多数老年人有饮茶的习惯，这也是近年来康养旅居地推崇的茶养生方式，采茶、制茶等的体验工序一应俱全，除了配备有专门的茶坊，还有专业的茶艺师、讲解员，现场有茶艺表演、茶叶冲泡体验等，为老年人体验康养旅居增加了全新的体验。此外，结合国家"健康中国2030"战略，康养住宿应推广科学膳食搭配，提供个性化营养餐食，助力老年人健康管理。

（三）注重人文关怀

老年康养旅居客人在康养旅居地渴望得到家人般的照顾和关怀。多数老年人比较喜欢户外活动，康养旅居地应注重户外活动场地的规划和保养。老年人对房间灯光较为敏感，夜间不能太暗，老年人一般有起夜的习惯，应留有感应灯帮助老年人起夜时照明使用；老年人下蹲不方便，应提供智能马桶，有助于老年人如厕；老年人洗澡应提供防滑椅、沐浴凳，保障老年人在使用住宿设施时方便且安全；老年人由于身体骨骼脆弱，更适合使用偏硬的床垫，康养旅居地应有专门定制的床垫；房间温度应适度，被子不宜太厚，以免影响睡眠质量；走廊应配有扶手和紧急电话。总之，康养住宿从业者应站在老年人子女的角度为老年人考虑和表达关怀，从注重外部设施到注重内在的关爱，由外及内地关怀和照顾老年康养旅居客人。

（四）注重服务品质

老年康养旅居客人注重品质。品质一方面体现在有形的产品中，旅居地的医养配套情况：如老年锻炼、康养项目，周边的交通、旅游、饮食分布，工作人员对这些情况的掌握和讲解等。这些外部的配套设施也会影响老年康养旅居客人对旅居地整体品质的感受。另一方面也体现在无形的服务中，康养住宿的服务人员的素质素养，服务接待过程中的一言一行、一举一动，对于老年人提出的要求是否能满足，以及完成的效果都会影响老年人对品质的评价。

（五）注重安全与应急保障

老年康养旅居客人对出行安全和居所及活动场所的安全要求较为严格，一方面是因为老年人动作缓慢，行动不便，居所和活动场所应该配备相应的防滑、防跌倒设施。老年人进入康养住宿地，接待人员应在服务中体现换位思考，想其所想，提前为老年人入住方便和出行安全做好准备。关于老年人的健康和安全方面，从业人员应针对老年人应急处理事件接受专门的培训，与社区医疗点和所在地大型医疗机构和医院建立顺畅的合作关系；将附近的医疗协作单位的电话、位置等信息挂在客房及前台醒目的位置，以便在第一时间启动应急预案，让老年客人产生安全感。

三、老年康养旅居客人的服务要领

（一）服务原则

老年康养旅居客人的服务需遵循以下四项原则，以确保服务的人性化、专业化和高效化。

1. 细心原则

细心是服务老年康养旅居客人的基础。从业人员需密切关注老年人提出的建议和诉求，并尽力满足其需求。同时，要善于观察老年人的表情、动作和语言，敏锐捕捉其未明确表达的需求，做到"想客人之所想，急客人之所急"。例如，通过老年人的行为细节（如频繁查看时间可能暗示对行程的担忧）预判需求，提前提供解决方案。此外，结合智慧养老技术，如智能健康监测设备，实时关注老年人的身体状况，提供主动式、个性化的服务。

2. 耐心原则

耐心是服务老年康养旅居客人的关键。服务过程中需做到"慢、轻、缓、舒"：

慢：语速放慢，确保老年人能够清晰理解；

轻：动作轻柔，避免给老年人造成不适；

缓：行动舒缓，给予老年人充分的适应时间；

舒：营造舒适的服务氛围，让老年人感到放松和愉悦。

例如，在办理入住时，耐心讲解房间设施的使用方法；在餐饮服务中，详细询问老年人的饮食偏好和禁忌，确保其用餐体验舒适满意。

3. 爱心原则

爱心是服务老年康养旅居客人的核心。从业人员需将老年人视为自己的长辈，发自内心地关心和照顾他们。服务过程中应体现温情与尊重，例如，主动询问老年人的身体状况和需求；

在节日或生日时送上祝福和小礼物，营造家的温暖；关注老年人的心理健康，通过陪伴聊天、组织社交活动等方式缓解其孤独感。

爱心服务不仅体现在言语和行动上，更应融入服务的每一个细节，让老年人感受到真诚的关怀。

4. 专业化原则

专业化是提升老年康养旅居服务质量的重要保障。从业人员需接受系统的适老化服务培训，掌握老年人心理、生理特点及常见问题的应对方法。例如，学习老年人常见疾病的应急处理知识；掌握适老化设施的使用与维护方法；了解老年人饮食、运动等方面的健康管理知识。

此外，结合国家"智慧健康养老"政策，从业人员应熟悉智能化康养设备的使用，如健康监测手环、智能呼叫系统等，为老年人提供更高效、更安全的服务。

（二）服务方式及服务项目

老年人由于年龄、心理和生理等原因，可能会有记忆力减弱、耳背、行动缓慢等行为特征，也可能出现自卑、多疑等心理问题。因此，我们在接待该客群时，应注意以下几个问题。

1. 老年旅居客人到店前

（1）接待人员应提前与老年客人取得联系，为老年客人报告旅居地气候特征和天气情况，提醒老年客人备好相关衣物和药品，特别是应提醒老年客人多备保暖防寒衣物，以及可能出现的敏感性天气变化引起的不适感所需要的预防药物。

（2）提前将接待方式和前往路径与老年人沟通，事先与客人对接好接驳事宜。

（3）事先了解老年客人对饮食、康养项目的需求，提前做好记录，并做好充足的接待准备。

2. 老年旅居客人到店中

（1）接待老年客人，应放慢语速，说话时声音略高一点儿，要有耐心。

（2）接待人员遇事要勤观察、多提醒，做好引领，注意搀扶，体现接待中的关怀。

（3）该客群往往在目的地停留时间比较久，在住宿服务时，接待中应特别注重营造家庭的温馨氛围，提供方便、卫生的设施。

（4）一些老年人行动不方便，在排房时，安排靠近电梯、楼梯，方便出入的客房。

（5）老年人喜欢安静、向阳、临窗的房间，排房时，要尽量满足客人的需求。

（6）接待老年客人应增设自助洗衣服务设备，满足其相应需求。

（7）根据老年客人的具体情况，推荐适宜的康养项目，以达到更好的身心休养和疗养的目的。

3. 老年旅居客人离店

（1）提前与客人衔接好送别时间和上车地点，留足送别时间。

（2）主动为有需要的老年客人办理邮寄、托运等事宜。

（3）关注老年客人抵达目的地时间，及时问候和回访，表达关怀。

（4）为离店老年客人建立详细的客史档案，在老年人生日、日常节气及时问候，体现对客人的关怀和周到的服务。

（三）注意事项

老年康养旅居客人的服务有其特殊要求，他们生活节奏慢，活动安排分散，参与的所有主题活动中，希望能不被催促，且消除和避免一切潜在的危险；对老年康养旅居客人应服务细致、周到，与老人沟通要有耐心，仔细聆听老年人的需求；对老年人要和善，面带微笑；老年人出门可提醒带外套和雨具等；老年人的膳食安排以清淡为主，忌油腻和辛辣；在公共场合和房间要备有足够的热水或烧水壶；有条件的康养旅游住宿点可配备医护人员。

老年人适合的康养项目：老年客人因身体机能逐步衰退和关节敏感等问题，推荐康养项目时应对应客人身体情况"对症下药"，可尝试温泉水疗养生、太极养生、中医保健养生、素食养生等。

第二节　伤残病医养客人服务

伤残病医养客人是指因身体或心理受到医疗手段诊断为残缺或疾病现象的客人，他们是康养住宿业的重要客源之一。这部分客人具有鲜明的针对性需求，从业者需从"医养+""旅游+""互联网+"的多维视角，深入理解并掌握其消费心理与体验需求，做到换位思考，采用角色互换的方式提供周到服务。同时，需熟练掌握此类客人的服务流程与注意事项，确保服务专业化、人性化。

一、伤残病医养客人的消费心理

（一）专业性消费心理

伤残病医养客人由于自身的因素，在选择康养住宿产品时有着明显的消费偏好，他们注重康养住宿的功能性和专业性，注重医养的专业水平，注重生活中的养生常识。例如，有研究表明，室内温度过高或者过低会增加糖尿病患者的死亡率，室内温度低于18℃成为9%苏格兰人罹患高血压的危险因素。此类研究数据是伤残病医养客人的重要关注点，他们的消费选择完全倾向于康养主题住宿在医养方面的专业程度，康养社区或主题住宿的基础医疗设施设备、具有相关专业背景的服务人员、从业人员的专业背景和基本素养均是专业性的体现。

（二）保健性消费心理

伤残病医养客人由于其身体的特殊状况，消费态度较为谨慎，他们选择的消费产品功能性强，具有明显的倾向性，他们的消费主要围绕身心保健。此类客人往往能够承受较高的消费，但对消费的功效性较为挑剔。他们的消费不追求物超所值，但求物有所值，促进身心健康成为他们最迫切的消费需求，产品的保健性首当其冲。森林康养、温泉康养、中医药康养和医养小镇成为他们的首选。

（三）感受性消费心理

伤残病医养客人在身体上已形成不可避免的非健全状态，他们对康养住宿产品的选择更加注重心理上的感受和体验，他们希望自己能像正常人一样被看待，希望像正常人一样生活，正常人现有的身心状态是伤残病医养客人正努力渴望得到的。此类客人看重康养住宿的从业者对他们的服务态度和言行举止，看重从业人员的道德素养和职业修养，在消费选择上会比较看重网评和亲友评价。

（四）环境性消费心理

伤残病医养客人对康养住宿的环境要求极高，偏好环境优美、植被覆盖率高、空气质量优良的场所。优美的自然环境有助于他们放松身心、缓解压力，减少因身体缺陷或疾病带来的消极情绪。此外，高质量的环境对人体免疫系统的健康维护具有积极作用。例如，自然环境中植物挥发的芳香类物质被证明具有预防癌症发生及发展的效果。因此，康养住宿应充分利用环境的医疗功效，为客人提供健康、舒适的居住体验。

二、伤残病医养客人的体验需求

（一）注重医疗+旅游体验

伤残病医养客人选择康养住宿的目的是疗养+旅游，主要表现形式为：健康体检、养生食疗和中医保健。康养住宿不是专业的医疗机构，客人的主要目的也不是获得临床医学治疗，而是希望在医养保健的基础上获得旅游的愉悦感；他们的体验需求更偏重身心的休养和放松，是由内而外地调理身体和心灵，愉悦的心情有助于身体的康复和心态的调整。养生健康类的医疗旅游不同于治疗疾病型的旅游，后者以医疗手段护理、治病、康复和休养为目的，而前者追求身体、感情、精神和灵魂的平衡与和谐。康养主题住宿要着重从内心的感受来提升此类客人的入住体验，帮助他们排遣烦闷和身体的伤病带来的烦躁和不快，帮助他们获得由内而外的新生。

（二）注重方便和高效服务

便捷、迅速、高效是伤残病医养客人对康养住宿的基本要求。由于身体不便，他们希望获得省时省心的服务体验，包括交通便利、周边旅游资源丰富、呼叫服务响应迅速、入住退房流程简化等。高效的服务不仅能提升客人的满意度，还能增强其对康养住宿的信任与依赖。因此，康养住宿应优化服务流程，提供一站式服务解决方案，让客人在每一个环节都能感受到便捷与高效。

（三）注重智能化、专业化体验

智能化与专业化服务是伤残病医养客人的重要需求。他们希望通过智能化设施（如智能语音助手、健康监测设备等）弥补自身行动不便的局限。尽管部分客人可能因年龄或受教育水平在智能化操作方面存在一定困难，但由于补偿性心理，他们仍愿意尝试新鲜事物。因此，智能化设计应以简化流程、提升便利性为核心，而非增加操作难度。此外，专业化服务体现在设施设备、文化理念、服务细节及从业人员素质等方面。康养住宿应注重细节服务，如提供专业健康咨询、个性化康养方案等，以精细化服务提升客人体验。

（四）注重中医药文化体验

中医药文化体验是伤残病医养客人的重要需求之一。康养住宿应有针对性地提供科学、价格合理的药膳食疗、中医针灸等服务。研究表明，农村中老年人对中医药康养的接受度较高，更愿意尝试中医养生保健、治疗及文化体验项目；文化程度较高的中老年人对中医药康养的认可度也较高。随着"治未病"理念的普及，中医药在健康管理中的作用日益凸显。特别是在经历了"非典"、禽流感和新冠疫情后，人们对中医药的重视程度进一步提升。因此，康养住宿应深入挖掘中医药文化内涵，将其融入服务中，为客人提供独特的文化体验与健康价值。

三、伤残病医养客人的服务要领

（一）服务原则

伤残病医养客人的服务原则应遵循以下三点。

1. 专业性原则

从业人员需具备专业的知识背景和技能，接受过系统的护理培训，能够为伤残病医养客人提供科学、专业的服务。同时，从业人员应身心健康，心态积极阳光，内心善良，以真诚的态度对待客人。只有具备这些素质，才能从根本上满足伤残病医养客人的需求，提供高质量的服务。

2. 规范性原则

伤残病医养客人对外界环境和服务细节较为敏感，情绪容易因外界因素波动。因此，从业人员在服务过程中需严格遵守规范化原则，确保服务流程的标准化和一致性。例如，使用规范的语言、遵循既定的服务流程、注重服务细节等，以体现对客人的尊重和专业素养，避免因服务不当引发客人情绪波动。

3. 换位思考原则

从业人员需以换位思考的心态服务伤残病医养客人，站在客人的角度理解其需求，提供贴心、细致的服务。服务过程中应避免浮夸和急躁，保持耐心与细致，展现较高的职业素养。例如，通过观察客人的表情、动作和语言，预判其潜在需求，主动提供帮助，让客人感受到被理解与关怀。

（二）服务方式及服务项目

伤残病医养客群属于比较高端的康养旅游客户群体，这类客人的接待服务方式要体现"设计性"。伤残病医养客人存在不同部位不同程度的伤残情况，这类客人的康养需求既注重身体的疗养又注重心理的疗愈，接待此类客人应遵循以下服务方式。

1. 伤残病医养客人到店前

（1）客人到店前与其取得联系，了解客人的基本情况，以便准备好接待物品，如轮椅、拐杖等可能需要的物品。

（2）与此类客人联系，注意说话方式和询问语气和用词，以免触及客人敏感反应，引起心理不适。

（3）接待人员应具备一定的医疗知识，客人到店前可为客人制订详细的医疗或医养方案。

2. 伤残病医养客人到店中

（1）为到店中的客人提供全方位和针对性的服务，特别要注意避免出现"张冠李戴"的事件，如为手臂伤残的客人安排抄经项目。

（2）实行"双管家式服务"。其中，生活服务管家可以根据客人健康状况，制定详细的服务流程，从客人抵店到离店，全程一对一地提供优质服务；而健康服务管家，则专门负责客人的身体健康治疗与调养恢复。

（3）接待此类客人应区别于一般临床治疗，客人到店中应注重娱乐性与调理性的结合。

（4）接待中注重适时表达关怀和关心，着重心理引导和疏导，可专门推荐涉及心理疗愈的康养项目。

3. 离店

（1）与客人衔接好离店准备，可上门为客人办理退房等手续。

（2）此类客人一般自带保姆或携带辅助工具和药物，应帮助客人事先落实快递、交通等服务。

（3）及时建立或更新客史档案，备注客人伤残情况及特殊喜好。

（4）关注客人返程，及时表达问候，建立信任。

（三）注意事项

从业者在服务伤残病医养客人的过程中应做足功课，客人入住的每一个阶段把握针对性的服务要点，对客服务时要做好对客人情况的基本了解，为客人准备特殊的欢迎礼，让客人一开始就感受到自己被平等对待和热情接待；密切关注客人的特殊需求，及时快速帮客人解决由于他们的身体残缺造成的困难；及时更新客史档案，并为他们送上亲切的慰问和祝福，展示从业者良好的职业素养。

伤残病医养客群适合的康养项目：此类客群是康养住宿接待中较为特殊的客群，温泉康养项目、中医药康养项目对其有针对性的康复作用；心理疗愈可作为重点推荐项目，如读书会、国学等以静养为主的项目，若有医疗需要的可推荐心理咨询、心理治愈系列课程等。

第三节　女性康养客人服务

随着当代女性受教育程度的提高，以及经济收入的增加，女性旅游者在旅游市场的"半边天"作用逐渐凸显，且有超过男性旅游者市场的趋势。如今，女性旅游消费者的需求受到旅游行业越来越多关注。随着女性社会地位的提升和巩固，女性已然成为旅游的重要决策者，越来越多的女性想要通过旅游来释放压力，放松身心。女性康养客人已成为康养产业未来的重要组成部分，她们的消费心理、消费需求和体验需求我们必须了解。

一、女性康养客人的消费心理

（一）美学体验消费心理

古人云"女为悦己者容"。如今女性不再为悦己者容，而是为"己悦"而容。女性康养客人处于不同年龄阶段，对美学的理解不同，但追求美的心理却是全然一致的。女性康养客人愿意为使自己变美的产品和体验消费，对美学的理解会考虑其颜色、形态、味道等外在因素，有典型的"女性直觉"消费现象，在美的事物面前，实惠和实用均可退而居其次。她们对美的欣赏关注细节，细节上对美的刻画越到位，越能赢取她们的芳心。所以康养旅游住宿在打造女性康养产品时应注重美学设计和体验。

（二）个性和时尚消费心理

女性对个性的、时尚的事物向来没有"抵抗力"，对旅游旅居地的选择也一样，渴望在旅游居所能遇见让人怦然心动的瞬间，打卡、拍照，发朋友圈和抖音成了女性旅游者的购买动机。她们乐意为怦然心动的瞬间买单，认为个性和时尚就是去体验不一样的环境和事物。康养旅游住宿应在吸引女性康养客人方面着力打造"打卡点"，并通过自媒体的方式进行推广，在推广文案中插入柔性元素定能俘获女性客人的欢心。

（三）"感受性"消费心理

女性客人是感性的动物，她们在购买产品的过程中往往容易出现感性消费和冲动消费。女性客人对消费产品更注重心理上的体验和感受，她们希望被尊重、被赞美、被呵护和被照顾。女性客人的消费也带有炫耀的心理，希望被看到；同时，他们的消费还具有追求浪漫的动机，在消费中渴望有惊喜和感动。康养旅游住宿的从业者应多从感性角度出发，培育出更多让女性客人过目不忘的事物或引发女性客人难以忘怀的情感瞬间，从而让女性客人有更加惊喜的体验。

（四）"享受性"消费心理

相对于男性消费者，女性在消费过程中注重心理上的享受。她们认为花钱买享受是理所应当的，所以，女性消费者对消费价格不太敏感。在享受和性价比中做选择，女性旅游者往往会选择享受，认为仅此一次，要买就买最好的。所以康养旅游住宿不必在价格上下功夫竞争，而应把女性消费心理中的享受性消费心理理解通透并融会贯通，这样一方面能够赢得女性客人的欢心，另一方面还能提高住宿的推荐率和复购率。

二、女性康养客人的体验需求

（一）注重美容美体

女性康养客人对美容美体的体验需求是排在第一位的。她们倾向于通过身体护理和皮肤护理达到追求美的效果，对身体的各个部位都有其追求美和享受的需求。女性 SPA（水疗）受欢迎，便是因为其服务和功效能够让女性得到由外而内的美丽体验（见图 6–1），此外，女性汗蒸、艾灸、中医养生等都很受女性追捧。对身材的保养和护理，对肌体的调整和锻炼是女性追求外在美的体现，也是女性选择康养旅游住宿的初衷。

图6-1 正在水疗的女性康养客人

（二）注重新颖和时尚

女性对新潮和时尚的追求是不分年龄的，她们在每个年龄段都有其对潮流和时尚的理解，所以她们渴望自己能够了解潮流和赶追潮流。康养旅游住宿的女性客房若是能够体现时尚感，定能俘获女性客人。女性客人对新事物较为好奇，追求新颖，容易被新异的东西吸引，同时也喜欢分享她们的所看所想，打卡和分享这样的连贯动作便是女性熟悉的操作流程。

（三）注重仪式感

女性的感性无处不在。女性消费者容易感性消费，注重仪式感，注重细节带来的感动。她们在消费中渴望被重视、被关注，渴望"被看见"。康养旅游住宿接待人员对女性康养客人，特别是年轻女性客人应更加注重小资情调的氛围营造和仪式感。她们渴望感动常在，渴望自己的生活被关注和分享，这是女性康养客人的独特性体验需求。

（四）注重女性安全

女性旅游者的安全问题是引起广泛关注的社会问题。在一些不安全的国家，单身女性旅游者常出现遭恶性骚扰甚至被杀害事件，这在国内极少发生，但警惕和预防不能少，主要是因为女性体质柔弱，难以抵抗外来侵袭，住宿地应该给予女性出行安全最基本的保障。单身女性夜晚外出，前台应作出相应的安全提醒，若是出现了安全问题，所有其他高品质体验都将降为负面效果，得不偿失。

三、女性康养客人的服务要领

（一）服务原则

女性康养客人的服务应遵守以下三条原则。

1. 尊重原则

女性康养客人自尊心较强，渴望被关注但又不希望被过度关注。她们希望受到足够的尊重，尊重她们的穿着和品位，尊重她们的打扮和妆容，给予她们足够的释放空间。

2. 友好原则

女性客人天生有一定的防备心理，接待人员在服务过程中要做到友好、亲切，关心女性客人的到店情况，关注女性客人的需求，但不宜过度追问。

3. 私密原则

女性康养客人对个人隐私较为看重，接待人员应恰当地表达关怀和问候，而不应涉及隐私部分。

（二）服务方式及服务项目

女性旅游者已成为我国出游人员的主要组成部分，女性作为旅游决策者的地位愈加凸显，康养旅游也成了对她们更具吸引力的选择。对此类客群服务，应遵循以下服务方式。

1. 女性康养客人到店前

（1）了解客人所属类别，如孕期女性，或产后女性，或单身白领女性，根据不同的类别提供不同的入住建议。

（2）事先对接接驳要求，精确到时间、地点、几个人、行李等相关情况，为必要的欢迎礼提供线索。

2. 女性康养客人到店中

（1）若接待孕期或产后哺乳期的女性康养客人，接待人员应具备一定的育儿知识、产后修复知识，以便在服务中为客人提供适宜的服务方式。

（2）接待人员平时应注意观察客人的作息规律，特别是孕期和产后女性，以不打扰客人休息时间为主。

（3）了解客人心理，做好对应的心理服务。孕妇在孕早期会有精神状态不佳的情况，甚至会出现焦虑的心理；孕中期相对比较平稳；孕晚期容易产生疲惫感，易烦躁。接待人员在服务过程中，应注意观察客人状况，做好针对性的服务。

（4）牢记客人的服务禁忌，根据客人需求及时做好服务，避免引起客人情绪的波动。

（5）一般女性康养客人应注重服务中的品质感和仪式感，尊重客人，为她们创造优越感、体验感、美感和分享冲动。

3. 女性康养客人离店
（1）注重此类客人的离店感受，给予掌握分寸的关怀和空间感。
（2）与此类客人保持一定强度的互动，充分鼓励她们的表达欲和分享欲。

（三）注意事项

应注意对女性康养客人进行针对性的服务，如身体调节、养护和美护项目推荐。女性客人虽感性，但也应当把握好推销和服务的度，以免适得其反；女性比较喜爱泡汤，有助于美容养颜和睡眠，可专门为女性客人设置汤泉，以避免与异性同用；女性在享受美容美体和泡汤服务的前中后都应给予相应的安全提示，以表达对女性客人的关怀。

女性康养客人适合的康养项目：优雅的生活方式是女性康养客人追求的目标，茶艺、静心品茗、冥想和瑜伽可作为优先推荐项目；女性对鲜花有着天然的热爱，插花是一个强调体验感和提升生活品质感的康养项目；乐器的学习、香牌的制作表达着女性客人对高雅生活的追逐和享受；美容美体 SPA 也是必不可少的身体享受项目。

第四节　亲子家庭旅居服务

我国已实施全面"二孩"政策，接着又开放"三孩"，婴幼儿的数量逐年增加，0~14 岁的儿童成为亲子家庭旅居的核心成员，亲子家庭出游将构成康养旅游市场的一个非常重要的组成部分。随着疫情恢复和未来旅游行业的发展，亲子家庭出游将占我国出游组合的一席之地。康养住宿从业者要敏锐地洞察到康养市场对亲子家庭出游出现的新的需求变化，深入挖掘亲子家庭出游的消费心理和期望的消费体验；从服务入手，清晰认知亲子家庭的出游组合形式、服务要领，服务前置化是凸显高标准服务的重要要求。

一、亲子家庭的消费心理

随着"二孩"政策的放开，我国亲子家庭出游的组合形式逐渐从"2 大 1 小""4 大 1 小"向"2 大 2 小""4 大 2 小"转变。这种变化使得亲子家庭的消费心理和诉求更加多样化，准确把握这些心理特征是康养住宿从业者提供优质服务的基础。

（一）重娱乐性消费心理

随着我国经济的发展，家庭可支配收入的增加，亲子家庭出游已经成为中产阶级家庭每年出游的必然组合。在出游选择中，亲子家庭选择康养旅游的方式逐渐增加，而这一类家庭往往对住宿基础设施的健全性、地理位置的便捷性和客房与环境的舒适度，以及服务品质的要求不断提升，他们对住宿服务品质的要求远高于对价格的敏感性。亲子家庭出游的核心是让孩子玩得开心，家长放心，他们更注重消费的娱乐性，渴望能够通过亲子出游与孩子建立更亲密的亲近关系，建立更深的情感连接。

（二）孩子导向性消费心理

亲子家庭出游的小孩主要集中在 4~12 岁。他们虽未成年，但对自己的喜好却是非常清晰，对选择去何处、住哪里、玩什么、怎么玩都有较强的自主性。这个年龄段孩子的父母以 80 后和 90 后为主，他们思想开放，思维新潮，往往会参考小孩的意愿做决定，在一些亲子项目的选择上甚至会完全按照孩子的意愿来做决策，这是新一代 80 后和 90 后父母带孩子的新特点。康养旅游住宿企业要抓住小孩子对新奇事物的倾向性心理，开发更多吸引小孩子的游乐主题和设施，组织有利于黏和亲子关系的活动，从游戏上打动小孩，从情感上打动父母。

（三）安全性消费心理

安全责任重于泰山，对于所有的旅游产品而言安全都是非常重要的，亲子家庭出游的安全更是如此。小孩往往扮演着一个家庭黏合剂的角色。一个家庭中，小孩出了安全问题，可能会导致整个家庭的破裂。亲子家庭出游对于设施设备的安全提出了更高的要求。对于新兴的康养业态而言，安全和卫生是亲子家庭出游特别关注点，他们关注住宿安全细节、设施维护、消毒和防护；对住宿的卫生条件更为严格，主要体现在小孩把玩的物品卫生、食物卫生以及客房用品卫生。父母出于保护小孩的心理，会将更多的关注点放在安全与卫生上。

（四）寓教于乐消费心理

亲子家庭出游的出发点是让小孩子有合适的游玩项目，父母把平时不能完全陪伴孩子的时间在出游度假的时候弥补上，陪伴孩子一起玩耍。选择配套设施完善且环境幽雅的康养住宿能为他们省时省心，父母也能得到身心放松。父母平时忙于工作，可能没有足够多的时间去思考如何参与孩子的玩乐，所以，亲子家庭出游的消费心理有极强的"被安排性"，这恰好是康养旅游住宿的特色之处，以文化氛围渲染住宿特色，不仅要注重硬件配套设施，更要注重从软文化嵌入教育性和娱乐性，主张寓教于乐。

二、亲子家庭的体验需求

（一）注重安全性

安全性是亲子家庭出游对住宿最基本和最核心的要求，选择入住康养旅游住宿，也就是选择把信任交给企业。康养旅游住宿在服务亲子家庭方面，要考虑设施、游玩设备是否适合4~12周岁孩子游玩，是否对各个年龄段均有可对应的娱乐项目，该项目在亲子家庭参与的过程中是否有全程的安全保障，孩子的安全是否受到了特殊的照顾，这是亲子家庭出游对安全性最核心的要求。除了设施设备安全，还要求康养旅游住宿能提供环境安全保障、饮食安全保障和夜间应急安全保障，这也是提升亲子家庭体验感的重点和关键。

（二）注重娱乐性

亲子家庭出游的初衷是让孩子看看不一样的环境，也让父母换个环境陪伴孩子，与孩子单独相处，参与孩子的成长，同时也渴望身心能得到彻底的放松。康养旅游住宿就是要为亲子家庭打造一个极富娱乐体验感的亲子游乐场所，让每一个年龄段的孩子能够有对应的娱乐活动，打造一些让孩子单独参加的娱乐活动，打造一些需要与其他小伙伴协作完成的活动。这些活动主要是为了让父母能够放手和放心，让大人在轻松的环境下得以休养；同时也应打造一些需要大人与孩子共同参与的活动，增加大人与孩子的互动，增强默契度，促进大人与孩子的情感深度交流。

（三）注重教育性

"寓教于乐、寓学于乐"既是教育的宗旨，也是康养旅游住宿在接待亲子家庭时奉行的宗旨。亲子家庭出游既注重住宿地提供的娱乐设施，更注重其打造的娱乐活动性质。如今一些康养旅游住宿企业会提供汉服租赁服务，让小孩子着汉服，听传统文化故事，讲国学，体验传统文化，感受文化的多样性；或者让小孩参与抄经书，既可以识字记诗文，又可以训练他们的耐心，让小孩在静中练书法，锻炼专注力。这些将教育和文化融入亲子活动中的形式能够在极大程度上提高亲子家庭的出游品质。

（四）注重亲切感

亲切感不仅是一种感受，更是一种打造氛围的无形符号。亲子家庭出游时，父母都把主要注意力集中在孩子身上。康养旅游住宿服务也应注重对孩子的关注，提前感知小孩的需求，对小孩应做到友好、爱护和呵护，这也是亲子家庭希望被满足的体验需求。接待人员对小孩的态度决定了其父母对入住地的态度和评价，这种情感极具迁移性，亲切的感受能够营造舒适、放松的氛围，让父母放下心来带着孩子游玩，帮助他们愉悦身心，休养身心。

三、亲子家庭的服务要领

（一）服务原则

亲子家庭的服务应遵循以下三个原则。

1. 热心原则

热心原则是指接待人员在接待亲子家庭时要做到热情，有耐心，把服务的关注点侧重在小孩子身上，对小孩的了解和服务应前置化，如：提前掌握小孩性别、年龄、籍贯、爱好等基本情况，便于提供针对性的服务；与客人交流时应热情大方，展现康养旅游从业者的职业素养。

2. 安心原则

安心原则是指接待人员要学会换位思考，把自己放在父母和长辈的位置，为客人多分担多考虑；在孩子游玩时能担当安全员的角色，让父母安心休假。

3. 开心原则

开心原则是指亲子家庭出游的诉求比一般客人要多，接待人员要正面解决亲子家庭的诉求，不逃避，不躲闪。遇到不能解决的问题要尽量请示解决；如果遇到确实不能解决的问题要表达出自己诚恳的歉意，并适当从其他方面予以补偿，让亲子家庭出游省心、开心、放宽心。

（二）服务方式及服务项目

亲子旅居客人越来越多，他们对康养旅游住宿的预期也越来越高，针对此类客人的服务，应遵循以下方式。

1. 亲子旅居客人到店前

（1）提前了解亲子家庭的组合与构成，做好接驳准备。

（2）了解亲子家庭的"来源"，熟悉其所在地的饮食情况，为接待小孩做好充足准备。

（3）事先准备好一切可能用到的小孩用具。

2. 亲子旅居客人到店中

（1）接待人员排房时注意方便进出，避免噪声，为客人安排或推荐适合的房型。

（2）此类客人一般行李较多，应注意帮助搬运。

（3）亲子家庭在公共区域玩耍时，应注意帮助照看小孩，提醒小孩游玩中的安全事项。

（4）为客人推荐适合小孩玩耍的场所和项目。

3. 亲子旅居客人离店

（1）协助客人办理好行李的搬运、托运，特别提醒随身携带小孩的必备物品。

（2）送别客人时帮助照看行李或小孩。

（3）可专为小孩提供送别礼物，加深印象。

（三）注意事项

当我们把即将到来的亲子家庭的基本情况了解清楚后，应提前考虑客房安置问题，如是几个孩子，是否需要加床；孩子的年龄和性别对应的主题客房应有所区别，如有婴幼儿，应提前在房间准备好婴儿床；晚上为小孩洗澡时，是否准备好了婴幼儿的沐浴澡盆或浴缸，应提前为客人准备和安置。客房的欢迎礼，在果盘的基础上放置几颗巧克力应是最迎合小孩需求的；客人到店除了基本介绍，应主动推荐给亲子家庭所在康养旅游酒店的特色儿童区域，让父母了解住宿地的情况。以上注意事项综合言之：康养旅游酒店应提供超越平常亲子酒店所能提供的周到的针对性服务，从而提升客户的满意度。

亲子旅居客人适合的康养项目：此类客人的出行目的明确，主要诉求是让小孩安心玩耍，大人放心度假，所以推荐的项目应兼备娱乐性、安全性和教育性，如：国画体验，让小孩静心，在学习传统文化中练习专注力；小孩喜欢玩水，在安全的前提下，可推荐水上乐园之类，攀爬项目应特别强调防摔伤。

第五节　康养旅游住宿的常规服务

康养旅游住宿的常规服务涵盖洗衣服务、租借与购买服务、代办服务以及送餐服务。这些服务需充分体现康养旅游住宿的特色，针对不同客群提供个性化、差异化的服务。例如，为老年客人提供上门取送洗衣服务，为亲子家庭提供儿童用品租借服务，为伤残病医养客人提供医疗设备租赁服务，以及为女性康养客人定制健康营养餐食等。通过细致入微的服务设计，满足不同客群的独特需求，提升整体入住体验，彰显康养旅游住宿的专业性与人文关怀。

一、洗衣服务

（一）注意事项

洗衣服务时应对老年和伤残病医养住店客人送洗的衣物进行特殊处理，防止二次污染。此两类人身体敏感，抵抗力差，若未做好衣物清理造成二次污染，极有可能引起客人身体不适，促发其他基础病；对女性住店客人应特别注意避免因衣服混洗或不正确的洗涤方式造成的褪色、染色；儿童衣服的清洗应使用柔和的清洁剂，避免刺激和残留。

（二）操作流程

1. 上门取衣（客人填写洗衣单）

客人如有洗衣服务要求，服务人员需请客人填写洗衣单。填好清单后，连同衣物一起放到洗衣袋里，等待服务人员上门取走。楼层服务人员在收到客人的取衣要求时，需马上到房间收取，并检查客人是否完好填写洗衣单。

2. 检查衣物

楼层服务人员收取衣物的同时检查衣物的洗涤要求，是否有填错、漏填的情况，并针对衣服的材质提出洗涤建议，若客人不采纳，则声明企业不承担因此而导致损坏的责任。

3. 衣物送洗

楼层服务人员收取到衣物后应及时与洗衣房对接，将待洗衣服交到洗衣房，同时要求洗衣部签收衣物，做好记录。

4. 取回衣物

洗衣部将洗完的衣服返回到楼层，楼层服务人员要签收衣服，并检查衣服的完整度，做好记录。

5. 送回衣物

楼层服务人员应按规定时间将洗好的衣物送回到客人的房间，并请客人检查和签收衣物，如发现由于洗涤原因造成的破损，要按规定向客人赔偿。

6. 划账单

完成客人洗衣楼层服务人员应及时将账单转至前台收银处，计入该客人的总账单内，待客人离店时一并结算，如遇客人愿意付现金，也可当面结算，后将现金交回到收银处。

二、租借与购买服务

（一）注意事项

老年客人及伤残病医养客人的租借服务应注意提供足够多的方便和帮助。他们也许身体不便，某些功能衰减或退化，他们若提出租借和购买要求，从业人员应迅速提供帮助并耐心讲解；对于女性康养客人的租借服务应给予她们足够的尊重，在购物时更多地推荐时髦、好看的商品；亲子家庭的租借服务可能与小孩有关，应考虑小孩的需求，购物时推荐小孩感兴趣的物品。

（二）操作流程

1. 租借服务流程

（1）受理申请：当有客人提出租借要求，服务人员应立即响应，并请客人填写租借单，注明客人姓名、房号及租借物品、日期、数量及归还日期，检查和确认客人所需租借的物品是否齐全、完备。

（2）租借办理：请客人办理租借确认，请客人亲自签字，并将物品完整地交由客人；若客人要求送到房间，应通知行李员携物品和借条到客人房间，请客人在借条上签名确认。

（3）物品归还：物品借出后，通知楼层备注客人借用物品，客人归还时检查是否有损坏，确认后可代为保管；若遇退房客人未及时归还，可通过客房服务人员协助查找，并将查找结果通知礼宾或前台，填写好记录。

2. 购买服务流程

（1）介绍商品：购买服务一般出现在酒店内的商品部，服务人员需要为客人介绍商品的性能、作用和价格等。

（2）售卖商品：直接支付，或转入前台收银处计入客房的账单中，待客人离店时一并结算。

（3）售后服务：对于售卖后的商品应保持售后追踪，提醒商品使用的注意事项，并告知退货及保修等相关规定。

三、代办服务

（一）注意事项

代办服务中的快递代办已经成了康养旅游住宿服务的一项重要内容。随着网购、物流等的快速发展，传统的代办已被外卖、快递、跑腿等新型代办取代。老年人提出代办服务时，服务人员应耐心问清楚老人的待办事项，待老年人交代清楚后再办理。办理前和老年人核对好所有细节，以免因为信息不对称，造成代办不力；伤残病医养客人的代办服务应注意保护客人的隐私，从业人员要换位思考，防止触发这类客人的较为敏感和脆弱的心理感受，用爱心和耐心为他们提供优质的服务；女性康养客人的代办服务要讲究效率和品质，需反应迅速且对需求把握准确；亲子家庭代办服务应充分考虑小孩的因素。

（二）操作流程

1. 接收代办任务

代办任务一般为邮寄、快递，或帮助客人去采购他们需要的物品，或到某地取东西等。礼宾员接收到代办任务应问清楚客人的姓名、房号和有关待办事项。

2. 填写代办记录

接收任务后应及时办理服务记录，注明具体要求及经办人确认签字。

3. 外出办理

安排人员外出办理，如需发生交易支付，可到结账处暂借或提交申请，凭借条垫付后回酒店核销。

4. 代办完成

完成代办事宜后，将代办事项与客人核对，若已办妥，请客人签收。

5. 代办办结

代办结束后，将账单转至前台收银处；发生垫付的账单及时核销，计入客人账单。

四、送餐服务

（一）注意事项

老年客人送餐前注意提醒餐食口味，可帮助推荐搭配菜品，以健康和新鲜为原则，保障老年人的身体健康；伤残病医养客人的送餐服务应注意推荐营养食品，询问客人的口味和禁忌，切勿因饮食引起身体不适；女性对保持身材向来注重，女性康养客人的送餐饮食应注重餐饮的新颖及低卡特性；亲子家庭的送餐饮食应注意口味清淡，提供儿童餐具。

（二）操作流程

1. 接收送餐服务预订

送餐部接到送餐要求时应反应迅速，听清客人要求和注意事项。

2. 点餐服务

耐心听取客人点餐，并为客人提出合理搭配的建议，注意礼貌用语。

3. 送餐服务

及时为客人送餐，保证餐饮的新鲜和口感；注意进房间的礼仪，进入客人房间不宜多问客人隐私，不东张西望，摆放好餐饮物品即可退出房间；向客人交代好收餐时间，或等客人电话告知。

4. 收取餐盘

按照预定时间到房间收取餐盘，注意轻拿轻放并清理好餐桌卫生，向客人道歉打扰，道谢用餐。

5.填写送餐记录

送餐人员要及时填写送餐记录,以便将账单及时转入收银台,计入客人账单。

本章小结

本章重点学习了康养旅游住宿服务中四种针对性客群的服务:老年康养旅居客人的服务、伤残病医养客人的服务、女性康养旅居客人的服务和亲子家庭旅居客人的服务,了解和掌握了四种针对性服务客群的消费心理、体验需求和服务要领;分别学习了康养旅游住宿中的常规服务:洗衣服务、租借与购买服务、代办服务、送餐服务。通过完整的、系统的学习,从业者对四种针对性的客群服务有了更深刻的理解和更精准的把握。

思考与练习

一、判断题

1.老年康养旅居客人的消费心理是追求实惠,所以不会出现任何高消费。
(　　)

2.伤残病医养客人希望受到与正常人一样的关注,而不是过度关注。
(　　)

专业词汇

3.亲子家庭消费体验必须具备安全性。(　　)

参考答案

二、单项选择题

1.女性康养客人对个人隐私较为看重,接待人员应恰当地表达关怀和问候,而不应涉及隐私部分,是(　　)的体现。

A.尊重原则　　　　　　　　B.友好原则
C.隐私原则　　　　　　　　D.私密原则

2.从业者要怀着互换角色的心理服务伤残病医养客人,站在他们的角度搜寻他们想要得到的服务需求,服务接待中不浮夸、不急躁,具备较高的职业素养。这体现的是对伤残病医养客人的(　　)。

A. 全面原则　　　　　　　　B. 规范原则
C. 换位原则　　　　　　　　D. 沟通原则
3. "寓教于乐、寓学于乐"这句话体现的是亲子家庭（　　）的体验需求。
A. 注重安全性　　　　　　　B. 注重娱乐性
C. 注重教育性　　　　　　　D. 注重亲切感

三、多选题

1. 老年康养旅居客人的消费心理有（　　）。
A. 注重便捷　　　　　　　　B. 注重养生
C. 注重关怀　　　　　　　　D. 注重品质
E. 注重安全预防和应急处理
2. 老年康养旅居客人的服务原则包括（　　）。
A. 耐心原则　　　　　　　　B. 开心原则
C. 细心原则　　　　　　　　D. 爱心原则
3. 亲子家庭入住康养旅游住宿的体验需求是（　　）。
A. 注重安全性　　　　　　　B. 注重娱乐性
C. 注重教育性　　　　　　　D. 注重亲切感
E. 注重网络性

四、简答题

1. 康养旅游住宿的针对性服务包含哪些？
2. 亲子家庭的消费需求有哪些？

五、案例分析题

摔倒的老人扶还是不扶

小许是某康养旅游主题酒店的前厅服务人员，他每天的工作就是在酒店大门的里里外外接待来来往往的宾客。他所在的酒店是当地一家网红康养主题酒店，酒店内部及周围都被精心打造，特别是外围的装潢，让人走近酒店就感觉走进了清幽的景区，忍不住想继续往里一探究竟。

这一天，正值小许当班，一对老年夫妇走进酒店外围的庭院，看似是被酒店环境吸引的本地人。他们一边对这里的环境赞不绝口，一边掏出手机想要留下这美丽的风景。怎料一没注意，老太太被脚下的减速带轻轻绊住，摔倒了。小许看到这一幕，飞速地跑到老人跟前，他并没有第一时间扶起老人，而是询问老人的腿脚是否能正常活动。为了确定老太太的伤情，他轻轻地触碰老太太的腿脚，确认没有出现骨折等情况后他才轻轻地扶起老人。老太太再次活动腿脚，确保完全没事。

小许把老两口带到大堂休息区，并为老人递上养生茶水，安抚老太太的受惊情绪，同时也询问老爷爷住在哪里。听完老爷爷描述的地址，小许立刻安排车辆把老两口送回了家。本来以为这事已经结束，第二天，老两口的儿子来到酒店，点名要找小许。小许走上前，热情地打招呼，老两口的儿子开口之前紧紧地握住小许的手，一边说："昨天太谢谢你了，要是所有的酒店从业人员都像你这样对待老年人，那咱们就可以让父母安心出游了。"小许笑着说："咱们康养旅游主题酒店的从业人员都是经过专业培训和严格选拔的。"老两口的儿子饱含感激，经过与小许交谈，他决定把他公司的相关接待业务签订在这家酒店。

问题：

1. 老两口一看就不是酒店的住客，小许有必要去扶起老人并帮助照料送回家吗？

2. 小许对老年人的接待服务体现了哪些服务要领？

第七章

康养客房设备的维护与保养

本章重点

康养客房设备的维护与保养是维持设备良好性能、延长设备使用寿命的必要工作,重点掌握客房的常规设备设施与康养专用设施设备的维护与保养。

学习要求

通过本章内容的学习，学习者能够了解康养客房设备的维护与保养的意义，掌握常规设施设备及专用设施设备的日常维护方法与保养措施，并能按照要求做好客房设备设施的维护保养工作。

本章思维导图

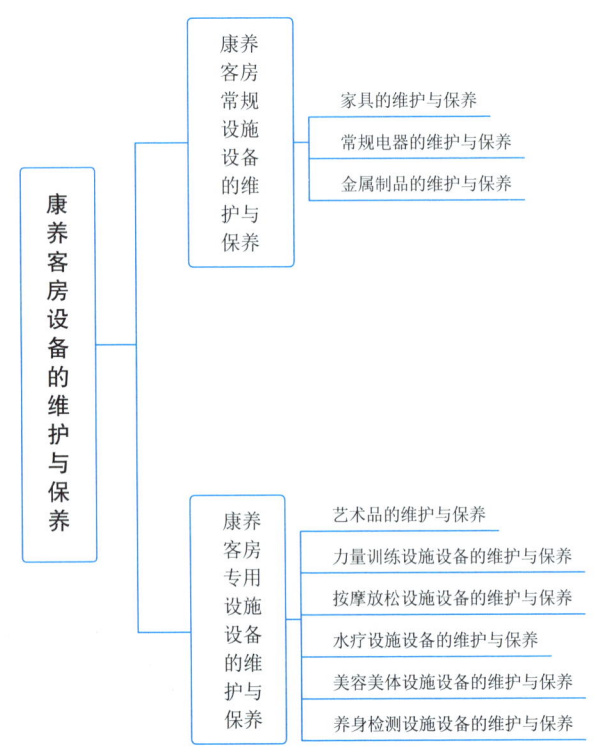

第七章　康养客房设备的维护与保养

> **◀◀◀ 情景导入 ▶▶▶**
>
> 2021年3月19日晚7时30分左右，吴女士在某康养酒店客房内健身锻炼，当她踏上了跑步机开始跑步时，跑步机突然出现故障，吴女士被转动的皮带甩出并摔倒。经诊断，吴女士左肱骨近端骨折，医院当即对其实施了内固定手术。经司法鉴定，其已构成十级伤残。吴女士认为，跑步机在有人使用的情况下突然出现故障，导致自己当场摔伤，带给自己身体的伤害，这是酒店的责任，遂起诉到法院寻求赔偿。法院认为，酒店是服务性企业，吴女士作为消费者在客房内健身，酒店应尽合理限度范围内的安全保障义务，其存在过错，应当承担赔偿责任。
>
> 酒店未对康养客房内的运动器械进行有效的维护，导致器械出现故障，致使吴女士摔倒致伤，除经济赔偿外，还对酒店声誉造成较大影响，教训真是深刻。

做好康养客房设施设备的维护与保养工作，可以使设备保持良好的运营状况，从而增强客人的体验性，实现康养客房的康养功能。设备得以精心维护也可以延长使用寿命，从而降低购置与大修设备的成本，提高酒店的盈利水平。因此，康养旅游住宿从业人员必须掌握设施设备的保养知识，养成良好的使用和保养习惯，做好设施设备的保养工作。

第一节　康养客房常规设施设备的维护与保养

康养客房是以康养客人为主要客户群体的客房，为了让主题客房发挥最大康养功能，使客人享受最优的康养服务，拥有最佳的入住体验，应时刻让客房内设施设备保持最佳状态。做好客房常规设施设备的维护与保养，一方面为客人提供优质康养旅游住宿服务，另一方面也有效控制客房运营成本。

一、家具的维护与保养

康养主题客房的家具美观精致、功能性强，是康养主题客房的主要构成部分。例如，助眠效果显著的激眠床，有助于起身的升降床，AI智能床垫养身怡情的茶艺桌椅等。

（一）激眠床与电子升降床的维护与保养

（1）激眠床的日常维护应重点关注床体、床垫和床脚；床体保持清洁、干燥；床垫应按时除螨；床脚应常检测并加固。

（2）日常检测时应关注床体螺丝是否松动，按时为传动部件、活动关节链等加注润滑油。

（3）应定期维护电路，检查电路是否有断线、脱焊、短路等问题；定期检测开关好坏和灵敏性，注意防潮、防鼠等。

（4）对于智能床垫，应每月进行翻转，使床垫各个面都能通风干燥，同时也能使床垫受力更均匀，延长使用寿命。定期检查床垫的智能部件，如电线、传感器等是否有松动或损坏，如有问题，及时联系专业维修人员。定期更换智能部件的电池，确保其正常运行。

升降床的维护与保养与激眠床相似，需要特别注意线路与升降机械的维护。

（二）茶艺桌椅的维护与保养

（1）实木茶桌的表面油漆应定期修补和养护，对于漆膜破坏严重的木制茶桌应撤换并进行专业养护。

（2）木制茶桌的清洁顺序为：先用拧干水分的湿棉布将茶桌的积尘细细揩净，再用洁净的干软细棉布揩干；定期选用不含化学腐蚀成分的光蜡为茶桌表面抛光，增加其表面的光亮度；日常维护时避免用酒精、汽油或其他化学溶剂去除污渍。

（3）若茶桌表面有污渍，应用温茶水将污渍轻轻去除，等到水分挥发后在原部位涂上少许光蜡，然后轻轻地磨拭几次以形成保护膜，避免硬物划伤再次留下痕迹。

（4）工作人员打扫卫生时，勿使清洁工具触及茶桌，也不可用坚硬的金属制品或其他利器碰撞茶桌，避免硬物碰伤留下印迹。

二、常规电器的维护与保养

康养主题客房内配备的电器设备主要有空调、电视机、小冰箱、音响、消毒柜、电话机、照明灯具等。客房内的照明通常为可调节的照明系统。

（一）空调的维护与保养

（1）客房使用的空调，分为中央空调和分体空调。酒店大多使用中央空调，户内配有控制器，以调节室内温度。

（2）中央空调由专人负责管理操作，集中供应，按季节供应冷、热风。

各房间有送风口，可按需要调节温度。每隔2~3个月清洗一次进风过滤网，以保证通风流畅。定期对鼓风机和导管进行清扫，电机轴承传动部分要定期加注润滑油。

（3）小型空调在使用时要注意保持开关的干燥，以免发生漏电，造成触电事故。在使用中如发出异常声音，应关闭电源，通知工程部检查修理。

（二）电冰箱的维护与保养

客房冰箱是康养主题客房重要的家电之一，用于康养酒店客房冷藏水果、饮料、酒水等食物。电冰箱的维护与保养要做到以下几个方面：

（1）搬动电冰箱时不要剧烈地震动，要保持箱体平稳直立，倾斜角不可小于60°，严禁将电冰箱倒置。

（2）电冰箱要放在通风阴凉处，冰箱顶部不要放置其他物品。背部与墙面要有10厘米以上的距离，以保证散热。

（3）热食不要直接放入箱内，要尽量减少开门的次数和时间；要经常清洁冰箱内部，以防产生异味。

（4）电冰箱使用要保持连续性，不能时常断电，否则会影响使用寿命。

（5）如断电后不能马上通电，要等来电5分钟后再通电，以保证压缩机正常运转，延长使用寿命。

（三）电视机的维护与保养

电视机作为康养主题客房中的一种娱乐设施，可以让客人在水疗、健身的时候看看电视、听听音乐，是康养主题客房中必不可少的一项设备。不同主题客房所装备的电视机款式、型号、价格是不同的。电视机的维护与保养要做到以下几方面：

（1）电视机应放在通风良好的地方，忌高温、潮湿的环境。

（2）电视机插座接头要安全可靠，电源线不能有裸露的地方。

（3）非专业人员不得打开机箱后盖，否则有电击危险。

（4）下雨时不要打开电视机，应将天线和电源插头拔下。

（5）清洁机壳和屏幕要用柔软的干布，应使用中性清洁剂。

（四）可调节的照明系统维护与保养

康养客房内设置多种灯光模式，可满足客人的不同需求，如明亮的阅读模式、柔和的夜灯模式等，客人可随意切换灯光，可调节的灯光能帮助客人放松身心，更好地入睡。可调节照明系统的维护与保养要做到以下几方面：

（1）定期测试照明系统的调节功能，如亮度调节、色温调节等，若发现调节无法达到设定值，需及时检修。

（2）如果照明系统具有智能控制功能，如定时开关、远程控制等，也要定期测试这些功能是否正常。

（3）定期关闭电源，用柔软、洁净的湿布擦拭灯罩和灯座，去除污渍、灰尘。对于顽固污渍，可蘸取少量中性温和清洁剂擦拭，然后擦干。

（4）对于可拆卸灯罩的灯具，定期拆卸灯罩，清理内部灰尘，防止影响照明效果。

（5）定期检查灯泡的亮度和颜色，如发现灯泡变暗、闪烁或颜色异常，及时更换。

三、金属制品的维护与保养

（一）铜制品的清洁保养

铜制品以其特有的金属光泽和华贵气质被广泛使用于康养系列主题客房中，既有以家具配件呈现的，也有以特色容器呈现的，还有的是以工艺装饰品呈现的。铜制品的维护与保养要做到以下几个方面：

铜制品易氧化而产生铜锈，从而影响观赏效果，因此，对铜制品必须定期用专门的清洁剂进行擦拭和抛光。也可用醋、面粉进行调和来擦拭铜制品，其主要原理是腐蚀铜制品表面的氧化物（铜锈），但这种方法只适用于纯铜制品，而不能用于镀铜制品。铜制品的擦拭程序如下：

（1）擦铜器工具：擦铜油一瓶，质地较软、表面平整的抹布数块。

（2）将抹布叠成四折（大小视所擦铜器而定）。

（3）将擦铜油均匀地涂在叠好的抹布上，均匀并用力擦拭铜器。

（4）用干净抹布将铜器上的铜油擦掉。

（5）用干净抹布快速、反复、用力擦拭铜器，直到光亮为止。

（二）不锈钢制品的清洁保养

不锈钢制品因其表面光滑坚固，不易积累污垢，便于清洗，常用作康养酒店盥洗空间洗浴设施和温泉水疗设备。不锈钢制品遇酸、碱均会受损，怕摩擦腐蚀、怕磨粒磨损，清洁时可用稀释过的中性清洁剂进行擦洗，清水洗净后必须立即用柔软的干布擦拭干净。若表面有擦痕，则可用专业的金属抛光剂去除划痕，再用抛光剂磨光即可。

酒店常规设施设备在展现其实用价值和装饰价值的同时，也给客房部的维护保养工作带来了许多问题。因其特性，致使维护的技术要求高，保养成本高。维护与保养的目的是要使设施设备能够处于常新状态。因此，了解设施设备的特性，选择相应的清洁保养剂，采用适当的维护与保养方法，不仅可以延长设施设备的使用寿命，还可以降低维护与保养成本，减少环境污染。

拓展阅读：玻璃和玻璃家具的维护与保养　　　　拓展阅读：塑料制品的维护与保养

第二节　康养客房专用设施设备的维护与保养

康养客房专用设施设备是指独具康养功能，区别于客房常规住宿功能的设施设备的总称，它是康养客房的专有硬件配置，是满足康养旅游客人住宿服务的物质基础，也是康养旅游住宿服务接待企业特色与优势的具体体现，加强其维护与保养意义重大。

一、艺术品的维护与保养

经过市场调研发现，康养旅游消费者愈加重视客房的装饰风格及客房的艺术性（见图 7-1），在体验享受的同时，也希望能够从视觉上带来冲击。为了满足客人的需要，康养旅游住宿服务企业越来越重视利用艺术品装饰客房，使康养客房更显艺术性。

图 7-1　贝尔格莱德君悦酒店大堂礼宾部艺术品实景　摄影：秦玉蓓

（一）字画的维护与保养

国学和民俗文化康养类主题客房内通常会挂有中国元素的字画，烘托氛围以提高客人的体验性。字画的维护与保养要做到以下几个方面：

（1）字画除尘方法：可用电吹风的冷风与画面成30°角，保持10~15厘米的距离，从右到左扫一遍；或者用鸡毛掸轻轻扫一下画面；或用开到低风挡的吸尘器，一边用软毛刷扫画面，一边用吸尘器吸尘。不可用抹布一类的东西去擦画面，因为有害尘埃会在擦的过程中侵入画面纸张的纹理，造成长期的损害。

（2）如果字画被弄脏，要进行清洗。一般情况下，只需用软性毛笔或刷子轻轻地将不洁物擦掉；如污斑严重，可局部湿洗，用棉花球或毛笔蘸适量清洗剂，将污迹擦去，并用吸墨纸吸掉液体，最后用蘸有清水的棉花球轻轻擦拭残留在画上的清洗剂。操作时要谨慎，以免损坏书画。

（3）光是对字画影响最大的自然因素，特别是紫外线，它可使画面颜料蜕变、分解，导致纸质变化。紫外线主要来自太阳光，白炽灯泡和荧光灯管发出的光也有少量紫外线。因此，在挂画时，不能靠近窗户，避免太阳光直接照射画面。灯泡或荧光灯发出的光，虽说影响不大，但长时间近距离照射也能使字画纸质变黄。所以，应该让灯泡、荧光灯与字画保持1米以上的距离。并选用低功率灯光源。

（4）为了防止字画霉变虫蛀，可进行消毒。用杀菌剂、杀虫剂进行熏蒸，效果很好。

（5）字画的画面如出现蛀孔、裂缝或残缺，可进行嵌补。方法是将一张与旧字画的质地、颜色相近的修复纸粘在嵌补处，接口要均匀，晾干后用卵石反复平整，不露修补痕迹。如果修复纸与原字画的纸色仍有反差，可用茶叶水或颜料润涂，力求色调和谐。最后用相同的笔墨、手法将画面的缺笔接上补全。

（二）艺术挂毯的维护与保养

艺术文化康养系列主题客房会提供艺术品供客人体验与欣赏，因此客房内通常会挂具有鉴赏价值的挂毯，区别于其他的挂饰。挂毯具有很高的欣赏价值，而且很多具有艺术收藏价值，可以提升整个客房的品质。挂毯的维护与保养要做到以下几个方面：

（1）挂毯一般每周清洁一次，清洁挂毯时使用圆形软毛刷，清洗的时候力度不要太大，轻轻擦拭，以免损坏。

（2）根据挂毯的质地，如果是化纤或者棉质的，可以交由洗衣房慢洗。

（3）挂毯如果是毛质的，可在水里加入适量丝毛净，浸泡10分钟，轻轻揉搓，洗净即可。

（4）不要将真皮挂毯挂在有强烈日光照射的窗口附近，最好挂于光线较暗、温度及湿度较低且通风良好的地方。挂毯喜欢干爽的环境。

（5）避免化学制品污染挂毯。如果客房内有飞蛾或其他昆虫骚扰，不要在挂毯附近使用杀虫剂，因为这对挂毯同样具有损伤。

（三）陶瓷器的维护与保养

陶瓷器无论是质地还是外观都受到了国内外酒店客人的喜爱，是康养客房中必不可少的装饰品。无论从胎体的质感重量、釉色的厚薄与光彩光泽变化，还是画面图案的神韵与位置，都可以让客人感受到高超的造陶技艺，融入浓浓的艺术氛围中。陶瓷器的维护与保养要做到以下几个方面：

（1）清洁瓷器时需保持双手洁净和干燥，不要戴手套，以免瓷器从手中滑落摔碎。擦拭灰尘时如果需要移动带座、带盖的陶瓷器，应将座、盖和主体分别单拿单放，不能连盖带座一起端，要把能分开的部分先取下，防止移动时脱落打碎。

（2）薄胎器皿，胎薄、质轻、易碎裂，清洁时更要小心。要双手捧底，忌用单手，尤其是瓶件，底足小、体形较长，还需防风吹倒。

（3）平时保养可以用柔软的画笔清扫瓷器灰尘，用柔软的刷子刷瓷器的缝隙。不要用水直接清洗未上釉的陶器。

（四）油画的维护与保养

康养客房常会悬挂一些有艺术特性的油画，这既能装饰客房又能彰显艺术品位。油画作品的特点是既能装点墙面又不占空间。油画的维护与保养要做到以下几个方面：

（1）防止灰尘对画布造成的损坏，除尘时不可用干布或刷子揩拭画上的积尘，要将油画平铺在桌上用鸡毛帚轻轻拂尘，注意顺着一个方向轻轻掸拂，不要上下来回运动，避免损伤画面。

（2）定时用调色油刷一次油画。

（3）油画要避免阳光的长期直射，因为紫外线对色彩的破坏性很大，会造成褪色和变色。

（4）挂油画的客房要注意通风和防潮，房间内保持恒温恒湿，尽可能离卫生间远一些。如油画受潮，则需将油画慢慢阴干，切忌暴晒，否则画面颜料容易脱落。

二、力量训练设施设备的维护与保养

康养运动类主题客房流行把健身器材放到客房中，风格、造型既符合酒店的设计风格，又符合客人对器材的要求。康养酒店会根据实际情况选择在客房内放置划船器、AMT体适能运动机、椭圆运动机、健美车、健步车、跑步机、美腰机健腹器、哑铃和拉力器等运动器材，方便客人进行力量训练和高强度间歇训练。这些设施设备的维护与保养要做到以下几个方面：

（1）每天保持器械外观、坐垫、背垫等各部位干净清洁，及时清洁机架表面汗渍（用干净软布擦拭）。

（2）综合多功能健身器材的电镀件以及摩擦件需涂抹防锈润滑油，涂抹时注意清洁器材，不要过多，起到润滑作用即可。

（3）每周要对器械的连接点及螺栓进行检查，紧固。

（4）每半月对导向杆、电镀部件、关节处等擦拭防锈油进行保养，防锈的同时也能起到润滑作用。

（5）器械如需更换配件，须使用原厂或国标配件。

（6）每三个月要对连接轴、动臂轴等注入润滑油保养。维护工作可以在购进健身器材时和厂家签订合约，让厂家定期为设备进行维护保养。

三、按摩放松设施设备的维护与保养

在生态康养类主题客房提供的保健类服务中，几乎都会与按摩联系在一起。按摩是通过专业按摩人员的手法或特定器械设备，作用于人身的特殊部位。康养主题客房里的按摩放松设备主要有多功能按摩椅、足底按摩器、筋膜枪、筋膜球、按摩锤子、经络敲打器、足底按摩垫等。此类设施设备的维护与保养要做到以下几个方面。

（一）按摩椅的维护与保养

按摩椅的皮质一般采用按摩椅专用皮质，与真皮相比，它的透气性更好，耐磨性更强，柔软度更高，而且更容易保养。

（1）清洁时要先用柔软的干布、毛刷或吸尘器除掉按摩椅上的灰尘和毛发；再用温水和适当的清洁剂将布沾湿，拧干后，以拍打的方式擦拭；最后用干布轻轻擦拭，让其自然干燥。

（2）按摩椅的常规设置时间为15~20分钟，建议客人每天最好使用一次，每次不超过30分钟。如需连续按摩，需要关机休息10~15分钟，待电机冷却后再重新开启，这样有助于提高按摩椅的使用寿命。一定要在客人安稳坐到按摩椅之后再开启，按摩结束完全复位后再离开按摩椅，严禁在没有复位前站在脚架上踩踏，以免损坏脚架或相关部位。

（3）专物专用。按摩椅的主要功能是为客人提供按摩服务和短时间休息，因此不要将按摩椅用于其他用途，也不要在按摩椅上放置其他物品，否则都有可能对按摩椅造成损坏。在使用按摩椅的时候，要注意专物专用，以防出现损坏的现象。

（4）按摩椅切忌放置于潮湿或阳光暴晒的环境当中，应该放置在干燥、通风、避免阳光直晒的位置，这对避免按摩椅过早氧化、延长使用寿命都是有好处的。

（二）足底按摩器的维护与保养

（1）使用足底按摩器后应立即拔出电源，防止保险丝熔断，以免造成电源插头或开关接触不良、电动机损坏或线圈短路等问题。

（2）使用足底按摩器后要注意按摩器内铁芯与活动铁芯之间距离不要太近，以免两铁芯之间的橡胶垫损坏或丢失。

（3）足底按摩器的使用时间一般一次不超过 30 分钟，以免对足底按摩器造成损害。

四、水疗设施设备的维护与保养

生态康养类主题客房目前以温泉水疗系列为主。客房提供温泉泡汤、中医药温泉水疗等特色服务，配套相应的设施设备。水疗是利用不同温度、压力和溶质含量的水，以不同方式作用于人体以防病治病的方法。水疗对人体的作用主要有温度刺激、机械刺激和化学刺激。按其使用方法可分浸浴、淋浴、喷射浴、漩水浴、气泡浴等；按其温度可分为高温水浴、温水浴、平温水浴和冷水浴；按其所含药物可为分碳酸浴、松脂浴、盐水浴和淀粉浴等。客房内的水疗设备一般有按摩浴缸和全自动橡木足浴桶。客房内水疗设备的维护与保养要做到以下几个方面。

（一）按摩浴缸的维护与保养

（1）按摩浴缸的表面清洁，要使用海绵或绒布，不能使用百洁布。要用温和清洗剂或玻璃水清洁，不要使用任何含有颗粒状物体的清洗剂。如浴缸表面有污渍，可用稀释剂、酒精、牙膏擦除即可，禁止使用强酸、强碱等化学物品。

（2）如不小心刮伤浴缸，而未划透表面，用干或湿的水磨砂纸轻轻打磨至平滑，再用镜面釉料特殊化合物处理。

（3）清洁浴缸时正确的方法是应先放冷水然后再放热水。不要用高于80℃的热水。

（4）经常清理回水网罩，避免头发等杂物将回水网堵塞，导致浴缸在启动冲浪按摩工作时，造成水泵负荷过大、水泵过热而烧坏水泵。

（5）维护电源电机后，务必切断电源，避免对电脑系统造成损害。维修前必须断开电源后进行。每半年检查漏电开关情况，确保漏电安全保护开关工作正常。

（二）全自动橡木足浴桶的维护与保养

（1）首次使用前应将橡木足浴桶加些许温水（大概10厘米深）后浸泡2小时，使其恢复正常含水率，以延长使用寿命。南方或者空气湿度较大的地区，将木桶洗净即可使用。

（2）尽量保持每星期使用或者泡水两次，如果使用频率偏低，应适当保持湿度。使用前可先放冷水，再兑热水，这样可减少漆味挥发的刺激，也可以保护木桶。

（3）冬季使用暖气的地方，在不使用的时候在桶中加入少许冷水（2~3厘米深）即可。

（4）不可将橡木足浴桶暴晒或者强风吹，远离热源以免造成桶身开裂现象。木桶怕干燥，也怕太潮湿，地面尽量不要长时间积水。注意不可留用洗浴后的脏水，以免木材吸收污水从而加速老化或产生霉斑。

五、美容美体设施设备的维护与保养

美容美体服务的主要对象为女性客人。和美容相比，美体更侧重于身体的保养和护理，运用自然保健方法缓解消除女性客人的压力。客房内的美容美体设施设备一般有光电美容美体仪、蒸面器（喷雾机）、体重秤、体围测量尺、消毒柜、化妆台与全身镜等。美容美体设施设备的维护与保养要做到以下几方面。

（1）在清洁美光电美容美体仪的时候不能用水直接对机身进行冲洗，一定要用湿的柔软抹布擦拭，抹布上的水分不可太多，美容仪作为通电设备，如果进水很容易烧坏。

（2）光电美容美体仪的配件，如探头、贴片、铲头、电极包等一定要做到一人一次清洁。在清洁时要用干抹布或拧干的湿抹布进行擦拭，一定不要水洗，绝对不能和油性或腐蚀性化妆品接触。

（3）光电美容美体仪属于高精密的电子产品，所以在保管和放置的时候，不可置于潮湿、阳光直射、有易燃易爆物品的地方。

（4）光电美容美体仪表面一定要尽量保持干净，在不用时用绒布或纱布进行遮盖，防止灰尘集聚而导致按键失灵。

（5）服务人员在使用光电美容美体仪时不宜留长指甲，也不要随意按动仪器上的按键，因为现在许多仪器面板采用软性按键，材质较脆，如果指甲过长或随意按动容易导致按键破裂，导致仪器的使用寿命大大缩短。

（6）光电美容美体仪全部采用电脑全自动芯片进行操作控制，在使用的时候，周边尽量不要用高频率的电器，比如电卷发器、电吹风、微波美容仪器等，以免干扰美容美体仪器的正常操作使用。

六、养身检测设施设备的维护与保养

入住康养酒店的客人很关心自己的身体健康状况及各项健康指标，所以康养酒店客房内会放置血压计、血糖血脂尿酸检测仪、便携式心电计等检测设备。养身检测设施设备的维护与保养要做到以下几个方面。

（一）血压计的维护与保养

（1）每天使用完毕后关闭电源。清洁时用干布或纸巾蘸水或酒精擦拭血压计表盘及臂套，注意酒精不能太多，以免渗入机器内部。

（2）如血压计表盘有污渍，先将软布蘸适量的水或浸泡在稀释后的中性洗涤剂中，再彻底拧干后进行擦拭。

（3）如臂套上有污渍，应拆下清洗，并换上备用臂套。

（4）将血压计放置于干燥的地方，避免空气中的灰尘、盐分等的污染和侵蚀。

（5）每半年对血压计进行一次校准和检查，以确保血压计测量精确和功能正常。

（二）血糖血脂尿酸检测仪的维护与保养

使用血糖血脂尿酸检测仪器时，不可避免会受到纤维、灰尘、杂物等的污染，特别是检测时不小心涂抹上血液，都会影响其测试结果，因此要定期清洁和保养仪器。

（1）每天使用完毕后，要用软布蘸水擦拭，不要用清洁剂清洗。注意避免将水渗入血糖仪内，更不要将血糖仪用水冲洗或浸入水中，以免损坏。清洁擦拭时一定要注意，不要使用酒精等有机溶剂，以免损伤其光学部分。

（2）若血糖仪表面有污渍，可使用软布蘸（非湿透）清水或中性清洗剂进行擦拭，不要用酒精、汽油等进行清洗。

（3）切勿让任何液体进入测试仪内部，也不要使用吹风机吹测试仪。

（4）切勿任意清洁试纸条的插槽。

（5）注意将试纸条保存在干燥阴凉的地方，每次使用时不要触碰试纸条的测试区。

（6）血糖仪每月校准一次。

客人入住康养酒店除满足基本需求外，还要追求主题服务与体验感，不同的体验感决定了酒店的档次。康养客房设施设备的体验感表现在视觉的舒适感和使用的舒适感。这都离不开客房设施设备的维护与保养，若维护与保养不到位，既不能展现原来的设计思想和酒店风貌，也会降低顾客的视觉舒适感，同时也无法满足客人的使用需求，甚至带来不安全因素，影响酒店声誉。

拓展阅读：康养客房维护保养方式与原则

实训7-1

电视机清洁保养

1. 实训准备

电视机、清洁剂、抹布、棉签、笔。

2. 实训内容（见表7-1）

表7-1 电视机清洁保养实训内容

类别	内容
实训项目	电视机清洁保养
实训目的	能按照正确的保养程序完成电视机的清洁保养
实训方法	实际操作法
实训要求	（1）仪容仪表端庄整洁 （2）按照正确的保养程序保养
实训步骤	分小组进行练习，选择1~2组上台表演

3. 学生实训形式

（1）情景模拟训练。

（2）学生分小组进行，互相轮替。

（3）评价与考核（见表7-2）。

表 7-2　考核评分表

实训内容	考核要点及评分标准	分值	实得分
电视机清洁保养	拔掉插头，切断电源	5	
	用软干抹布擦净机壳外表灰尘；若机壳较脏，用软抹布蘸少许的清洁剂擦拭，再用软抹布蘸少许清水擦拭	30	
电视机清洁保养	用小棉签蘸少许水后挤干，将棉签伸进电视机的散热孔和缝隙进行清洁	20	
	连接插头及电源	5	
	打开电视机，检查电视图像是否清晰，有无跳台现象	15	
	检查电视遥控器能否正常使用，电池有无电	15	
	仪容仪表端庄整洁，程序合理，动作规范	10	
备注	星级评定： 一般：50~60 分　　较好：61~74 分 良好：75~85 分　　优秀：85 分以上		

思考与练习

一、填空题

1. 实木茶桌表面涂有油漆，（　　）一旦被破坏不仅影响表面美观，而且会进一步影响产品内部结构，因此对其（　　）的维护和保养显得尤为重要。

2. 电冰箱要放在通风阴凉之处，冰箱顶部不要放置其他物品。背部与墙要有（　　）厘米以上的距离，以保证散热。

专业词汇

3. 按摩浴缸的表面清洁，要用（　　）或（　　），不要使用（　　）。要用温和的清洗剂或玻璃水清洁，不要使用任何含有颗粒状物体的清洗剂。

4. 每天使用完毕后，关闭电源，用干布或纸巾蘸（　　）或（　　），擦拭血压计表盘及臂套，注意酒精不能太多，以免渗入机器内部。

参考答案

5. 若血糖仪表面有污渍，可使用软布蘸湿（非湿透）清水或（　　）进行擦拭，不要用酒精、（　　）等进行清洗。

二、简答题

1. 挂毯应如何进行维护与保养？
2. 客房常规设施设备的维护与保养的意义是什么？
3. 为什么按摩椅切忌放置于潮湿或阳光暴晒的环境当中？按摩椅应当放在什么样的环境当中？
4. 为了防止灰尘对油画画布造成损坏，我们应该怎么做？

三、案例分析题

2020年8月2日，李先生与妻子住进四川成都某康养酒店。由于当地气候闷热难耐，进入客房后，李先生仍感觉不到凉爽，便询问服务人员。服务人员解释说因空调线路正在维修，两三个小时之后才能修好。李先生因为要与妻子出去就餐，就没多说什么。

当晚，李先生和妻子饭后在附近景点游览后，到达酒店时已是3个小时之后，可李先生发现空调此时仍然无法启动。服务人员说大概还得一会儿，但具体还需多长时间她也说不准。李先生有些生气，服务人员声称可以先送来一台电风扇使用。可是，不一会儿服务人员转回来说风扇已发放完了。此时的李先生再也压不住心中的怒火，要求立即退房。当李先生和妻子来到酒店大堂时，发现这里已聚集了十多个人，大家吵吵嚷嚷，纷纷要求退房。大堂经理正满头大汗向大家道歉，试图平息众怒，可是客人个个气愤难平。大家纷纷表示，酒店品牌名不副实，服务质量太差，坚决退房，并纷纷表示以后再也不来该酒店住宿。

试分析：该案例揭示了什么问题？我们在日常工作中应如何做好康养客房设施设备的维护与保养？

第八章

康养住宿公共区域的维保服务

本章重点

康养旅游住宿的公共区域承担着为客人营造舒适宜人、轻松愉悦环境的重任。本章主要介绍康养旅游住宿公共区域维保服务的相关知识,分为两个小节:第一节讲述康养服务项目营业场所的清洁维护,包括温泉水疗场所、健身项目场所、美容美体场所、中医养生保健场所;第二节讲述康养环境的美化与养护,包括康养植物花卉和景观小品。

学习要求

通过本章的学习，学习者可了解公共区域的范围及其特点，熟悉康养住宿不同康养项目营业场所的卫生标准，能用正确的方法规范地进行不同康养项目营业场所的清洁维护；了解绿化植物和景观小品的种类，理解绿化植物和景观小品养护的意义，掌握常见绿化植物和景观小品的养护管理方法。

本章思维导图

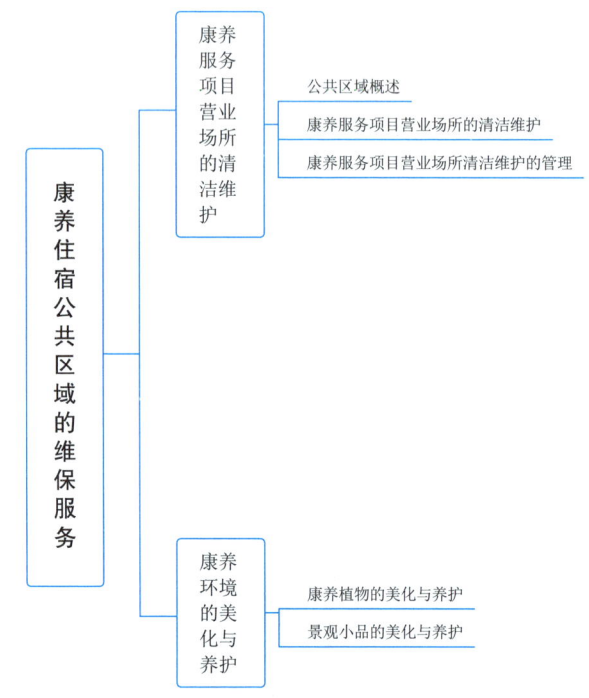

第八章 康养住宿公共区域的维保服务

◀◀◀ 情景导入 ▶▶▶

温泉池的意外

经过一段时间的紧张工作,赵先生和朋友来到当地一家有名的康养酒店,准备好好放松一下疲惫的身心。这家康养酒店因温泉而著名,大大小小的温泉池参差错落掩映在绿树林间,氤氲水雾缭绕,环境甚是优美。置身在这幽幽绿林中,赵先生顿觉心旷神怡,竟然有了"悠然见南山"的心境。

享受完美味的养生晚餐之后,赵先生和朋友换上酒店特意为客人准备的温泉专用浴袍,兴冲冲地来到温泉中心。服务人员热情地接待了他们,细心地交代了温泉洗浴的相关注意事项。把拖鞋放在专用区域之后,赵先生和朋友开始美美地享受温泉浴了。大约一个小时过后,赵先生准备离开温泉池回房间。当他站上池沿,一脚踏在湿滑的池边地砖上时,一个踉跄滑倒在地,重重地摔到池中。只听"砰"的一声,赵先生的头刚好撞在侧边的池沿上,鲜血顿时染红了池水,胳膊也因撞击过猛动弹不得。服务员见此情景连忙将赵先生救到池上,并拨打120电话求救。温泉中心经理也立马和赵先生的朋友一道将他送往医院急救。

事后赵先生称:康养酒店不康养。温泉区地面太湿滑,没有采取相应防范措施,也没有看到相关安全警示标志;而且泡温泉之后皮肤居然出现了红疹,温泉水质值得怀疑,因此酒店必须赔偿相应的医疗费用。

情景中赵先生被酒店优美的环境所吸引,住店体验甚好。但温泉区地面过于湿滑导致摔伤,引发了较为严重的事故,致使赵先生对酒店的满意度瞬间降为零。作为康养旅游住宿接待点,营造舒适愉悦、温馨安全的康养环境至关重要。本章将从康养服务项目营业场所的清洁维护和康养环境的美化与养护两个方面对康养住宿的公共区域维护进行讲述。

第一节 康养服务项目营业场所的清洁维护

康养旅游住宿接待点是一个小型的社会,除了住宿客人之外,前来消费相应康养项目的人也络绎不绝,还有大量前来用餐、开会、拜访、购物、参观咨询的客人。他们通常多停留在公共区域活动,因此他们对公共区域的评判就代表了他们对整个康养住宿的评价。和客房相比，康养住宿地公共区域接待的客人更多，评价者也更多，因此公共区域的维保服务至关重要。

一、公共区域概述

公共区域是指康养旅游住宿接待点公众共有共享的活动区域和场所，是康养住宿地的重要组成部分。人们习惯按照康养住宿公共区域所处的位置进行分类，通常分为室外和室内两大部分。室外部分包括花园、外墙、广场、停车场等；室内部分包括前台和后台。前台主要是为客人活动而设计的，比如前厅、休息室、各康养项目营业场所的公用部分、客用卫生间等；后台主要是员工工作和生活的区域，比如员工更衣室和宿舍、员工餐厅和活动室等。

康养住宿公共区域因位置不同，使用对象不同，故清洁维护的要求也相应有所不同。其维护工作主要特点如下：

（1）范围广泛，环境多变。
（2）人员复杂，流动频繁。
（3）众人瞩目，专业性强。

二、康养服务项目营业场所的清洁维护

康养住宿公共区域的不同部分根据所在的位置、功能、装饰布置、设备材料等方面的不同，其清洁保养工作的要求和方法也会有相应的差异。下面就按照不同康养服务项目的营业场所进行分类，概要介绍主要场地清洁维护工作的具体要求和做法。

（一）温泉水疗场所的清洁维护

温泉水疗是男女老少都喜欢的康养项目之一。泡温泉可以调节身体，增强抵抗力，对某些身体疾病，比如肌肉酸痛、关节僵硬、扭伤瘀伤都有一定的缓解效果。我国温泉资源丰富，以温泉文化为主题的康养酒店是当前康养住宿的主要类型之一。其清洁维护主要包括温泉池、公共地面、换鞋区等。

图 8-1 温泉池

1. 公共温泉区环境卫生标准

（1）温泉区环境美观舒适，通风良好，采光充足。

（2）墙面、地面整洁干净，无蛛网，无废弃物。

（3）休息区躺椅、座椅摆放整齐，无尘土污迹。

（4）池水清澈透明，无污物无毛发。

（5）池水定期更换消毒，菌落总数≤100（CFU/mL）。

（6）浸脚消毒池干净无污物。

（7）更衣室、淋浴室整洁有序，卫生间无异味。

（8）边角无卫生死角。

（9）大型植物盆栽无死株烂叶现象，干净悦目。

（10）安全警示标志字迹清晰。

2. 温泉常用消毒方法

温泉在自然流放过程中会有微生物存在，包括真菌、细菌、藻类等。温泉本身温暖而富营养源的环境也适合滋生绿脓杆菌、军团菌、阿米巴原虫等。温泉水也会因为人类活动而产生致病性微生物的污染。比如生病或受伤的客人，其黏膜组织或者伤口很有可能会释放出病原而直接污染了温泉水。

大部分温泉业主会采取连续换水或者提高温泉池清洗频率的办法来实现温泉水的清洁，保证水质。在游客众多的情况下，此方法很难保证温泉池的公共卫生，因此需要更科学的消毒方法来维护消费者的安全。传统消毒方法主要有物理消毒法和化学消毒法两种。

（1）物理消毒法。

①高温煮沸消毒法：将温泉水重新循环加热，温度达到65℃及以上，加热时间不低于30分钟，通过高温杀灭温泉水中的部分细菌。

②紫外线消毒法：安装中压紫外线灯消毒器，通过紫外线的杀菌能力对温泉水消毒。

③硅藻土吸附法：安装硅藻土过滤设备系统，根据硅藻土微孔结构吸附力强的特点对温泉水灭菌。

（2）化学消毒法。

①氯消毒：次氯酸钠、次氯酸钙等含氯制品，有良好的持续消毒能力。次氯酸钠的有效氯浓度为5%~12%，次氯酸钙的有效氯浓度为30%~70%。

②臭氧消毒：臭氧能分解温泉水中的有机物，杀菌能力较强，而且能净化空气。

③过氧化氢消毒：过氧化氢杀菌力是氯的2.6倍，能通过氧化分解细菌的细胞膜。

近年来，随着科学技术的进步和环保需求的提升，温泉消毒新技术和新型工具被开发出来，并在康养酒店中开始逐步应用。

（1）新型消毒技术

①纳米气泡臭氧发生器

通过生成超微纳米气泡，将臭氧高效溶解于水中，提升消毒效率。比传统臭氧消毒更节能，杀菌效果更强，且无化学残留。能减少刺激性气味，适用于对氯敏感的人群。

②紫外线LED消毒系统

采用UV-C LED灯替代传统汞灯，寿命更长、能耗更低。而且无须预热，即开即用，可集成到循环系统中实时杀菌。不含汞，符合绿色环保要求。

③电解盐水消毒系统

通过电解食盐水生成次氯酸（HClO），实现消毒。减少直接使用氯制剂的储存风险，成本低且环保。适合中小型温泉池或家庭浴池。

（2）智能清洁工具

①水下清洁机器人

能自动巡航清洁池底和池壁的污垢、藻类，配备吸污和刷洗功能。水下清洁机器人支持App远程控制，通过传感器避开障碍物。泳池机器人（如Dolphin系列）就有温泉专用版本。

②物联网水质监测仪

能实时监测水温、pH、余氯、ORP（氧化还原电位）等参数。能实现联动控制，数据上传云端，自动调节消毒剂投放量并启动清洁程序。使用物联网水质监测仪可减少人工干预，确保水质稳定。

③超声波清洗器

利用高频超声波产生空化效应，清除管道和池壁的生物膜、水垢。可安装在循环系统中，预防细菌滋生和堵塞。

（3）新型环保清洁剂与材料

①酶基生物清洁剂

含特定酶类（如蛋白酶、脂肪酶），分解有机物（汗液、皮脂等）。无毒无害，降解后无残留，适合生态友好型温泉。

②光催化涂层（TiO_2）

在池壁或瓷砖表面涂覆二氧化钛光催化材料，紫外线照射下分解有机物和细菌。具有长效性，一次涂覆可持续数月，减少频繁清洁需求。

③植物基消毒剂

是从天然植物（如茶树油、柑橘提取物）中提取的抗菌成分。对皮肤温和，适合高端 SPA 或亲子温泉场景。

（4）创新过滤技术

①超滤膜（UF）系统

过滤精度达 0.01 微米，可截留细菌、病毒和微小颗粒。最大的优势是可以减少化学消毒剂用量，延长换水周期。

②电吸附除垢器

通过电场吸附水中的钙镁离子，防止水垢形成。特别适合硬水地区，能降低管道维护成本。

3. 温泉水池清洁消毒操作流程和方法

（1）放：先关闭各个补水阀，再打开排水阀放水。

（2）备：利用放水时间准备相应工具用品：垃圾铲、刷子、扫把、水推、盐酸、照明灯等。

（3）刷：先刷池壁再刷池底。

（4）推：用水推自远而近将污物推进下水道。

（5）冲：用水管将下水道冲洗一遍，防止排水阀关闭后回流。

（6）消：将标准消毒水溶液均匀喷洒在池底和池壁四周，作用半小时。

（7）关：关闭全部排水阀，以防漏水。

（8）开：打开全部注水阀，调试好温度，加满后关闭。

（9）捞：打捞落叶泡沫等水面漂浮物。

（10）擦：擦掉温泉池壁的温泉水矿物质，使其无污迹。

（11）收：收走工具和用品，放置归位，便于下次使用。

4. 公共温泉区地面清洁操作流程和方法

（1）扫：清扫公共地面，做到无落叶、纸巾等任何杂物。

（2）冲：用自来水管沿地漏方向均匀冲洗地面。

（3）拖：按1∶1比例配制好漂白水消毒溶液，用拖把分区域拖洗；再用自来水冲洗地面，避免漂白水腐蚀浴巾、拖鞋等物品。

（4）消：配制好地面消毒溶液，用喷雾器对地面进行消毒。

5. 温泉区公用拖鞋清洗消毒操作流程和方法

（1）备：准备物品，包括消毒药物、橡胶手套、消洗桶、量杯等。

（2）洗：将配制好的消毒液倒入清水中，清洗拖鞋。

（3）冲：用清水冲洗拖鞋。

（4）消：用量杯量取适量消毒液，倒入有刻度的消毒桶，将拖鞋放入完全浸泡，盖上桶盖。

（5）晾：取出拖鞋，清水冲洗去除消毒液残留，晾置放干。

（6）置：将晾干的拖鞋放回保管箱，整齐放置。

（二）健身项目场所的清洁维护

紧张的现代生活节奏让人产生疲劳，健身锻炼能改善调节生理功能，陶冶美好情操。健身是人们精神文化生活提高后的必然需求，拥有专业健身器材的健身运动康养中心在康养住宿中已经越来越普及了。其清洁维护主要包括各种项目的健身区、更衣室、公共浴室等区域。

1. 健身中心环境卫生标准

（1）整体环境舒适美观、大方幽雅。

（2）光线充足，自然采光高于80lux，灯光照明高于60lux；灯具清洁明亮，光线适中。

（3）通风良好，空气清新，温度保持在18℃~20℃，相对湿度保持在50%~60%。

（4）健身器材分布合理，摆放规整。

（5）健身设备表面干净无污迹，扶手靠背无汗迹。

（6）"宾客须知"等标牌字迹清楚，干净无尘。

（7）天花板光洁无尘，无蛛网、无污迹。

（8）墙面干净无污迹、无划痕。

（9）地面无废弃物，干净防滑。

（10）严格控制噪声，背景音乐轻松愉快。

2. 健身设备器材的清洁消毒操作流程和方法

使用频繁的健身设备和器材其表面受到细菌污染的程度较高，有害细菌的传播会增加，所以应特别加强对健身设备和器材的清洁消毒。

（1）备：准备好清洁用具（清洁剂、毛巾、手套等）。

（2）洗：在清洁前先用肥皂和水洗手，并冲洗干净。或者选用酒精类洗手液，搓手最少20秒后冲洗干净。

（3）穿：最好穿戴个人防护装备。

（4）擦：用事先按比例配制好的消毒水擦拭器材表面；或者先在健身器材上喷洒上消毒液，再沿同一方向擦拭。消毒液必须在器材表面停留一定时间。

（5）清：用干净的毛巾再擦拭一遍器材表面。

（6）收：完成后重新清洗双手和手套。

3. 更衣室清洁消毒操作流程和方法

（1）清：将所有更衣柜打开，清理里面的纸屑等垃圾物品。

（2）擦：用干净的抹布擦拭更衣柜，连同柜门和挂衣杆。

（3）消：每周一次或两次对更衣柜消毒，用含氯消毒液擦拭或喷洒。

（4）配：根据酒店具体要求配齐相应物品，如三个衣架、一双拖鞋等。

（5）放：按照酒店规定整齐摆放好物品，酒店标志朝上。

（6）透：将更衣柜全部打开，通风透气，避免受潮。

4. 公共浴室清洁消毒操作流程和方法

（1）备：准备好水管、水推、桶、刷子、喷壶等工具。

（2）扫：每日营业结束后及时清扫地面，不留任何垃圾。

（3）刷：对有污渍的地面和墙面进行刷洗。

（4）冲：冲洗墙面和地面，不留任何垃圾和毛发。下水道的盖子要掀起来冲洗，以免堵塞。

（5）消：每周一次或两次对浴室的墙面、地面、座椅、水龙头、洗脸盆等进行有效氯擦拭消毒，作用30分钟后再用干净毛巾擦净。

（6）透：保持通风，确保空气无异味。

（三）美容美体场所的清洁维护

爱美是人的天性。随着生活质量的不断提高，越来越多的人把美容美体作为工作之余消除疲劳、放松身心、享受生活的一种方式。许多康养旅游住宿接待点设有美容美体中心，提供洗面、按摩、美发等服务。其清洁维护主要包括各类美容美体室、顾客休息区、公共卫生间等区域。

1. 美容美体场所的环境卫生要求

（1）门前门内的地面干净，绿植花卉摆放整齐。

（2）地板、门窗、墙壁、镜子清洁明亮，不留灰尘。

（3）室内安装空调、抽风、换气设备，保持通风良好，空气清新。

（4）室内适宜温度，18℃~26℃；适宜湿度，30%~70%。

（5）用洁净的布每日擦拭美容美体仪器、美容床、美容柜等。

（6）每日工作前用紫外线消毒所需的美容器具，整齐存放在柜内。

（7）美容美体中心禁止吸烟。

（8）宠物不得进入美容美体中心。

（9）工作后的场地和垃圾要及时处理，垃圾桶也要每日清洗。

（10）杜绝老鼠、蟑螂、苍蝇等出现。

2. 美容毛巾清洁消毒方法和流程

美容美体中心的毛巾使用率高，使用人群较复杂。为防止交叉感染，保证所有客人的健康，必须对使用过的毛巾进行消毒处理。

（1）蒸煮消毒法：将毛巾用开水煮沸10分钟左右，再用肥皂水清洗，晾干后即可使用。

（2）高压蒸汽消毒法：将毛巾放入高压锅中，加热约30分钟，即可杀灭绝大多数细菌。

（3）化学消毒剂消毒法：将毛巾浸泡在化学消毒剂中15分钟，再进行清洗。

（4）消毒柜消毒：将毛巾洗净后放入消毒柜中大概20分钟，用时取出即可。

3. 美容常用器具消毒流程和方法

（1）在工作前必须洗手。

（2）在通风环境下进行，应戴上橡胶手套。

（3）配制稀释消毒液时要避免溢出，同时注意不要吸入化学药剂释放出的烟。

（4）先用肥皂热水清洗干净要消毒的器具。

（5）将清洗好的器具浸入配制好的消毒液中。

（6）取出工具，再用清水冲洗，最后用干净的毛巾擦干。

（7）将消毒过的器具用塑料套包好，放入消毒柜备用。

（8）使用完的消毒剂必须封好后存放于安全的地方，贴上标签以区别于其他物品。

4. 公共卫生间清洁保养程序和方法

（1）备：准备拖把、水桶、垃圾铲、玻璃刮等工具。

（2）冲：放水冲洗马桶、厕兜。

（3）倒：清除地面垃圾，倒掉垃圾桶和茶叶筐；将垃圾桶、茶叶筐冲洗干净，更换塑料袋。

（4）洗：逐项刷洗卫生设施，先清洗洗手台、面盆，再清洗厕兜。必须使用专用清洁剂和刷子，最后用清水冲洗干净。

（5）擦：用干净抹布擦拭门窗、墙壁、隔板、镜子、干手机等。

（6）拖：拖干净地面，不留水迹和卫生死角。

（7）补：补充洗手液、垃圾袋、手纸等物品。

（8）喷：按照规定喷洒消毒液和除臭剂。

（四）中医养生保健场所的清洁维护

中医养生是根据传统中医理论，进行调神、导引、食养、药养，从而预防疾病、增强体质、延年益寿的传统保健方法。随着人们对健康的重视程度不断提高，一些康养旅游住宿接待点开始设立中医康养中心。其清洁维护主要包括各类保健理疗室、接待区、中药产品陈列等区域。

1. 中医养生保健场所的环境卫生要求

（1）灯光照明效果好，给顾客轻松明快的感觉。

（2）用喷洒法对地面进行消毒。

（3）洗手池、水槽要一周一消毒。

（4）定期喷洒药物，做好灭蚊、灭蝇、灭鼠工作。

（5）每日进行物理通风两次，室内空气保持清新，干燥无异味。

（6）桌椅整齐干净，地毯、沙发等软装饰无尘，无脏污。

（7）墙面清洁，不乱刻乱画，不随意粘贴任何东西。

2. 常用中医保健理疗用具的清洁消毒流程和方法

（1）罐器具。

①拔罐器具是直接接触客人皮肤的用具，必须一人一用一消毒。

②清洗罐器具应该有专用水池。

③使用吸湿材料除去罐器可见污染后，用流水冲洗，再用医用酶洗液浸泡清洗。水温通常为15℃~30℃。

④清洗后的罐器浸泡于含氯消毒液中约30分钟，再清洗干净，干燥保存。

（2）熏蒸器具。

①使用过的熏蒸床应该用含氯消毒液擦拭。

②熏蒸室紫外线照射消毒至少一小时。

③熏蒸器具用过氧乙酸溶液喷洒消毒。

（3）药浴容器。

①药浴容器必须套上一次性塑料袋。

②药浴液和一次性塑料袋必须一人一用一更换。
③用含氯消毒液刷洗药浴容器,再用清水冲洗,干燥后保存。
(4)刮痧器具。
①应做到一人一用一清洁。
②用流水刷洗器具,去除油渍等污物。
③用消毒湿巾或消毒酒精擦拭,干燥保存。

3. 接待等候区、产品陈列区清洁操作流程和方法

(1)擦:
①擦门窗、门面、门框、门把手、窗玻璃清洁无尘。
②擦掉墙面的污迹或浮尘,墙纸墙面用潮抹布,砖墙面用湿抹布。
③擦拭各种家具、用具,保持干净整洁,无污渍、无手印。
④擦拭灯具,做到光洁明亮,无灰尘、无污迹。
⑤总台和相应设备要每天擦拭,始终保持整洁干净。
⑥清理沙发、靠垫等软家具的灰尘。
⑦接待区和休息区所有摆设明亮干净、整洁美观。

(2)查:
①检查窗帘是否有脱钩破损。
②检查墙面是否有油漆剥落、墙纸起翘现象。
③检查各种家具是否有损坏。
④检查灯具、电视、饮水机等设施是否能正常使用。
⑤检查书籍、茶具等客人等候消遣物品是否完好,并摆放整齐。
⑥检查陈列的中医产品是否完好无损。

(3)清:
清理地面垃圾,地面保持干净光洁。

(4)调:
①调节室内温度,冬季 ≥ 17℃,夏季 ≤ 25℃。
②相对湿度调节在 40%~60%。
③调节室内光线,要求充足均匀,不炫目。

三、康养服务项目营业场所清洁维护的管理

(一)制定清洁保养内容、频次、标准

根据康养服务不同项目营业场所的保洁要求,制定出所有区域的清洁保养基本标准,方便工作安排和清洁检查。其主要内容和形式如表 8-1 所示。

表 8-1　接待休息区清洁制度

清洁内容	清洁方式	清洁频率	质量标准
门玻璃	擦拭	1次/日	洁净明亮，无明显污迹和手印
门把手	清洗	1次/周	干净亮洁
地面	推尘	4次/日	使用静电牵尘剂，地面亮洁无尘
地面	擦拭	局部污渍	毛巾擦除，不留痕迹
地垫	清洗除尘	1次/周	无明显污渍
指示牌	擦拭	1次/日	无明显污渍
电视机	擦拭边框	1次/日	无明显灰尘
服务台	擦拭	1次/日	台面立面无污迹和灰尘
沙发	擦拭	1次/日	无明显灰尘，靠垫整齐摆放
花盆	检查擦拭	1次/日	花盆表面无泥土污渍，叶面无明显灰尘

（二）服务人员分工负责

按照清洁制度所要求的清洁内容、清洁方式、清洁频次、清洁标准，将各区域的工作落实到相应的服务人员、相应的班次。工作班次通常分为早、中、晚三班。根据营业时间的变化、客流的多少，各个班次的清洁内容和标准应有所不同。

（三）卫生检查督导

清洁卫生检查是保证公共区域良好状态的一种必要手段。管理人员除了检查卫生质量之外，还要特别关注清洁卫生操作是否规范。如果服务人员没有按照操作规程，清洁剂的配制比例不当，甚至混用清洁剂，不仅达不到清洁保养的目的，还会损害物品材质，缩短物品使用寿命，造成损失。公共区域客人活动多，管理人员应采取巡视检查、不定期抽查等方式保证清洁卫生质量。

为了保证康养服务项目营业场所公共区域的卫生质量，需要制定相应的卫生检查记录、计分表（见表 8-2、表 8-3），并以此作为考核的依据。

表 8-2　温泉池清洁消毒记录表

日期	时间	清洁情况	清洁员	消毒情况	消毒员	检查员
1						
2						
3						

续表

日期	时间	清洁情况	清洁员	消毒情况	消毒员	检查员
4						
5						
6						
7						
8						
9						
10						

表8-3 健身室卫生检查计分表

年　月　日

项目	检查标准	分值	实际得分	备注
地面	干净，无废弃物，无灰尘	10		
墙面	无污迹无尘	10		
天花板	光洁无尘，无蛛网	10		
地垫	无明显污迹，除尘	10		
玻璃	光洁明亮，无明显污迹和手印	10		
器械	表面无尘，手柄、靠背、卧推台面每天用消毒液擦拭	20		
灯具	清洁明亮，灯罩无污渍无尘	10		
插座	表面干净，孔内无尘	10		
电源线	干净，整齐环绕摆放	10		
总分		100		

◀◀◀ 实训8-1 ▶▶▶

中医理疗拔罐用具的清洗消毒

1. 实训准备

罐具、酒精、含氯消毒浸泡液、吸附纸、消毒桶、手套。

拓展视频：中医器具（刮痧板、艾肩颈、能量罐）消毒

2. 实训内容及标准（见表8-4）

表8-4　理疗罐具的清洗消毒

操作步骤	主要操作内容和标准
去除污物	戴上手套，用吸附材料吸附去除体液、血液、分泌物等污物
冲洗	用干净的流动水冲洗罐具
浸泡消毒	无污染物的罐具用500mg/L含氯消毒液浸泡，时间30分钟 有污染物的罐具用2000mg/L含氯消毒液浸泡，时间30分钟及以上
流水冲洗	用流动的水冲洗消毒的罐具
擦拭	用95%酒精擦拭罐具
干燥	将清洗消毒过的罐具放在干净的地方晾干
保存	晾干后的罐具保存于专用柜中，码放整齐，以备下次使用

3. 学生实训

（1）分步骤练习。

（2）学生分小组进行：一个小组练习一个步骤，互相轮替进行。

4. 实训总结评估（见表8-5）

表8-5　理疗罐具清洗消毒评分表

项目	检查标准	分值	实际得分	备注
去除污物	全程戴手套操作，使用专用吸附纸，污物去除干净	15		
冲洗	使用干净的流动水，冲洗干净，无残留物	15		
浸泡消毒	消毒液配制合适，罐具完全浸泡于消毒液，消毒时间不得少于30分钟	20		
流水冲洗	使用干净的流动水，冲洗干净，无残留消毒液	15		
擦拭	使用酒精擦拭，擦拭干净，没有遗漏	15		
干燥	放置整齐，干燥完全	10		
保存	存放于专用柜，码放整齐	10		
总分		100		

第二节　康养环境的美化与养护

优美的环境是康养住宿的重要组成部分，也是影响人们消费选择的重要因素之一。人类对于植物花卉有着天然的喜爱，在康养住宿的各种公共区域中绿色植物和观赏花卉是不可缺少的装点之物。各种景观小品更是环境装饰、氛围营造的重要手段，成为康养住宿区域的一道亮丽风景线。

一、康养植物的美化与养护

康养植物是指能够绿化、净化、美化环境，具有一定的观赏价值，适合布置康养住宿生活环境的栽培植物。康养植物包括木本和草本的观花、观叶、观果、观形态的所有植物，也包括生态绿地的植物。

（一）康养植物的分类

植物的种类繁多，根据进化规律和亲缘关系的不同，植物学上通常的分类有纲、目、科、属、种等。在实际环境绿化美化中，常用的分类方法如下。

1. 按照生长特性分类

康养植物按生长特性分类（见表8-6）。

表8-6　康养植物按生长特性分类

类别	特征	常见植株名称
乔木	具有明显高大的主干，树体高达6米及以上。针叶乔木的叶片细小，呈现出针状、鳞片状或者条形、线形、钻形等。阔叶乔木的叶片宽阔、形状和大小各异	常见针叶乔木有雪松、圆柏、罗汉松、水杉、落叶松、金钱松等。常见的阔叶乔木有桂花、扁桃、白兰花、香樟、毛白杨、槐树等
灌木	无明显主干或者主干很矮，生长着许多相近的丛生侧枝。在环境绿化中常做基础种植或盆栽树种	常见的蜡梅、铁梗海棠、龙船花、紫荆花都属灌木类
藤本植物	茎细长而不能直立，呈匍匐状或者攀附在其他支撑物上才能直立生长	常见的常春藤、蔓性蔷薇、三角花都是藤本植物

2. 按照观赏学分类

康养植物按观赏学分类（见表8-7）。

表 8-7　康养植物按观赏学分类

类别	类别细分	特征	常见植株名称
草本观赏植物	一年、二年生花卉	在一个、两个生长季节完成播种、萌芽、开花结果、枯死生活史的观赏植物	凤仙花、万寿菊、一串红、千日红是一年生花卉；紫罗兰、三色堇、金鱼草、石竹、虞美人是二年生花卉
	宿根花卉	地下部分形态不变，地上部分落叶或冬季枯死（也有常绿的）	菊花、芍药、铃兰、君子兰、万年青都属此类
	球根花卉	地下部分的茎或根肥大，呈球状或块状	常见的球根花卉有唐菖蒲、水仙、风信子、郁金香、百合、马蹄莲、仙客来、美人蕉、鸢尾花等
	兰科花卉		墨兰、建兰、蕙兰等
	水生花卉	生长在沼泽或水池里	如荷花、睡莲、慈姑、金鱼藻、水葱等
	蕨类植物	观叶植物	包括铁线蕨、长叶蜈蚣草、金毛狗蕨等
木本观赏植物	落叶木本植物		牡丹、月季、蜡梅、丁香、合欢、柳树、樱花等
	常绿木本植物		侧柏、罗汉松、雪松、变叶木等
	竹类		方竹、箭竹、紫竹等
地被植物		主要用于覆盖地面的低矮植物群体	葛藤、紫花苜蓿、二月蓝、百里香、虎耳草、铺地柏等，草坪种植的豆科草等
多肉多浆植物		多数原产于热带、亚热带的干旱地区	仙人掌

3. 按照植物原产地分类

康养植物按原产地分类（见表 8-8）。

表 8-8　康养植物按原产地分类

类别	特征	常见植株名称
中国气候型	冬天冷夏天热，年温差大是其主要特点	根据冬季气温的高低分为温暖型和冷凉型。温暖型绿化植物有中国水仙、百合、中国石竹、报春花、凤仙花、山茶花、半枝莲、马蹄莲、一串红、唐菖蒲等。冷凉型绿化植物有芍药、菊花、牡丹、金光菊、铁线莲、鸢尾、铁梗海棠等

续表

类别	特征	常见植株名称
欧洲气候型	冬季温暖，夏季也不炎热	常见的绿化观赏植物包括雏菊、矢车菊、紫罗兰、勿忘我、三色堇、铃兰、锦葵等
地中海气候型	秋季到春季是雨季，夏季少雨是干燥期	主要观赏植物有郁金香、水仙、风信子、仙客来、番红花、石竹、麦秆菊、金盏菊、君子兰等
墨西哥气候型	温度在 14 ℃~17 ℃，周年温差小	主要观赏植物有大丽花、波斯菊、晚香玉、一品红、报春花、香水月季、云南山茶、月月红、常绿杜鹃等
热带气候型	全年高温、温差小而雨量大	主要观赏植物有鸡冠花、非洲紫罗兰、紫茉莉、美人蕉、牵牛花、水塔花、朱顶红等
沙漠气候型	干旱，雨量少	主要观赏植物有芦荟、仙人掌、伽蓝菜、龙舌兰等
寒带气候型	夏季短而凉，冬季长而寒。植物矮小生长期短	主要观赏植物有雪莲、点地梅、细叶百合等

（二）康养植物养护的意义

1. 生态的环境功能

（1）释放氧气清新空气。植物会在光合作用的过程中吸收二氧化碳，释放氧气。繁茂的花草树木会使得空气清新怡人，让人心情舒爽。

（2）调节温湿度。植物的树冠可以阻隔阳光的照射，树荫下的气温会低于无植物的空地 3 ℃~5 ℃；同时植物叶片的蒸腾作用产生的水分会增加空气的湿度。

（3）吸收有毒气体，杀菌驱虫。植物叶片吸收二氧化硫的能力很强；石榴、葱兰、蒲葵等植物能吸收空气中的氟化氢；多数植物能吸收臭氧，部分植物还能吸收空气中的汞、铅等重金属。绿色植物还会通过吸附尘埃减少细菌的载体，从而降低空气中的细菌含量；许多植物的叶、芽还能分泌出能杀死细菌、真菌的挥发物质。香樟的挥发物可以杀灭流感病毒和结核菌；玫瑰、桂花散发出的香气可以抑制肺炎球菌、葡萄球菌的繁殖。

（4）降噪防尘。植物对尘土有明显的吸附、阻滞作用，而且蒙尘的植物经过雨水冲洗后又恢复了吸尘的能力；绿色植物对噪声同样具有吸收和减弱的作用。

2. 景观的美化功能

植物花卉是康养旅游住宿景观中不可或缺的元素，是环境美的灵魂所在。绿植花卉种类繁多，树姿、叶子、花朵、果实都可观赏，通过外形、颜色、质感给人最直接的美感，本身就具备良好的景观效果。圆形树冠给人浑厚之感；尖塔树形有端庄的效果；柳树垂枝姿态优雅；梅树"以曲为美，直则无姿"，其花更是受到人们的喜爱；杜鹃、海棠、郁金香、美人蕉等绿化植物有着美丽绚烂的花朵，亮丽的颜色让人们感到兴奋。

康养旅游住宿环境的营造美化应该以恬静的绿色为主基调，有利于消除人们的疲劳；同时运用多种植物多种方法制造出不同的景观，用独特的视觉效果感染人们。将不同形状的灌木组合起来可以打破建筑的单一感；在不同风格的建筑四周种植形状相似的连续的植物，可以减少杂乱无章的感觉。把色调相同的植物种植在一起，可以形成开阔宏大的景观背景主色；将颜色各异的植物搭配起来，则可以形成万紫千红、色彩鲜明的植物景观；将质地不同的植物按照一定的规律种植，会让人们产生一种空间的视觉感。

植物花卉还与康养旅游住宿的建筑、亭台楼阁、道路、山石、水体等景观相互协调、映衬，使住宿环境更美，从而增强住宿的康养氛围。

3. 文化的观赏功能

许多植物花卉本身有着很强的观赏性，同时也具有深刻的寓意，是某种特定文化的象征和载体。康养旅游住宿在塑造环境时，广泛运用植物花卉，改善住宿环境内部的微型气候，增加住宿环境景观观赏性的同时，如果从形式的美提升到意境的美，则是康养旅游住宿从养身到养心的升华。

因植物的特征、色彩、姿态给人以不同的感受，人们通过联想、比拟来表达某一种情感。比如竹被誉为有气节的君子；菊花凌霜开放，象征临危不惧、离尘居隐；柳树喻为依依惜别之情；荷花因出淤泥而不染，象征朴素廉洁；石榴籽多，代表多子多福等。人们在互相的交往中，也常用花木来表达自己的情感：兰花寓意典雅、高洁、坚贞不渝，玫瑰代表爱情，红豆寓意相思，木棉花代表英雄，牡丹花代表富贵等。

康养住宿甚至可以仿效市花市树的文化魅力，运用某种特定的植物来反映酒店或山庄的历史、文化特征和精神风貌。

4. 陶冶情操的使用功能

赏心悦目的绿色环境有利于缓解紧张匆忙的步骤，消除人们长时间工作带来的疲劳，让体力和脑力得到恢复，提高学习工作的效率。植物花卉构成的优美景致常能引发人们的美好记忆和翩翩联想，寄托着人们的情怀，启迪着人们的心灵。当人们在康养住宿优美的环境中放松和享受时，疲惫消除了，情操陶冶了，生活的幸福感也得到了提升。

康养旅游住宿绿化环境为人们提供了休闲散步、观赏游戏的好去处。一些日常休憩活动，如听音乐、下棋、绘画、品茶、摄影等在清新优美的环境中开展，顿时倍添情趣。

（三）各类康养植物的养护管理

1. 常绿乔木的养护管理

（1）肥水管理

①施肥。主要种类是有机肥，采用基肥为主、兼施追肥的方式。基肥一般分秋施和春施两类。在秋季树木生长高峰期施肥，可以提高土壤疏松度和地温，防止冬春土壤干旱。耐贫瘠的树种需要少施肥，喜肥的树种要适当多施。施肥应该在离根系集中处稍远的地方，扩大吸收的面积。树龄不断增长，施肥也要逐年增多。

②灌水。树木发育最旺盛的时期是4~6月，需水量较大，通常都需要灌水；其余时期可以根据干旱与否适量灌水。耐干旱的树种应少灌水，喜欢湿润土壤的树种可以适当增加灌水量。

（2）修剪

修剪常绿树是为了形成或保持紧密优美的树形。侧柏、红松、油松等，剪掉主干下部的侧枝和生长弱的枝条即可；丛生型白皮松一般不需要修剪；长叶针叶树种一般只轻轻剪掉梢顶；圆柏、金钟柏等，剪掉多长的枝条就可形成比较理想的树形。

（3）常见病虫害的防治

①松落针病。由松针散斑壳菌引起，会让马尾松叶出现细小的黄色斑点或斑段，绿叶逐渐变为灰绿、红褐色并渐渐脱落。通常第二年生长的针叶也会染上病菌。可以喷施1%的波尔多液进行防治。平时要加强养护管理，增强树木的抗病力。

②松烂皮病。由铁锈薄盘菌引起，多发生在2~10年生的枝干上。染病的针叶变成黄绿、褐色；受害的枝干会起皱收缩，呈枯枝状。春季时可在针叶树上喷洒1∶2∶100的波尔多液进行防治。

③马尾松毛虫。可用白僵菌防治马尾松毛虫。用农药溴氰菊酯1.0g/亩，可达到消灭害虫的目的，也可用黑光灯诱杀马尾松毛虫。

④松梢螟。喷洒80%敌敌畏乳油1 000倍液杀虫；修剪掉严重虫害的枝干，防止蔓延；平时要及时施肥、浇水、松土，减少害虫的侵入。

2. 花灌木的养护管理

（1）肥水管理

①施肥。秋天施迟效性有机肥，可以提高土壤的矿质化程度，第二年春天能及时被花灌木吸收和利用。花前追肥和花后追肥都非常重要，如牡丹花前必须保证追肥一次，观果类树木在花后果实速长期可追肥一次。

②灌水排水。灌水的方式一般采用围堰的办法,对于成片种植的花灌木可以采取管灌或者漫灌的方法进行。在植物生长的各个时期,如果干旱都应灌水,反之则要注意排水。

(2)修剪整形

早春开花的灌木,修剪时期以休眠期为主。多数树种只进行常规修剪,去除枯枝、病枝、交叉枝,部分树种需进行花枝组的培养,提升观赏效果。夏季开花的灌木,通常在春天树液流动前进行修剪。有的树种在花后还要剪除残花,以便集中营养延长花期,可二次开花。夏季开花的灌木花芽通常生长在枝条的上部或顶端,要特别注意不能在开花前剪切花芽。

(3)常见病虫害的防治

①月季白粉病。由蔷薇单囊壳菌引起,叶片、花器、新梢地方发病较严重。常用的防治药剂有:25%粉锈宁可湿性粉剂配制 1 500~2 000 倍液,碳酸氢钠 250 倍液和 50% 苯莱特可湿粉剂配制 1 500~2 000 倍液,相互交叉使用,避免白粉菌产生抗药性。

②月季黑斑病。由蔷薇放线孢菌引起,侵害叶片、叶柄、嫩梢等部位,从褐色小斑点扩展成圆形或不规则形黑紫色病斑。合理栽种密度,便于通风透气;适量增施有机肥,使植株健壮;彻底清除枯枝落叶;喷洒 2 000 倍五氯酚钠溶液可有效预防黑斑病。发病期可喷洒 70% 甲基托布津可湿粉剂 1 000 倍液或 80% 代森锌可湿粉剂 500 倍液。

③介壳虫。选育抗虫品种;剪除虫枝并烧毁;实行轮作,减低同种介壳虫发生的机会。喷洒 10~15 倍松脂合剂可消灭越冬代雌虫;严重时可用树大夫防虫注干液。保护澳洲瓢虫、大红瓢虫、红点唇瓢虫等天敌。

④蚜虫。早春时刮除老树皮,剪除受害的枝条,消灭越冬虫卵;保护利用蚜小蜂、蚜茧蜂、草蛉、瓢虫等天敌。当大量出现蚜虫时,用 3% 莫比朗乳油 2 000~2 500 倍液或 0.26% 苦参碱水剂 1 500~2 000 倍液有较好的杀虫效果。

3. 竹类植物的养护管理

(1)竹子的生长习性

自古以来人们就将竹子作为装点之物,并赋予其宁折不弯的含义,为花中四君子之一。竹子的根系稠密,竹竿生长非常快,蒸腾作用强,所以要求土壤水湿条件好,但竹又不耐积水淹涝。

(2)竹子的养护管理

竹子成活后还未成林的幼林阶段,要注意适时灌溉,保证充足的水分供应;竹株间的空地可间种其他绿肥植物,减少水分蒸发,并适当施肥。当大量新笋长竹后，要注意改善竹林生长条件，松土施肥，及时挖除多余竹苑和老鞭，使竹园更新复壮。采伐安排在冬季较好，尽量去弱留强、去老留幼、去密留疏。

4. 草坪的养护管理

（1）肥水管理

如果土壤肥力不够，草坪植物每年冬季需要施有机肥，生长季节需要施速效肥。可将化肥按照比例进行稀释，喷洒在叶面上；也可将化肥与少量细土混合均匀后撒于草坪上，然后喷水使肥料渗入土中，水量不宜过多。

新植的草坪除雨季外每周需浇水2~3次，要湿透表土10厘米以上；雨季时草坪不能长时间积水，需及时排除积水。

（2）修剪

①修剪草坪可以控制草坪的生长高度，使草坪低矮、草叶细小，提高观赏效果；也可以在一定程度上促进草根分蘖，增加草坪的密集度，减少杂草的生长；多次修剪后可消灭某些杂草，使其不结籽，保证草坪的纯度。

②修剪草坪的时间应该确定在目标高度的1.5倍时进行，可以最大限度减少对根系的影响；一天中最佳修剪时间是清晨草叶挺直时。剪草时一定要按照顺序进行，避免杂乱无章，影响观赏；草叶要及时清理，可做堆肥。

（3）病虫害防治

草坪的病虫害较少，偶尔会发生地下害虫及病害。如有发生，需及时对症下药除治，避免蔓延。

5. 花坛的养护管理

当前比较常见的花坛有草花花坛和模纹花坛。草花即草本花卉，用草花做花坛造景，可以充分发挥草本植物的特点，配置成一幅美丽动人的画面，供人欣赏。模纹花坛以色彩鲜艳的各种矮生性、多花性的草花或观叶草本为主，在一个平面上栽种出种种图案来，看上去犹如地毯，花坛外形则是规则的几何图形。

（1）肥水管理

①草花需要的营养主要来自整地时施入的基肥。在草花生长过程中，可追肥几次，但要注意不能污染花和叶，施肥后要及时浇水。

②浇水的次数、时间、水量都要根据季节变换和气候条件来灵活确定。对花坛喷水一般选择在上午10点前或下午4点后进行。

（2）修剪

对于草花花坛，一般在开花时期每周剪除残花2~3次即可，消除枯枝残叶。模纹花坛要经常修剪，才能保持图案整齐明显。

（3）病虫害防治

在花苗的生长过程中要及时防治地下和地上的病虫害。发生病害施用农药时浓度要适当，避免伤害娇嫩的草花植株。

二、景观小品的美化与养护

康养住宿景观小品泛指康养住宿室内外空间中，为美化环境，或为了满足客人某种日常行为而设置的具有美感的人为小品构筑物。景观小品具有小、美、独立成景的特点，在美化康养住宿环境，烘托康养住宿文化氛围方面起着不可估量的作用。

（一）景观小品的分类

景观小品按功能进行的分类详见下表。

表8-9　景观小品按功能分类

类别	常见小品
休憩小品	各种造型的靠背园椅、凳、桌，遮阳的伞、罩等
装饰小品	装饰性的水缸、香炉、景墙、景窗等；各种可移动或固定的花钵、饰瓶等，可经常更换花卉
照明小品	园灯、走廊灯等，包括底座、灯柱、灯头、灯具
展示小品	各种布告牌、指路标牌、说明牌、图片画廊等
服务小品	洗手池、时钟、栏杆、废物箱等

（二）景观小品的作用

1. 使用功能

康养住宿环境中的亭、廊、架、桌、椅为人们提供了一定的休憩、休闲功能。人们可以利用桌、椅静静地休息；人们可以在廊、亭中躲风避雨，聊天听音乐，欣赏周围的景色。各种美丽的夜灯提供夜间照明，方便夜间休闲活动；指路标牌为人们规划路线，让客人能够更快捷地找到房间或者餐厅；各种说明牌方便人们了解酒店，体会酒店的文化内涵。

2. 美化功能

景观小品本身具有外观上的美感，且表现形式不拘一格，装饰装点作用非常明显。景观小品与康养住宿的建筑、绿植花卉相结合而构成不同的风景画面。比如，在色彩单一的墙面上，设立一些有一定色彩对比的小品，就能让墙面色彩丰富起来，起到相当好的美化作用。

3. 品位提升功能

景观小品一般设计精巧，讲究艺术美感，有很强的视觉效果，可以提高整个康养旅游住宿接待点的美誉度。景观小品的艺术性，让每一件小品都具有一定的文化内涵，它所反映的人物、包含的故事、象征的意义都充满浓浓的文化味；特别是一些知识性小品，更让人得到知识的熏陶。巧妙运用、合理布局景观小品，会从整体上提升整个康养住宿点的品位。

4. 主题烘托功能

一般来说，康养旅游住宿的酒店或山庄都会有一个相应的主题，以反映某种文化。对于康养旅游住宿接待点来说，仅有一个或几个主要景观是远远不够的，有了核心吸引力之后，景观小品可以增加其多样性和丰满度。围绕主题设计的小品，会很好地烘托主题，提升康养旅游住宿接待点的知识性、文化性。

（三）常见景观小品的养护

1. 假山置石的维护保养

假山是以土、石等为材料，用艺术提炼、夸张的手法模仿自然山水，是人工再造的景物。置石是以山石为材料，作附属性或独立性的造景布置，表现山石个体或局部美的人工造景。假山置石建好以后并不是永久性的，因日晒雨淋或时间长久而引起的颜色脱落、内部骨架腐锈等，都需要进行维护保养。

（1）按时清理灰尘枯叶。可一月一次，也可一季度一次，但不能超过一季度，时间太长尘土和枯叶会与人造假山粘连，不容易清除。可选用打气泵吹扫，也可选用高压水枪远距离喷扫，使污渍滑掉。

（2）修色补色。假山置石在使用过程中难免出现褪色现象，需要根据假山原色选用水溶性保湿乳液喷漆进行调配，喷洒，保持光泽度。

（3）表面水泥层修补。如果假山出现表层开裂风化现象，则需要用水泥砂浆修补，再补色。

（4）加固内部骨架。一般3~5年进行一次。对塑石假山内部的钢结构进行除锈和支撑加固；竖向骨架需横向加固，打磨除锈，补刷防锈漆。

2. 水景的维护保养

康养旅游住宿地中的水景多数是庭院水景，以人工化水景居多，有喷泉、涉水池、金鱼池、莲缸等。有的与假山融为一体，为住宿地营造充满活力的居住氛围。

（1）水质。定期打捞水面的固体废弃物，如垃圾、树叶，保持水面干净。鱼缸需要定期换水；池塘、涉水池需要清走池底的淤泥，减少病菌繁殖；可用曝气机确保水中有充足的氧气，利于植物鱼儿的生长。

（2）植物和鱼。剪掉枯死或快要枯死的叶子，或进行塑形，保证优美的观赏效果。健康的鱼儿也需要预防疾病和感染,有病的鱼儿需要移池喂养。

(3)水景装置。使用水景观前,要打开进水阀,检查是否有渗漏现象;当循环水进入集水坑后,再打开喷泉、溪流等的阀门。冬季不使用水景观时,需打开泄水阀放空景观内的水,并关闭所有进水阀。不使用的水泵应该拆开,清洗上油,存放在工具间。

3. 插花的维护保养

插花是将花插在瓶、盘、盆等容器中,根据一定的构思和创作法则,形成一个优美的造型,借此表达某种主题或情感。康养住宿中的插花更是情趣高雅的艺术品,使人赏心悦目,获得精神上的愉悦和美感(见图8-2)。

图8-2　乐山禅驿嘉定院子(酒店)茶室插花　摄影:舒兰

插花养护得法,可以提高观赏效果,并延长鲜花的观赏时间。

(1)合理用水。选用清洁的水插花。注意经常换水,夏季每天一次,冬季2~3天一次。可在瓶中放入食盐、木炭、切花专用保鲜液等,保持水质的同时适当提供养分。换水时注意清除残叶残花,剪短花枝,利于花材吸水,延长寿命。

(2)湿润空气。空气湿润,有利于花材保持新鲜。室内空气要新鲜流通,可用加湿器。夏季每隔一天,冬季每隔2~3天要往花材上喷水并更换容器中的水。

(3)位置摆放适当。夏季应避免强光照射;冬季不能离暖气太近,否则会加速花枝的水分蒸腾和呼吸作用,造成花朵早谢凋零。不能将插花放在成熟的水果附近,水果释放的乙烯气体是一种催熟剂,会加速插花花瓣的脱落。

（4）花器保洁。经常保持插花花器的干净清洁，防止水质污染。

4. 其他景观小品的常规维护

康养旅游住宿区域中为增添环境美营造主题文化的小品还有很多。景亭、廊、水榭、花架、园门、景墙、景窗要保持整洁干净；防止乱刻乱画，避免破坏原本的图案和造型；定期为脱色的亭、廊、墙、门、窗补色。栏杆、雕塑、凳椅、标示牌板等定期擦拭，要求无明显污迹；防止撞击损坏，损坏后不仅失去了原本的使用功能，还会破坏整体的美感。

案例 8-1

静止的喷泉和金鱼

炎热的八月，骄阳似火，酷热难耐。某康养酒店，几个五六岁的小孩在清凉的大厅里玩耍。一旁的小假山吸引了他们的注意，呼啦一下全围了过去。假山置于古朴的底座上，山顶生长着一棵遒劲的小松，细小的枝条上精心装饰着闪闪的彩灯，煞是好看。一股细细的清泉从假山中顺势而下，在底部积成清澈的小池。定睛一看，池中竟然有漂亮的小金鱼游来游去。"哇，有金鱼！""我好想捞起来看看啊！"小朋友们围着假山七嘴八舌。

"你们看，那儿有一条。咦，它怎么不动呢？"一个小男孩儿拿出手里的玩具，往外扒拉。"哦！死鱼死鱼！"一阵喧闹的嚷嚷声不绝于耳，大厅里的其他客人不禁皱起了眉头。就在这时，假山喷泉突然停止了。"水没啦！水没啦！"又是一阵喧闹声……

【案例分析】

康养旅游住宿接待点的服务质量不仅仅体现在康养项目及对客服务上，酒店内的设施设备、绿化环境、景观小品，任何一个小小的差错都会影响客人的住店感受，影响他们对酒店的评价。所以，作为公共区域，维保工作至关重要。要及时打捞枯叶垃圾，维护假山水景装置使其运转正常，营造出优美舒适的环境，使前来康养旅游住宿接待点的客人保持愉快的心情，这对树立企业形象起着很重要的作用。

本章小结

干净整洁、清新优美的环境是客人放松身心的基本条件。作为康养旅游的住宿地，康养酒店应为客人营造温馨宜人的环境，这也是其康养服务的基本任务。

康养住宿地的室外公共区域中要选择种植具有一定观赏价值，能够绿化美化环境的康养植物花卉，做好施肥、灌水、修剪、病虫害防治等工作；各种景观小品的设置要能提升品位、烘托主题，要做好假山置石、水景插花等小品的日常维护和定期维保。

不同康养项目营业场所的清洁维保也至关重要。常规的地面、墙面、设施设备的清洁，是保证环境卫生的基本要求；同时还要严格把关相应的消毒杀菌工作。

思考与练习

一、单项选择题

1. "PA"在康养住宿中通常是指（　　）。
   A. 卫生班　　　　　　B. 公共区域
   C. 保安部

2. 下列温泉水消毒方法中，属化学消毒的是（　　）。
   A. 硅藻土吸附　　　　B. 紫外线消毒
   C. 氯消毒

专业词汇

3. 康养植物的养护中，病虫害较少的是（　　）。
   A. 草坪　　　　　　　B. 花灌木
   C. 乔木

4. 下列假山的维护中，需经常进行的是（　　）。
   A. 修色补色　　　　　B. 清理灰尘
   C. 内部骨架加固

参考答案

二、简答题

1. 康养住宿公共区域主要包括哪些部分，请一一列举。为什么说公共区域维保服务至关重要？

2.有人认为温泉本身就具备相应保健治疗作用,不用清洁消毒处理。这种说法对吗?为什么?应该怎样处理温泉汤池?

3.查阅资料说说哪些植物适合康养住宿地种植?并了解其养护方法。

4.如何维护康养景观小品?分类说明。

三、案例分析题

王小姐是一位时尚优雅、非常讲究生活品质的都市白领。炎炎夏日,经朋友的推荐,她来到本地一家网红康养度假酒店,准备度过一个轻松愉快的周末。当她跨进酒店大门,一阵清凉舒爽的空气迎面扑来,顿觉心旷神怡。定睛细看,整座酒店掩映在葱葱绿林之间,四周绿树环绕,难怪空气如此清新。花坛中大的、小的、黄的、红的花儿错落有致,淡淡的花香钻进鼻孔,疲劳顿消。喷泉喷出的水更是一朵朵漂亮的花,与花坛中鲜艳的花交相辉映,甚是好看。

"哇!太美啦!"王小姐不禁赞叹道。未来两天定将是一个难忘的周末,憧憬着美好的度假时光,王小姐开心极了。"我的选择没错!"拖着行李,王小姐走进了金碧辉煌的大厅。

思考:

1.是什么打动了王小姐,让她留下了美好的第一印象,坚定了她选择这家康养酒店的信心?

2.探讨养护美化酒店康养环境的重要意义。

第九章

康养旅游住宿服务的基础管理

本章重点

本章学习重点为康养旅游住宿的安全管理,各类安全问题的预防措施和处理办法;康养旅游住宿物品管理的内容及管理办法;康养旅游住宿信息化管理的方法和运用;康养旅游住宿收益管理的要素、衡量指标,以及收益管理的理念和思维。

学习要求

学习者能够在学习理论知识的基础上，具有发现问题、分析问题、处理问题的能力；能在学习的过程中举一反三，具有创新思维和发散性思维，具备基础管理思维和能力；能利用书籍、互联网查阅相关资料和信息，并进一步理解康养旅游住宿管理理念的内涵，养成对管理理论和实践学习的自觉性与主动性。

本章思维导图

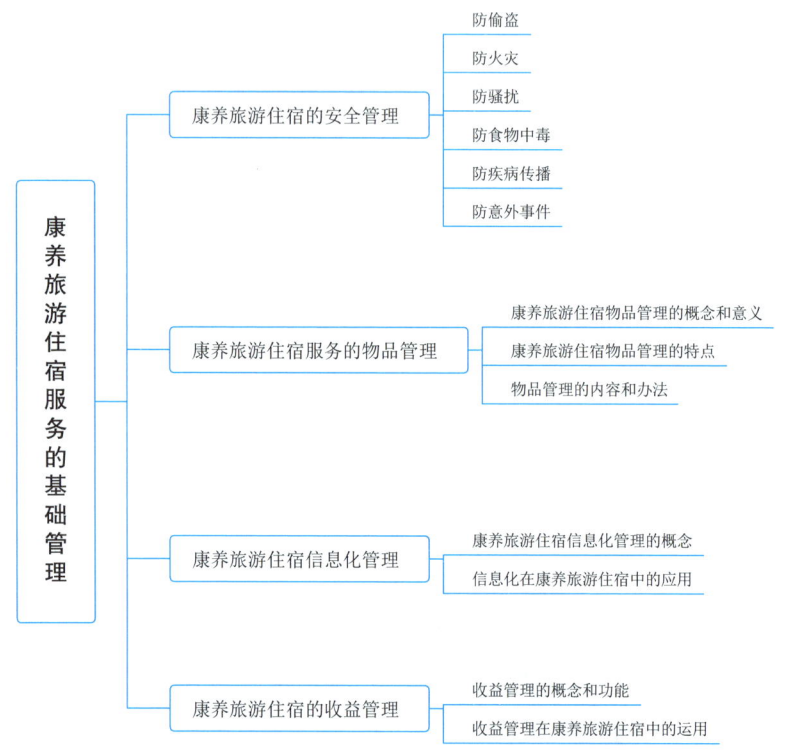

第九章　康养旅游住宿服务的基础管理

◀◀◀ 情景导入 ▶▶▶

红冠公司位于城郊，离公司近十公里处有一家康养酒店，位于森林半山。该酒店内部设施齐全、周边环境宜人、空气清新且服务到位。红冠公司为了接待客户和业务需要，便和该康养酒店签订了公司协议价格。本来公共散客每晚价格为990元/间，签订了协议后为790元/间。该康养酒店为了提升近期淡季住房率，作了活动推广，针对协议公司客户采取"入住客房买2赠1"活动，就是客户连续住2晚后，免费入住1个房晚同级别的房间，也就是住3晚付2晚的房费即可。

活动期的一天，红冠公司市场部王总监带着一位客人来到了该康养酒店前台。这位客人拉着一个大行李箱，王总监告知已经有预订，服务人员很快从住宿信息管理PMS系统中找到了预订，迅速为客人办理了入住。这位客人入住天数为4个房晚，房价按照王总监公司的协议价，同时享受"买2赠1"活动，费用由王总监支付。到了第四天晚上10点左右，王总监的朋友拉着行李到了前台，告知自己有急事，要出去，费用王总监会来结清。第五天，王总监到前台结账，他看了账单生气地说："我朋友昨晚10点多有事情，就离开了，才入住了三天零几个小时，根据'买2赠1'免了一晚后，你们还要收我三天的房费，还亏我们公司随时给你们带业务来呢，应该最多收我两晚半房费的呀！看来以后我们公司不要和你们酒店合作了，就不再住你们这儿了。"此时前台人员请宾客关系经理前来处理。当班的张经理是一位较资深的宾客关系经理。张经理耐心地听了王总监的诉说，一边安抚王总的情绪，一边解释："王总，贵公司在我们酒店确实是合作协议单位，感谢您对我们一直以来的支持。王总，您看这样，您也是我们的老客户了，咱们一直合作得都很开心，也不能让您吃亏，这次最后一晚按照您的协议房费的七折收取。"见王总监情绪稍缓和，张经理接着说："您的朋友昨晚走得太着急，没有告诉我们退房，只说要出去，我们服务人员也不好直接作退房处理，万一您的朋友又回来呢？因此，我们也没能将房间状态改为空置及时安排清扫，对我们房间周转也有影响呀！"王总监听完后，满意地结了账，对张经理表示感谢后离开了。

康养旅游住宿企业都有自己的管理制度和规定，这位张经理在处理问题时非常有耐心，亲和力强，能快速解决问题，既要留住客人，又要最大限度地让住宿企业获取收益，避免因客人不满而导致其个人及其公司不再选择光顾，从而流失客户，同时也有助于维护住宿企业的良好口碑；也避免最后一天按半天价结账导致收益损失太多。可见，管理者在处理宾客问题的时候，需要遵守酒店制度，同时也要有一定的灵活性，在服务和管理过程中，巧妙地运用、灵活把握策略才能把康养旅游住宿服务管理得更好。

第一节 康养旅游住宿的安全管理

康养旅游住宿安全管理是康养住宿企业提供服务的基本保障，安全管理也直接影响康养住宿的经济效益。康养旅游住宿企业应该为宾客提供安全的康养和住宿环境，满足宾客需求。安全保障是康养旅游住宿企业经营的前提，企业对住店宾客和内部员工都负有安全责任。作为康养旅游住宿服务的从业者，保障康养旅游住宿安全是其基本的职责，要认识到康养旅游住宿安全管理的重要性，理解安全管理的内涵。

一、防偷盗

防偷盗是康养旅游住宿安全管理的重要内容，客房区域、公共区域和员工活动区域均要加强内部安全的思想教育、警示教育，增强员工工作责任心；还要完善员工内部管理制度和规定，防止在康养旅游住宿区域内发生偷盗案件。

（一）常发生的偷盗事件类型

康养旅游住宿接待点地理位置大多在森林、户外营地、特色小镇、沙滩小岛等处，不法分子容易在这些较偏僻的地方实施偷盗作案。发生的案件类型主要有：

（1）第一类是康养住宿内部员工在客用区域或员工区域进行盗窃。如果内部管理松懈混乱，不加强员工的思想教育、法治教育等，就容易出现内部员工利用工作之便实施盗窃行为，这种案件应该引起重视。

（2）第二类是住店客人中存在一些不法分子，如偷偷进到其他宾客的房间进行盗窃。

（3）第三类是非住店客人混入康养住宿内的区域进行盗窃，这种是康养住宿盗窃案件中常发生的类型。主要表现为：

①不法分子在康养住宿的公共区域，如大堂、餐厅、SPA、温泉、花园、室外跑道等处进行作案。特别是不注意照看自己行李、包裹和贵重物品的客人最容易成为他们的目标。这类案件通常是团伙作案，有明确的分工。

②冒充住店客人，偷听到住店客人信息，谎骗服务人员的信任，进入客人的房间进行盗窃作案。

③冒充访客混进住店客人房间盗窃作案。

(二) 盗窃的预防和处理

1. 物理防护措施

（1）门锁系统

客房应配备高安全性的电子门锁系统，并定期更换密码或钥匙卡。建议采用带有自动锁定功能的门锁，确保客人在离开房间后，房门能够自动上锁，避免因疏忽导致的安全隐患。

（2）窗户和阳台防护

对于低层客房和阳台，建议安装防盗网或防护栏，防止外部人员通过攀爬进入室内。这一措施不仅能有效防范盗窃，还能为客人提供额外的安全保障。

（3）保险箱配置

每间客房内应配备电子保险箱，方便客人存放贵重物品。同时，应在醒目位置放置使用说明，明确告知客人如何操作保险箱，确保客人能够安心使用。

（4）监控设备

在公共区域（如走廊、大堂、停车场等）安装高清监控摄像头，确保24小时无死角监控，监控录像需保存一定时长，以便在发生问题时能够及时调取证据。为了确保监控系统的可靠性，还需加强对监控区域的管理，定期检查设备运行状态，避免因设备故障导致监控失效。针对康养旅游住宿的外围环境，特别是较隐蔽的区域，应增加摄像头布防，确保内外监控无死角。保安人员要加大巡查力度，实时关注监控画面，一旦发现异常情况，立即上报并妥善处理，从而构建"人防＋技防"相结合的安全保障体系。

2. 技术防范措施

（1）智能安防系统

引入智能安防系统，如人脸识别、行为分析等技术，实时监控异常行为。通过智能化手段，能够快速识别潜在的安全威胁，并及时采取应对措施。

（2）电子巡更系统

保安人员应配备电子巡更设备，确保巡逻路线和时间得到有效监控。系统能够记录巡逻人员的行动轨迹，避免漏巡或敷衍了事的情况发生。

3. 加强各区域钥匙的管理

钥匙管理是康养旅游住宿安全管理中的重要环节，直接关系到客人财产和住宿环境的安全。钥匙管理不当可能导致未经授权的人员进入客房或其他敏感区域，进而引发盗窃或其他安全问题。因此，建立科学、严格的钥匙管理制度至关重要。钥匙管理的注意事项如下。

（1）钥匙分类与集中保管

钥匙按用途分为客房钥匙、公共区域钥匙和应急钥匙，每把钥匙需清晰标识并确保唯一性。所有备用钥匙集中存放在前台的专用钥匙柜中，柜子配备电子锁或密码锁，仅授权人员可访问。

（2）分级授权与登记制度

根据员工职责分配钥匙使用权限，如客房服务员仅能领取所负责楼层的钥匙，安保人员可领取公共区域钥匙，应急钥匙由值班经理或安保主管保管。每次钥匙领取和归还需详细登记，电子钥匙系统自动记录使用日志，便于追溯。此外，前台应严格执行"一客一证"登记制度，在制作房卡或发放钥匙时务必认真核对，避免出错。发放房卡时，不应直接说出房号，而是通过手势或书面方式告知客人，并提醒客人妥善保管房卡。如房卡遗失，客人需及时告知前台，前台人员应立即将遗失的房卡作废处理，确保安全。

（3）规范使用与定期维护

钥匙使用时需严格遵守规范，客人临时借用需核实身份并登记，员工不得转借或带离工作区域。每月定期清点钥匙，检查磨损情况，及时更换损坏钥匙或锁芯，电子钥匙系统需定期更新密码。

（4）技术手段与员工培训

引入智能钥匙管理系统，通过RFID（射频识别技术）或蓝牙技术实现钥匙实时监控，采用电子签名或生物识别技术加强身份验证。定期对员工进行钥匙管理制度培训，确保规范执行。

4. 预防员工盗窃

（1）规范员工管理制度，要特别对储物室做好监控管理。做好物品台账记录，至少每月盘点一次。若发现物品账目有差异或短缺，可能是偷盗的征兆，应及时调查清楚。

（2）人事招聘时应该对入职员工的背景了解清楚，过去是否有前科或劣迹记录，可向公安机关请求查阅。

（3）加强各区域的摄像监控力度，有利于防止偷盗事件发生。摄像监控对偷盗行为有震慑力。

（4）加强对员工的法治培训，提高他们遵纪守法的自觉性。住宿业员工多，流动性大，应要求佩戴工牌，以便识别身份。

（5）防止员工携带物品离开康养旅游住宿服务区域，员工进出应该主动接受安全警卫的检查。

5. 客人盗窃事件的预防

（1）客房当班人员应保持警觉，掌握客人出入情况，严格执行访客登记制度，确保所有进入住宿区域的外来人员均经过身份核实和登记。

（2）房间信息、住客信息应该严格保密。

（3）客房服务人员在整理房间时，楼层区域钥匙不能放在行李车上，要妥善保管，随身携带。

（4）加强楼层巡视工作，提醒客人把房门关好。

（5）加强对客人的安全提示，如：在客人入住时，通过书面或口头方式提醒客人妥善保管贵重物品，并告知保险箱的使用方法；在客房内放置安全提示卡，提醒客人注意防盗事项，如外出时锁好门窗、不随意透露房间号等。

二、防火灾

（一）康养旅游住宿存在的消防安全隐患

康养旅游住宿区多处于景区、花园、绿色森林等植被较好地区，一旦出现火灾，后果非常严重，因此防火灾是安全管理的重要内容。康养旅游住宿场所功能多元。建筑物设施及装修要求较高，追求舒适、豪华的体验，其装修材料也存在消防安全隐患。

（1）室内装修材料可燃物多，大部分含木材、纸质、布料等可燃性材料。

（2）室外绿色植被覆盖率高，均是可燃物，存在较大的火灾安全隐患。

（3）住宿面积广，疏散困难，人员较多，大部分客人对内外部环境不熟悉，疏散不及时，容易造成拥堵或遗漏。

（二）导致火灾的因素

电气设备故障是火灾的常见原因。长期使用后，电气线路可能老化、短路，引发火灾。客房内电器设备过多或同时使用大功率电器，如电热水壶、取暖器等，会导致电路超负荷运行，增加火灾风险。另外，使用不合格或劣质电器设备也容易引发短路或过热，进一步加剧火灾隐患。

用火不慎和易燃物品管理不当也是火灾的重要诱因。在厨房内使用明火烹饪时，若操作不当或无人看管，极易引发火灾；厨房油烟管道长期未清理，油污积累过多，遇明火则易引发火灾。还有，客房内的易燃物品如床单、被褥、窗帘等若靠近热源，可能被引燃。吸烟行为也不容忽视，客人在客房或公共区域吸烟后未完全熄灭烟头，或在禁止吸烟的区域吸烟，都会增加火灾风险。另外，使用大功率的康养专业设备，比如神灯（烤灯），操作不当也会引起火灾；还有拔火罐、艾灸、香薰等理疗时不小心引起的火灾等。

除上述因素外，消防设施不完善、装修材料易燃、人为操作失误、自然灾害以及其他因素也可能导致火灾发生。灭火器、消防栓等设备若未定期检查或维护，火灾发生时将无法正常使用。火灾报警系统若未及时维护或灵敏度不足，无法在火灾初期发出警报。使用易燃或阻燃性能差的装修材料，以及客房或公共区域装饰物品过多，都会增加火灾荷载。而酒精、消毒剂等易燃清洁用品存放不当，同样可能引发火灾。员工在使用厨房设备、电气设备时操作失误，或火灾初期未能及时采取正确措施，都会导致火势扩大。此外，雷雨天气时建筑物未安装有效的防雷设施，夏季高温天气下电气设备过热或易燃物品自燃的风险增加，以及客房内使用蜡烛或香薰时未妥善放置，锅炉房、配电室等设备间未定期检查等，都可能成为火灾的诱因。

（三）防火措施

（1）对住店客人及来访客人应明确规定：禁止将易燃易爆物品带进康养旅游住宿区域内，禁止卧床吸烟、禁止乱扔烟头。

（2）使用大功率康养设备时，应该规范操作，特别是客人自己使用时，应该有专业的服务人员向客人示范操作并介绍注意事项后再使用，禁止违规操作。

（3）在使用康养产品，如拔火罐、艾灸、香薰、香道时应该小心，当人不在场或睡前一定要熄灭。

（4）房间应该配备紧急疏散图、防毒面具，安装烟雾报警器等防火灾装置。

（5）加强康养旅游住宿内外围区域的巡逻查看，加强监控管理，发现火灾苗头及时消除。

（6）定期对员工开展消防安全知识培训和消防演习，安全隐患排查常态化。增强员工防火灾意识，规范各操作流程。员工应遵守消防安全的管理规定，依法履行职责。

（7）定期对电器、燃气设备进行检查、维修。

（8）定期维修和保养消防设施设备，保持正常运行。应配齐火灾自动报警系统、消防栓、自动喷水灭火系统、烟感报警系统等各类消防设施。保证充足的消防设备和物资，并有专人维护，定期检查保养，确保所有器材功能完善。

（四）火灾事故的处理

（1）及时扑救，如果面积不大，可使用灭火器、水等扑救。扑救时，注意关闭电源、火源、通风设备。

（2）及时报警，通常由值班经理视火势大小决定是否拨打119火警电话。

（3）及时疏散宾客，打开所有安全通道，关闭电梯；通知各楼层工作人员敲击客房门，组织宾客有步骤地离开，避免人员拥挤，造成挤压受伤；分头检查是否有遗漏的客人；疏散完毕，工作人员迅速离开现场到达安全区域。

（4）正确使用逃生方法：选择最近的安全通道撤离；带一条湿毛巾，经过烟雾区时，用湿毛巾捂住口鼻，防止毒气吸入；身上如果着火，不能跑，可以将着火的衣服脱去，如果来不及脱，应就地打滚；若处在高层，无法下楼时，应该往上跑到楼顶，等待救援。

三、防骚扰

（一）防骚扰的概念

康养旅游住宿在安全管理方面也包括防骚扰。骚扰是在他人不情愿的情况下，通过语言或身体行动进行冒犯或侮辱的行为，使他人不得安宁。康养旅游住宿的从业者应该了解防骚扰的措施，要保护住店客人，防止住店客人被骚扰，这是康养旅游住宿企业的安全保卫职责。

（二）骚扰的常见类型

康养旅游住宿常见的骚扰有打扰别人，不被允许时悄悄靠近当事人。比如有一定知名度的公众人物就容易被骚扰，未在当事人同意下，强行对当事人采访、曝光、拍照录视频、录音等后放到网络流传；另外一类为女性客人被骚扰，女客人在康养活动中，如健身、美容、美体、SPA 按摩汤浴时受到骚扰，或是被偷拍照片和视频传播至网络等；还有住店客人被其他客人打扰，如噪声干扰、二手烟味侵扰等。康养旅游住宿客人多为长住客，客人大多希望养心、养身、养神。让客人远离骚扰，在宁静和安全的环境中实现康养需求，这是每一个康养旅游住宿从业者的基本职责。

（三）防骚扰的措施

（1）要有法律意识，寻求法律援助，用法律手段保护客人的合法权益，必要时可直接报警。

（2）对康养旅游住宿客人的信息严格保密，做好安保工作。严禁外来人员或住店客人对其他客人进行骚扰，对一些重要的贵宾应该采取更严格的防范措施，增加安保人员，避免对当事人进行违背意愿的采访、拍照、摄像、曝光等事件发生。

（3）对于康养活动场所，如健身房、瑜伽房、美容美体房、汤池房和 SPA 按摩等场所，应该配齐安防设备，做好遮挡和防护，保护好客人的隐私。

员工应该保持敏锐的观察力,做好安保工作,保护好女性顾客不被骚扰,提高防范意识,落实防范措施。

(4)康养旅游住宿区域应该均为无烟区,若有客人不遵守规定,在公共场所吸烟,应该及时阻止;如必配少量吸烟客房时,应将吸烟区和无烟区房间分开,避免烟味侵扰到其他客人;在公共区域应该小声说话,禁止大声喧哗,如果遇到大声喧哗或噪声骚扰到其他客人应该及时阻止。

四、防食物中毒

(一)食物中毒的概念

食物中毒是因食品、饮料制作或保存不当所致,中毒症状表现为恶心、呕吐、腹泻、腹痛等。食物中毒事件常在住宿业发生,因为住宿业经营着各种餐饮,人员用餐情况多。康养旅游住宿常用药膳与食疗,更应注意避免食物中毒事件发生。食物中毒直接危害生命安全,损害经济效益,影响康养旅游住宿行业的声誉。

(二)康养旅游住宿业食物中毒的种类

在康养膳食中,大多是养生、健康、绿色、原生态的食材,容易发生有毒动植物食物中毒,如毒蘑菇、有毒贝类、发芽的马铃薯等,也可能引发食物中毒,这类中毒的症状可能包括恶心、呕吐、腹痛、头晕等。也常采用中草药食补,这类中草药食补可能会出现因个人体质不同,导致客人有过敏或身体对草药不适应等食物中毒事件的发生。另外,还要小心细菌性食物中毒、病毒性食物中毒、化学性食物中毒、真菌性食物中毒等。

拓展阅读:食物中毒的种类

(三)预防食物中毒措施

(1)厨房在制作食品时,生、熟食品的用具和容器要分开使用;灶具洗刷、消毒要分开进行;采购的熟肉制品要再高温处理一次,杀死细菌,严格执行标准的烹饪和加工程序。

(2)严控厨房卫生及就餐卫生质量,不定时抽查。

(3)食物应每班次检查,及时清除发霉、变质的食物。采购科学合理的量,制作适当的量,避免浪费。

(4)食材采取专人采购、专人验货、专人管理、专人烹饪、专人服务上桌的办法。

(5)在为客人制作中草药食疗食物时,应该在专业的中医药医生处方和嘱托下规范进行,不能随意给客人进行中医药食疗;在食疗时,应该对客人过敏和身体状况全面了解后，再针对性实施；在食用野生菌、野菜以及某些易引发食物中毒的豆类等食材时，务必经由具备专业知识的厨师或食品安全专家进行妥善处理，之后方可安心享用。

（四）食物中毒事件的处理

（1）发生食物中毒事故，应立即报本部门负责人和保安部负责人。

（2）各负责人立即到达现场，了解中毒人员身体状况、中毒原因、数量，上报总经理，总经理视情况决定是否报警和拨打120电话请急救中心进行急救。

（3）保安部要第一时间保护现场，清退闲杂人员，不让任何人接近有毒或可能有毒物品，如药物容器、饮品、残留食物、呕吐物等。如怀疑有人投毒，保安部应该排查可疑人员报领导同意交警方处理。

（4）大堂经理协助对中毒者私人物品进行登记，并一式两份留存上报；并记录警车、急救车到来离去的时间，警方人员姓名等资料登记备案。

五、防疾病传播

（一）传染病、疾病对康养旅游住宿的影响

新冠疫情后，民众对于健康的关注度再一次得到提升，防护意识进一步加强，对住宿业防传染病、疾病的要求也提到新的高度。传染病传播对人类的危害极大，影响深远。康养旅游住宿从业者应该做好预防各类传染病的工作，确保员工和顾客的身体健康，保持社会稳定，防止各类疾病在住宿区域内发生及蔓延。

（二）预防疾病传染的措施

（1）制定应急预案相关机制，成立防控疾病应急领导小组，建立工作群。制订和落实预防疾病计划。保障疾病防控物料充足，如一次性医用口罩、消毒水、酒精等。禁止食用野味。加强各区域的通风、消毒，在大堂、电梯厅、餐厅、SPA按摩、健身房、游泳池等公共区域准备消毒洗手液，游泳池的水及时更换，加强消杀处理。

（2）加强员工的管理，严格执行康养旅游住宿员工行为规范和工作操作规范。注意个人卫生，上班期间佩戴好医用口罩，保持清洁卫生；时时关注自己的身体健康，若出现不舒服等异常情况，应该上报部门经理，及时就医。

（3）住宿服务人员应强化对客人健康状况的细致关怀。工作人员需时刻保持警觉，密切留意每位客人的身体状况，一旦发现客人出现感冒、咳嗽、发热等任何不适迹象，应立即向上级报告并采取相应措施。同时，温馨提醒客人关注自身健康，鼓励其在必要时及时就医，确保客人的安全与舒适。

（4）加强对住宿区域内部环境卫生质量的管理，每日定时对公共区域接触的物品进行消毒。每个区域的保洁物品应分开，做到专物专用、专区专用，避免交叉感染。公共物品做到一客一换一消毒。对桌面、门把手、水龙头等物品进行消毒。卫生以清洁为主、消毒为辅，避免过度消毒。

（5）加强对房间布草的管理，干净的布草和用过的布草分开包装和存放。床单、被套、枕套洗涤应配消毒液清洗，使用71℃以上高温持续洗涤3~7分钟。所有布草均应用消毒剂消毒。不可洗的床垫和枕芯，应该按照相关防疫要求进行处理。极度污染的布草，应该小心处理，用一次性手套拆卸。

（6）加强对餐厅厨房及食品卫生安全的管理。餐厅采取分流进食、分餐进食，避免人员密集，餐厅常通风。餐桌、餐椅使用后消毒，餐具必须高温消毒。提倡营养用餐，注重饮食清淡。

（7）做好客房通风消毒管理工作。应保持室内空气流通，打开窗户采用自然通风。若使用中央空调新风系统，应该每日至少消毒一次。

（8）康养旅游住宿的客人大多为长住客，部分客人为疗养型客人，应该利用住宿业PMS系统（详见本章第三节"康养旅游住宿信息化管理"），查看并熟悉客人的档案，了解客人身体体检报告，了解客人急、慢性疾病史，按照康养住宿配备的医务人员制定的相关注意事项和操作流程关照这类客人。

六、防意外事件

防止意外事件发生，也是康养旅游住宿安全管理的重要内容。避免意外事件的发生，是提高康养旅游住宿服务质量的重点。

（一）康养旅游住宿意外事件的种类

（1）不慎滑倒摔伤：如客人行走在太滑刚打蜡的地板上滑倒；康养旅游住宿区域多曲径通幽的林荫小道，客人行走其中不慎滑倒；出游泳池或汤池的客人由于身上的水弄湿地面太滑而不慎滑倒；客人在房间沐浴后在卫生间不慎滑倒，等等。

（2）设施设备使用不当：康养旅游住宿客人自行使用设施设备不当，导致意外事故发生。如某女士在使用按摩椅时不小心，导致头发被卷入设备而发生重大安全事故。

（3）康养旅游住宿客人健身过度受伤，或控糖过度导致低血糖等疾病。

（4）康养旅游住宿的客人突发疾病。

（5）康养旅游住宿期间的病养型和疗养型客人可能发生的意外事件，如客人突然病情加重或突然死亡等意外事件。

（二）防止意外事件发生的措施

（1）加强员工管理和培训，提高员工工作责任心，若发现不安全因素及时上报。

（2）打蜡后的地面应做好标记、围挡，提醒客人绕行。地面如果潮湿应及时擦拭干净，避免打滑。游泳池边、汤池温泉边、客房卫生间等应该做防滑处理。池水深度标记清楚，并提醒到位，工作人员应该密切关注游泳中和泡澡的客人，以便及时发现问题，及时处理。在曲径通幽的林荫小道增加警示牌，做好防滑处理，增加护栏，做好安全防范措施。

（3）客人使用设施设备，工作人员要予以指导并示范操作，安全提示和注意事项详细说明，避免因操作不当导致安全事故发生。

（4）在健身、慢跑等区域，增加"健身适度，注意休息"等警示牌，工作人员应该提醒客人注意休息，避免健身过度。对于正在减肥和控糖的客人，员工应该给予关注，必要时要提醒客人注意身体。

（5）康养旅游住宿客人中的"病养型"和"疗养型"客人应有家人陪同与照顾，相关治疗与理疗活动应该在专业医务人员指导下进行，所有活动均应该让其家人知晓和同意后方可进行。

（三）其他意外事件的处理

1. 醉酒客人的处理

住宿区域中常出现醉酒的客人，这些客人有的会大吵大闹影响他人；有的醉酒后不省人事。遇到这类客人，应该妥善处理：对于醉酒状态轻的客人，应该适当劝导，等待主管和保安到来，尽快将其送回客房休息，避免打扰其他客人；对于醉酒状况严重的客人，应该报告保安人员和值班经理，避免打扰其他住客和伤害到自己，必要时将其送至医院治疗；醉酒客人回房后，应该进一步观察其房间内的动静，避免发生意外事件，并做好相关记录。

2. 客人打架斗殴行为

遇到客人打架斗殴，如果情况不严重，尽力劝开，等待主管和保安到来，劝其回房间休息，也可调换不同楼层房间避免引起摩擦；如果打架斗殴较严重，应通知保安部立即报警，做好事故记录。

3. 突发停电的处理

康养旅游住宿区停电应该有应急措施，当班人员应继续坚守岗位，不能惊慌；及时报修相关部门，告知客人停电原因和正在抢修恢复，让客人不要惊慌；如果在晚上停电应该将应急灯打开，注意巡查，及时发现可疑人员，避免趁机行窃；禁止客人点蜡烛，避免引起火灾；供电恢复后应该检查各电器是否工作正常，做好事故记录。

4.突发疾病的处理

（1）昏厥：发现有昏厥患者时，千万不可随意搬动，应先观察心跳和呼吸是否正常，使患者平躺。立即通知康养住宿区的医护人员前往处理，及时拨打 120 急救电话。

（2）运动扭伤：切忌搓揉按摩，应该用冷水或冰块冷敷，如果严重，应该立即到专业医院救治。

（3）心绞痛：不能随意搬动客人，迅速查看客人身上是否有急救药物，立即拨打 120 急救电话。

（4）突发性心脏病：不能随意搬动和摇晃患者，把患者摆成恢复性体位。如果患者没有呼吸脉搏，应由医护人员实施心肺复苏，抢救者应该在患者意识清楚时及时给患者服药。

（5）运动后晕厥：应立即使患者仰卧，抬高下肢，头部放低，松开衣领和腰带，迅速通知医护人员。

（6）烫伤：发生后用冷水冲洗伤处，必要时应尽快就医。

第二节　康养旅游住宿服务的物品管理

康养旅游住宿物品管理是一项重要内容，物品应该合理科学地管理，遵循绿色环保、节能降耗的原则优化资源配置，让物品保持最佳运行状态。康养旅游住宿从业者应利用先进技术将物品管理好，探索管理创新方法，做到物尽其用。

一、康养旅游住宿物品管理的概念和意义

物品管理是指对康养旅游住宿经营所必需使用的物品的采购、储存、保养和使用的管理活动。

物品管理是保证康养旅游住宿业正常运行的物质条件，是提高服务质量的保证。科学合理的物品管理有助于节能降耗、高效管理、提高效益，加强物品的管理，有利于康养旅游住宿服务品质的提高，提升康养客人的入住体验感。

二、康养旅游住宿物品管理的特点

（1）康养旅游住宿业物品种类多，管理难度大。不同用途的物品规格、性能、型号、价值和使用方法不同，许多物品单位价值小，但需求量大。

（2）物品种类多，采购难度大。种类繁多，设备用品分散在不同地区，采购难度加大。

三、物品管理的内容和办法

（一）物品管理的内容

物品管理的内容包括编制康养旅游住宿物品采购计划、制定物品使用和管理制度。

1. 编制物品采购计划

各部门提出物品采购计划，应根据需要确定采购的数量、规格、型号等，向财务部及采购部申请。特别是采购康养设备或产品，采购时应由使用部门提出申请，如理疗、按摩、健身、休闲、户外运动、亲子、冥想、禅修、瑜伽、医疗类等器材或产品的采购。

2. 制定物品使用和管理制度

制度的建设有利于管理的规范，物品管理制度包括：物品分级归口管理制度，物品管理岗位职责制度，设备、工具使用保养制度，安全操作规范和各项规章制度。制度一旦定下来，就应该照章执行，不得违反，若违反，必须惩罚。

（1）加强物品的日常管理。为满足客人的需要，应该在物品日常管理上下功夫。及时供应需要的用品，同时也要减少浪费。

（2）物品根据需要更新。应满足客人的需求，要实时调整物品，根据时代新概念、客户新要求，淘汰客户不喜欢的物品，同时也要遵循绿色投入、绿色配置的原则。

（二）物品管理的办法

康养旅游住宿物品种类繁杂、价值差异大，很多物品重复使用率高，必须采用规范合理的管理方法。物品分类登记，做好消耗登记和储备发放管理工作，有效控制物品消耗，发挥使用效率，达到降低成本、提高经济效益的目的。

1. 核定物品需求量

业务部门根据自身经营状况提出物品需求计划，由财务部及采购部综合考虑后确定。采购物品包括电脑网络、电器音响、家具用品、适老化设计器材、康复辅助器具、健康监测设备、卫生清洁用品、低值易耗品、客房布草用品等。客房物品采购应该按照康养住宿的等级、标准来分别核定物品的规格、质量、品种、价格、数量，根据统一原则，申请采买。

2. 物品进行分类和编号

为了统一管理，应该对物品进行分类、编号和登记。物品管理和使用人员应该对采购的物品的质量、数量、规格、价值等严格审查。分类、编码后，要建立台账和编码贴，记下品种、规格、数量、价格、型号、所在位置、由哪个部门人员负责等信息。

3. 分级归口管理

分级就是根据康养旅游住宿的管理体制，采购部门、主管部门、使用部门、具体管理人员层级管理。每一级都应该有专人负责，建立台账记录。各层级管理都应备份分类明细表，定期盘点、复查核对物品具体数量和规格，确保物品有效使用。如客房的房间电器、康养类器材归具体的楼层管理，要落实到具体的服务人员。

4. 易耗物品消耗数量定额管理

低值易耗品需求量大，价值较低，难以控制，容易造成浪费和管理混乱。对此应该实行规定每楼层每日、每周、每月的客房物品使用消耗量，进而达到计划管理、节能降耗的目的。

5. 建立健全完善的岗位职责制度

岗位职责是权、责、利共同结合，明确各部门、各岗位的权利，也要明确各岗位管好用好物品的责任。

（三）康养旅游住宿常见的设施和管理办法

（1）健身房：康养旅游住宿会配备很多专业健身器材，如力量训练设施、脚踏车、跑步机、划船机、椭圆机等。在使用这些健身器材时，必须要在专业的健身教练指导后，再让客人单独使用。应该安排专人定期对设备进行保养和维护。

（2）游泳区域：康养旅游住宿会配备多个室内外泳池，并有桑拿房、蒸汽房、冷泳池、恒温水池等多种配置。游泳池区域的管理主要为日常清洁、日常使用规范、定期保养等。日常清洁应该按照公共区域游泳池的清洁和消毒流程执行。

（3）按摩区域：一般有室内的按摩房和户外按摩帐篷，有按摩椅、按摩工具等，应对按摩设施设备进行日常维护和保养。

（4）锻炼区域：有各类锻炼的用房，如舞蹈房、瑜伽房、普拉提房、康复房等，也可多功能使用。这类锻炼用房需要日常保养，相应设备按照使用注意事项进行维护。户外的各类锻炼场地也要定期保养和维护，这样可以延长使用期限。

（5）水疗区域：包括水疗泡池、按摩浴缸、足浴池、熏蒸等设施。这类设备管理需要按照标准操作，除常规维护保养外，还应定期对其进行专门的维保工作。

（6）美容美发区域：有身体、面部、美容、美发、修指（趾）甲等用房和设施设备，管理办法通常应该是分层级归口管理。

（7）体检、疗养中心：有健康体检、医疗、疗养相关设施设备，这些设备通常价值较高，使用和保养应该专业化，通常应该由供应设备的单位进行专业维护。

第三节　康养旅游住宿信息化管理

信息时代对住宿业提出了更高的要求，住宿业必须运用信息技术，解决服务和管理问题。只有将信息化管理融入康养旅游住宿中，对客提供智能化、个性化、信息化的服务，才能赢得市场。康养旅游住宿业对信息系统的依赖正持续增强，了解住宿业信息系统的工作内容，利用计算机操作信息系统处理相关住宿业务已成为康养旅游住宿从业者的基本要求。

一、康养旅游住宿信息化管理的概念

康养旅游住宿的信息化管理是用计算机的信息系统处理大量数据而实现高效管理的过程，它将住宿业信息系统与先进的管理理念相结合，转变为康养旅游住宿的经营方式、业务流程、组织方式和管理方式，整合康养旅游住宿内外部资源，提高康养旅游住宿管理的效益与效率，增强竞争力。

住宿业信息化管理系统被称为住宿业管理系统（Property Management System，PMS），同时又被称为前台管理系统或物业管理系统。PMS是住宿业最早运用的系统之一，实现了住宿业业务信息化，其功能结构包括客史档案管理、客户业务模块（预订、入住、在店期间、收银结账离店）、客房管理功能、报表功能和系统接口功能等。

二、信息化在康养旅游住宿中的应用

（一）目前住宿业常使用的管理系统

目前国际连锁酒店最常用的 PMS 有 Fidelio 系统、Sinfonia 系统和 Opera 系统，Opera 系统对比 Fidelio 系统有了很大的改进和提升。使用 Opera 系统的国际酒店较多，本节主要就 Opera-PMS 系统作详细叙述。常见的国产 PMS 系统有西湖软件（Foxhis）、中软好泰、千里马酒店管理系统、北京石基公司系列软件等。

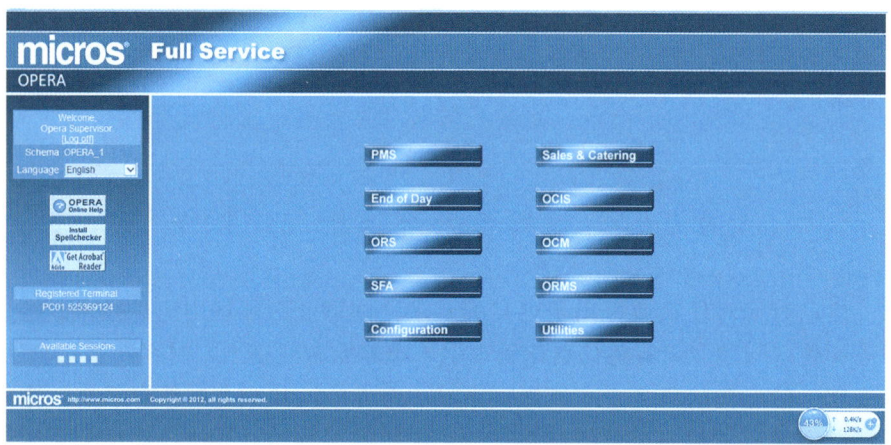

图 9-1　Opera 系统展示

图 9-2　Opera-PMS 系统界面展示

（二）PMS中客史档案管理模块

客户档案管理模块主要是维护客人的信息，个人客户资料是住店客人的信息；非个人客户资料是住宿业的合作协议单位（如公司、旅行社、代理商、团队等）的信息。客史档案的管理在于精确地记录客户的基本信息、身体健康情况、急慢性病史、消费记录、兴趣喜好、预期消费、会员管理等，每位客户与住宿业产生的消费金额、客房价格、总收入信息等也都会记录下来。

实训9-1

建立客人档案（Individual profile）

客人姓名：王某先生，出生于1971年6月23日，家庭住址：中国昆明市五华区建设路××号×栋××号，电话：168888888；工作传真：0871 12332；他通常使用微信结账，偶尔也用信用卡结账，信用卡为：Visa（54232897294989866），保留入住历史，客人喜欢无烟、南面、朝向花园的房间，喜欢让人放松的安静的康养主题客房。

使用PMS系统具体操作步骤如下：

第一步：点击"Opera"系统输入用户名和密码，点击"PMS"进到系统界面。

第二步：点击"Reservation"的按钮，然后找到"Profile"。

第三步：输入王梓先生的姓名，然后点击"search"查找，没有历史记录，则点击新建。

第四步：根据情景中的基本信息：姓名、出生年月日、地址、联系电话等信息输入"Individual Profile"界面，然后点击保存。

第五步：点击"Options"里的"Preference"，添加客人的喜好：不吸烟、朝南面、朝花园，选择王先生喜欢的康养主题客房。

第六步：将"Individual Profile"界面中的"History"勾起来，这样就保存了历史记录和消费记录。

具体操作"Opera-PMS"界面展示如图9-3所示。

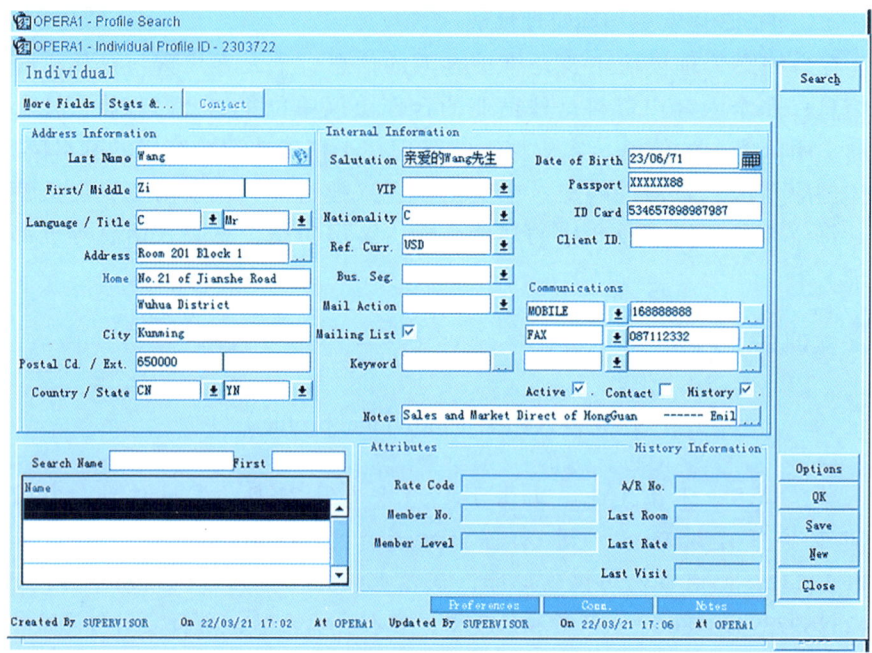

图 9–3　Opera-PMS 系统 Individual Profile 界面

（三）业务管理模块（预订、入住、在店期间、收银结账离店）

业务管理模块主要处理房间预订、入住、在店期间的事宜、收银结账手续等对客服务流程，是主要的业务管理操作。其中预订项目功能为客户资料、新建预订、查询预订、更新客人预订信息、团队订房、取消预订、等候名单、分配房间、处理投诉、叫醒服务、交班留言、收取预付押金等，有助于为客人提供个性化服务。

入住操作是客人办理入住，之前的预订操作能更好地帮助住宿企业为客人安排更合适的房间。一旦客人入住后，系统的收银账户就自动开启，便于客户在酒店消费。另外，入住后客房状态由空置（Vacant）转换为占用（Occupied）。在接口方面，客人入住后，客房的门锁系统、客房控制系统就完成为客人制作房卡、启动客房房间的智能系统，启动公共区域的设备使用系统，如餐饮挂账系统、健身游泳设备、跑道、理疗设备等。

在结账离店方面：将客户账单结算，客户可以选择微信、支付宝、银行卡、现金和支票等方式结账。另外，账目处理还有外币兑换等功能。

<<< 实训 9-2 >>>

预订（Reservation）

刚刚圆满结束一个项目的王先生，身心俱疲，渴望寻觅一处康养旅游的栖息之所，以抚慰疲惫的身心。他在网络上浏览时，发现某康养主题酒店好评如潮，便毫不犹豫地拨通了前台的电话，预订了一间当天的康养高级大床房（无烟房），并自行承担所有费用。值得一提的是，王先生是与该酒店有着合作协议的某公司市场部总监，该公司已与酒店签订了协议价格。

具体操作步骤如下：

第一步：点击"Reservation"界面的纵列菜单键的"New Reservation"。

第二步：点击预订界面的姓名"Name"进入"Profile"界面，选择王先生的"Profile"，连接到预订界面中。

第三步：在预订界面依次将空格的地方填写完整，选择王先生对应的房型（高级大床房），备注上安排无烟房间；在"Room Type"处选择王梓先生预订的房型，RTC 处的房型是影响价格的，选择对应的给该公司的协议价。

第四步：将王先生的付费方式添加进"Comments"中。

第五步：点击"OK"建，保存并且关闭，预订就形成了。

Opera-PMS 系统操作界面如图 9-4、图 9-5 所示。

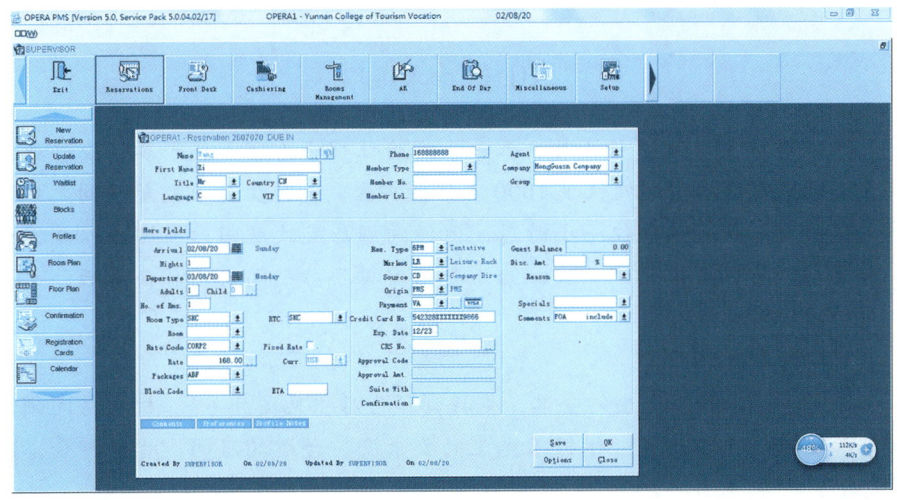

图 9-4　Opera-PMS 系统散客预订界面

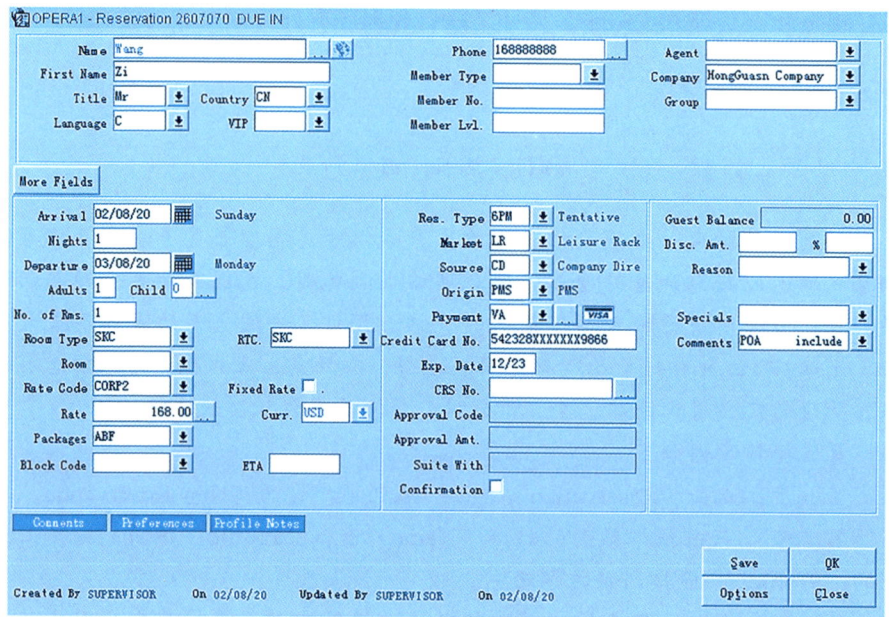

图 9-5 王先生的预订界面

《《《 实训 9-3 》》》

入住（Check In）

2020年8月2日下午4时，王先生抵达住宿点办理入住手续。在办理过程中，他使用信用卡预授权了1000元作为押金。王先生预订的是一间无烟康养大床房。然而，入住仅一小时后，他便向酒店反映房间内有烟味，并提出换房要求。前台员工迅速响应，为王先生安排了另一间房间。换房后，王先生对新的房间表示满意。

具体操作流程：

第一步：根据王先生的全名，查找到预订后（见图9-6），核对房间预订信息和要求。收取证件，根据王先生的要求安排合适的房间，收取押金，制作房卡，办理入住。

第二步：进入王先生预订的界面，将房间按照客人的要求安排进去后点

第九章 康养旅游住宿服务的基础管理

击"Check In"（见图 9-7）。

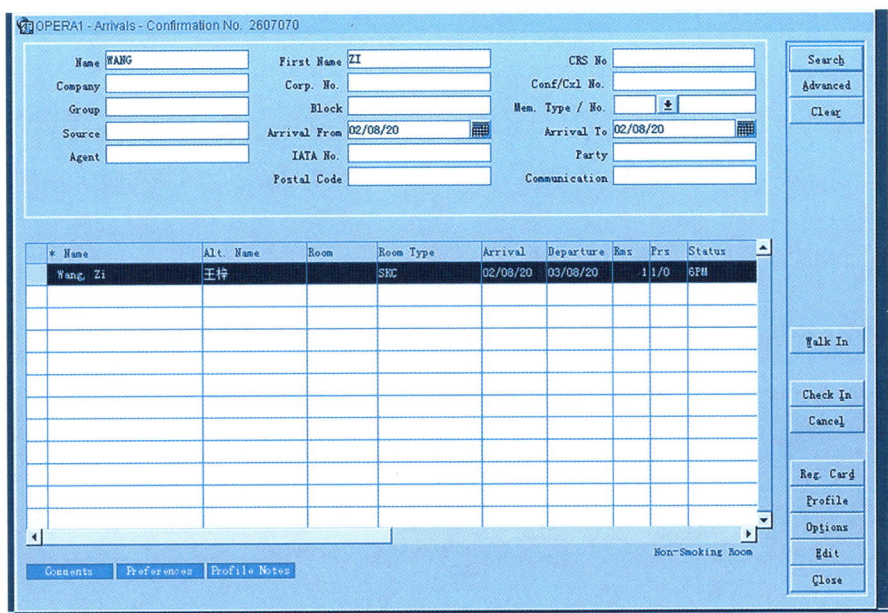

图 9-6 查找预订界面

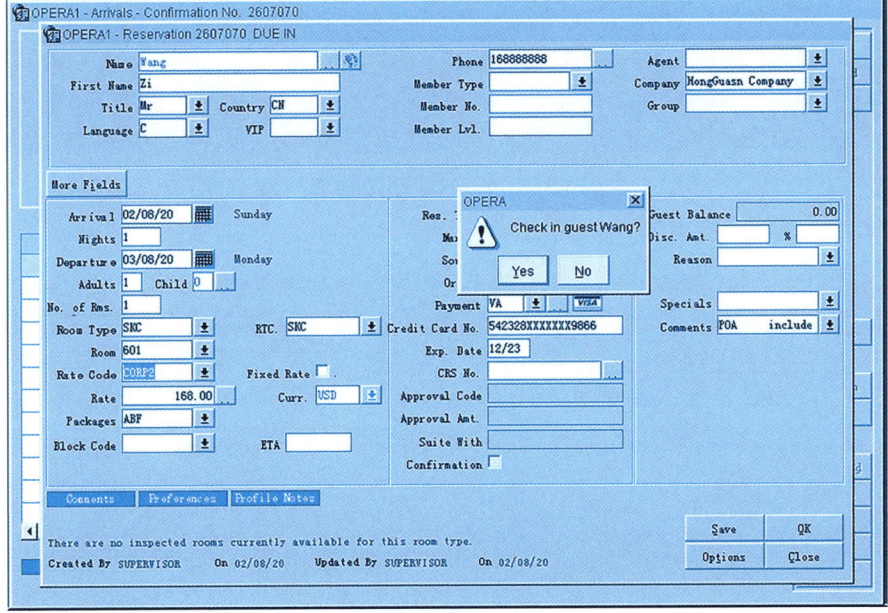

图 9-7 入住后的界面

第三步：将刷卡押金单录入预订界面的"Credit Card"的信用卡中。向客人介绍住宿的其他设施，如早餐地点、健身游泳池地点等信息，请行李员送客人去房间。

换房具体操作步骤：

第一步：找到王先生的房间界面，查找同房型的可用房（见图9-8）。

第二步：点击"Room Move"更换房间（见图9-9），制作新房卡，请行李员协助客人换房。

PMS系统操作后界面展示如下：

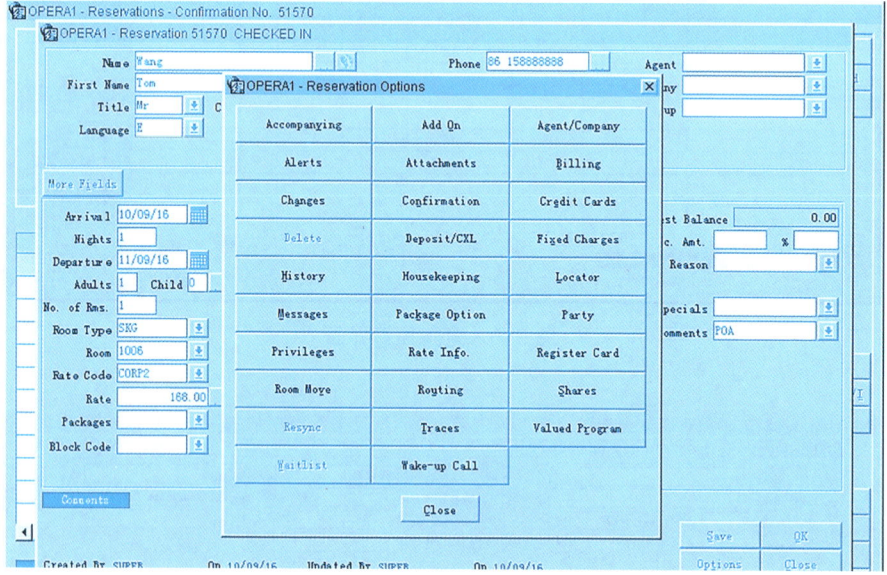

图9-8　同房型可用房界面

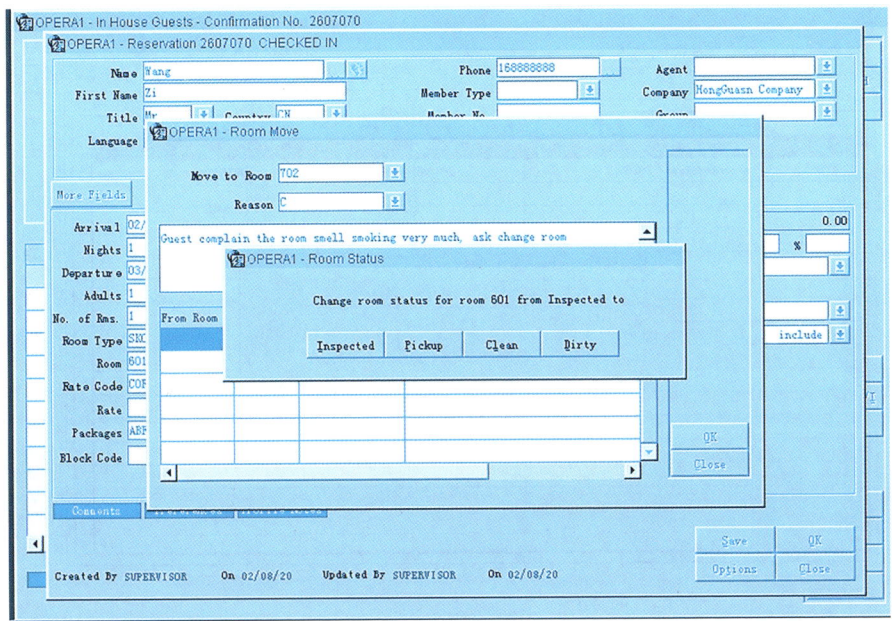

图 9-9 换房界面

实训 9-4

结账（Check Out）

王先生在享受了一晚的宁静睡眠后，于次日上午 11 点准时前往前台办理退房手续。他选择了便捷的微信支付完成结账，并请求取消之前用信用卡预授权的押金。

具体操作如下：

第一步：检查客人的账单，进入收银界面。结账一定注意，要结清"Billing"里面所有窗口的账目才可以点击退房。

第二步：打印每个窗口客人的消费账单，账单须客人确认签字，确认支付方式，结清账目后，点击"Check Out"退房。

收银结账界面如图 9-10 所示。

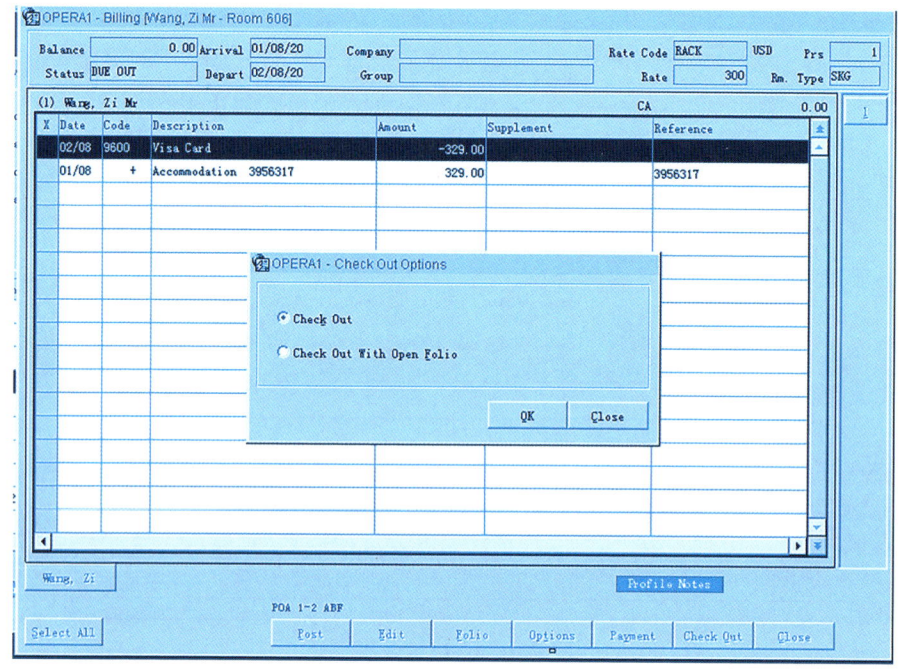

图 9-10 收银结账界面

<<< 实训 9-5 >>>

外币兑换

来自英国的住店客人 Tomas Hause 先生因手头没有人民币现金，便前往前台进行外币兑换。前台工作人员随即利用"Opera-PMS"系统，为他查询了当天的汇率及兑换手续详情。

具体操作流程：

第一步：点击"Cashier"模块的"Cashier Functions"，进到"Currency Exchange"界面（见图 9-11）。

第二步：点击"Currency Exchange"界面，选择兑换的外币币种，然后输入兑换的金额，点击"OK"就可以了（见图 9-12）。

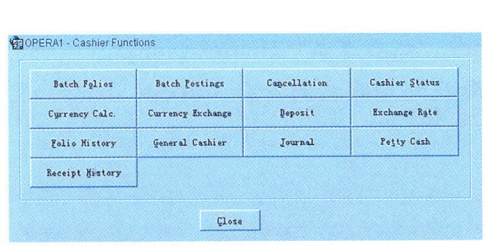

图9-11 外币兑换界面

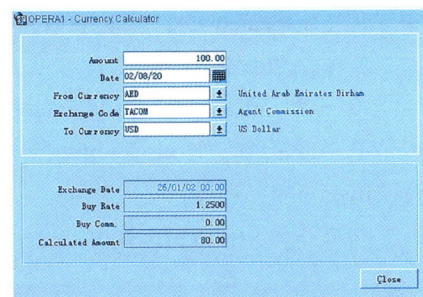

图9-12 兑换外币界面

（四）房务管理模块

房务管理模块的核心功能在于实时更新客房状态，涵盖房间清洁任务分配、房态转换控制、客房用品管理、优先清洁房间安排及整体房态监控等。该模块协助前台人员依据系统显示的房态，为客人分配合适的可售房间。客房状态主要分为以下几种。

空房已清洁（Vacant Clean）：房间无人入住且已完成清洁，可供预订。

住客占用房（Occupied Clean）：客人入住后，房间状态由"清洁（Clean）"转为"占用（Occupied）"；若房间被使用后需要清洁，则状态进一步更新为"脏房（Dirty）"。

退房清洁流程：客人退房后，客房服务人员会对房间进行清洁，并将状态更新为"清洁（Clean）"；随后，主管查房确认房间整洁无误后，将状态改为"已检查（Inspected）"，此时房间可重新安排给新客人入住。

通过这一流程，房务管理模块确保了客房状态的高效流转与精准管理，为客人提供舒适的入住体验。

 实训9-6

客房管理

王先生退房后，606房间的状态在Opera-PMS系统中自动更新为"脏房（Dirty）"，客房部随即收到清洁任务。待房间打扫完毕，服务人员可通过606房间的电话直接将其状态更新为"干净（Clean）"。随后，楼层主管根据系统提示，前往606房间进行复查，确认无误后，系统将房间状态调整为"已检查可售（Inspected）"，此时606房间可重新开放预订。

具体操作步骤如下：

第一步：点击"Room Management"，然后点击"Housekeeping"。

第二步：在"Housekeeping"界面找到606房间，将"Room Status"变为"Inspected"即可。

相应界面如图9-13所示。

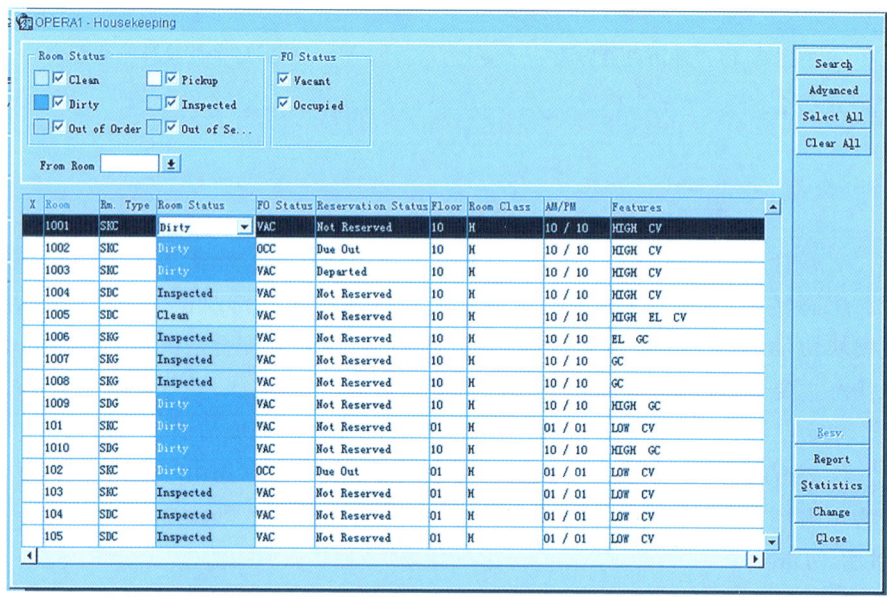

图9-13 客房管理模块房态控制界面

（五）接口管理

随着住宿业信息化进程的加速，行业中所依赖的设施设备日益增多。接口管理作为PMS（物业管理系统）的重要组成部分，承担着与外部设备协同工作的关键职能。目前，住宿业的PMS系统已能够支持多种外接接口，包括但不限于：预订系统接口、电话计费接口、信用卡设备接口、电子门锁系统、客房控制系统、餐饮及其他营业点收银管理系统，以及收益管理系统。这些接口的集成，极大地提升了住宿业运营的智能化与效率。

（1）预订系统接口是包括酒店集团官网预订、第三方预订平台与PMS

系统对接后，相应的预订就可以直接进入 PMS 系统，实现不需要人工额外处理。

（2）电话计费接口是将 PMS 系统同房间电话对接后，客人使用房间电话打电话产生的电话费用会自动接到 PMS 系统的客人账单中，避免漏结账。

（3）信用卡设备接口是指 PMS 系统与信用卡设备系统对接后，客人刷卡消费下账后，自动进到客人账单，直接支付成功，避免人工手动入账。

（4）电子门锁系统指 PMS 系统与客人门锁系统对接后，可以对房间房卡实行严格的管理，掌握房卡的制作和分配，对进出房门进行跟踪和分析。通过数字处理加密，完全杜绝客人私配钥匙带来的风险，同时也给房务楼层管理带来方便。

（5）客房控制系统是指和 PMS 系统对接后，提高客房的舒适度，降低能耗。对房间温度、门窗开关、窗帘开关、灯光、空调等实行集中控制。

（6）餐饮或其他营业点管理收银系统是 PMS 与康养住宿各营业点收银进行对接，对接后，产生的账目能进到客人房间的账单。

（7）收益管理系统与 PMS 系统实现接口对接后，能够直接获取历史经营数据及当前预订量等信息。该系统通过分析往年同期数据、现有预订量等关键指标，自动生成经营趋势曲线及各细分市场的产量分布，从而科学预测未来需求量。基于这些分析结果，系统会智能生成价格调整的建议范围。这种无缝对接不仅大幅减少了人工计算和数据统计的工作量，还使收益管理者能够基于数据驱动的洞察做出更科学的决策，显著提升了收益管理的效率与效益。

总之，信息化覆盖了康养旅游住宿的方方面面，以上提到的只是一部分，还有住宿业市场营销信息化、财务管理信息化、收益管理的信息化、采购与库存管理信息化、人力资源管理信息化等。康养旅游住宿的信息化管理是提升康养旅游住宿企业竞争力的关键，是提高内部服务能力与管理效率的主要手段。

拓展阅读：康养住宿的其他信息化体现

第四节　康养旅游住宿的收益管理

收益管理是康养旅游住宿管理工作的主要内容之一，它是实施动态管理的一个过程，是衡量一家康养旅游住宿企业经营效果的客观评判。近年来，住宿业大都在实施收益管理策略，使住宿业在不增加投资成本的情况下，有效提高住宿业的收入和利润。康养旅游住宿的从业者应掌握收益管理的工作内容，把握收益管理的要素，衡量收益管理实施的方法和指标，对收益管理有一个基础认识，在各岗位上具备收益管理的理念和思维。

一、收益管理的概念和功能

（一）收益管理的概念和功能

我们常常会听到一个通俗而经典的定义是："将合适的产品，在合适的时间，以合适的价格，通过合适的渠道，卖给合适的客户。"根据互联网百科全书的定义："收益管理又称产出管理、价格弹性管理，英语为 Revenue Management，是指在不同的消费时段，对同样的产品收取不同的价格，给予不同的折扣，从而实现总体收益最大化的管理模式。"从不同角度来看，收益管理概念可以概括为：收益管理是对客户进行市场细分，对市场的需求进行预测，平衡好供求关系，优化重组自己的产品和服务，实施动态定价，组合好各渠道，最大限度地获取最高收益的管理过程。

（二）收益管理的五大要素

1. 产品

康养旅游住宿产品涵盖了客房住宿、精致餐饮、会议服务、各类宴会庆典、游泳健身设施、瑜伽课程、温泉SPA体验、专业理疗养生项目、体育与医疗康养服务、膳食调理方案、便捷的交通出行选择以及网红打卡景点等众多服务与设施。其中，客房作为康养旅游住宿的核心组成部分，其收入在总收入中占据最大比重，是支撑整体运营收益的主要源泉。因此，客房产品自然而然地成了康养旅游住宿收益管理的核心研究对象。

为了最大化客房产品的收益潜力，康养旅游住宿企业应聚焦于提升其自身的市场竞争力。这包括对客房产品进行精细化的档次划分，旨在精准匹配并满足来自不同背景与需求的客源对客房类型的多样化选择。通过精心策划不同房型及其数量的合理配比，不仅能够丰富住宿体验的选择性，还能有效优化资源利用，为收益管理策略的实施奠定坚实的基础，从而确保康养旅游住宿在激烈的市场竞争中脱颖而出，实现持续稳健的收益增长。

2. 时间

康养旅游住宿的核心产品是在特定时间段内向宾客提供的可租赁服务与设施，宾客通常并不拥有这些产品和服务的所有权。因此，时间因素在康养旅游住宿的收益管理中占据着至关重要的地位。为了最大化收益，我们需要在客房出租前，科学调整价格并制定房量控制策略；同时，还需密切关注宾客的预订提前期、入住时长、节假日效应、周内需求波动以及季节性变化等时间维度上的规律。通过深入分析这些时间相关因素，我们可以更精准地把握需求特征，从而实现对需求量的准确预测，为收益管理提供有力支持。

3. 价格

价格调控是收益管理中的核心议题。一般而言，价格与需求呈现反向波动关系：客房价格上调往往导致需求减少，进而降低客房出租率；反之，价格下调则会刺激需求增长，提升客房出租率。科学的价格制定与管理策略直接影响住宿产品的销售业绩和整体收益，因此，如何优化定价机制并实施有效的价格管理，对提升收益管理水平具有关键作用。深入了解客户对客房产品价值的认知差异，以及不同客户群体的价格敏感度，有助于制定差异化的价格策略，从而确定最优定价方案，实现收益最大化。

4. 渠道

销售渠道是连接产品服务与消费者的重要桥梁，对供给方而言，它是传递和销售住宿产品信息的关键途径；对消费者而言，则是获取和预订康养旅游住宿服务的必要通道。康养旅游住宿的销售渠道体系主要可划分为直接销售渠道和间接销售渠道两大类别。其中，直接销售渠道指住宿企业通过自有平台直接面向消费者销售，而间接销售渠道则依托第三方平台进行分销。值得注意的是，无论是直接还是间接销售渠道，科学优化各渠道的客房预订量占比都是实现康养住宿收益最大化的重要管理要素。

拓展阅读：直接销售渠道和间接销售渠道

5. 客户

康养旅游住宿市场的客源结构呈现多元化特征，可根据不同维度进行市场细分。从客户规模来看，可分为散客市场和团队市场两大类别。其中，散客市场可进一步细分为：与住宿企业签订协议价格的商务散客、无协议价格的普通散客以及长住型散客；团队市场则主要包括商务团队和旅游团队两种类型。值得注意的是，不同客源市场在预订模式及价格敏感度方面存在显著差异：以度假型散客为例，其价格敏感度相对较高；而商务散客则表现出较低的价格敏感度。基于此，住宿企业应当针对不同客源群体制定差异化的价格策略体系，具体可包括门市挂牌价、协议合同价、阶梯折扣价等多种定价方案，以实现收益最优化。

收益管理的工作需要将五大要素做到最好的组合，才能有效实施住宿的收益最大化。只有不断优化产品，提升康养旅游住宿的服务质量，抓住时机，对住宿需求做好预测，针对不同的客户制定不同的价格，通过各销售渠道销售给客户，是收益管理工作的要务。

二、收益管理在康养旅游住宿中的应用

(一)收益管理的衡量指标

评估康养旅游住宿企业的经营绩效,传统上主要依赖于出租率和平均房价这两个单一指标。然而,这种单一的分析方式往往难以准确把握两者之间的内在关联,也无法真实反映客房的实际收益水平。比如,当住宿企业采取降价促销策略时,虽然能够显著提升客房出租率,但由此带来的可变成本增加可能会抵消甚至超过收入增长,最终导致收益下降。另一方面,单纯提高房价虽然能够增加单房收益,却可能造成出租率的大幅下滑,导致潜在可售房源的闲置,同样会造成收益损失。因此,只有将出租率与平均房价进行综合分析,才能更准确地评估企业的实际经营效益。

收益管理给出更为精准的评价指标,将客房的出租率和当日平均房价相结合,将企业自身住宿客房产生的收益和同类型企业的收益做比较。主要衡量的指标有客房出租率、平均出租房价、每间可出租房的收益等。

1. 客房出租率

客房出租率(Occupancy Rate, OCC),亦称客房销售率或客房占用率,是衡量康养住宿经营效率的关键指标之一,其计算公式为已出租房间数与可售房间总数的百分比。在计算过程中,可售客房数需排除因维修等原因暂时无法出售的房间(Out of Order Room)。具体而言,在统计出租率时,应从总房间数中扣除维修房数量,以确保数据的准确性。

举例说明:某康养住宿机构共拥有100间客房,其中1间处于维修状态,当日实际出租客房50间。则其当日出租率计算过程如下:

$$可供出租房间数 = 总房间数 - 维修房数 = 100 - 1 = 99 间$$

$$出租率 = 出租房间数 \div 可供出租房间数 \times 100\% = 50 \div 99 \times 100\% \approx 50.5\%$$

客房出租率的计算公式如下:

$$客房出租率 = (出租的房间数 \div 可供出租房间数) \times 100\%$$

◀◀◀ 计算练习 9-1 ▶▶▶

A康养旅游住宿企业有160间客房,当日没有维修房,出租出去80间,该住宿企业当天出租率为多少?

出租率是衡量客房销售状况的重要指标，直接反映了房间的销售效率和资源利用情况。较高的客房出租率通常意味着房间销售量提升，空置率降低，表明市场需求旺盛；而较低的出租率则意味着房间空置率较高，可能反映出市场需求不足或销售策略存在优化空间。对于康养住宿行业而言，客房产品具有显著的时间性和价值不可储存性特征——客房资源若未在特定时间内售出，其价值将无法挽回。因此，降低客房空置率、提升出租率成为收益管理中的核心任务。同时，客房出租率也是评估住宿企业收益能力的关键指标之一，直接影响企业的盈利水平和运营效率。

2. 平均出租房价

平均出租房价（Average Daily Rate，ADR），是指每间出租出去的房间销售的平均房价，又称为平均房价和平均售价。

平均出租房价的计算公式为：

$$平均出租房价 = 出租的房间总收入 \div 出租的房间数$$

<<< 计算练习 9-2 >>>

B 住宿企业有 160 间客房，当日没有坏房，租出去 80 间，当天租出去的客房总收入为 40 000 元，则该住宿企业当天的平均出租房价是多少？

平均出租房价是一家康养住宿企业房间价格高低的体现，如果出租率保持一定水平，提高平均出租房价是提高收益的一个好办法。假如一家住宿企业的平均房价较高，还能保持出租率较高，那么这家住宿企业的经营状况无疑是很好的。

3. 每间可出租房的收益

每间可出租房的收益（Revenue Per Available Room，RevPAR），又称作平均客房收入，是指平均每间可以出租的房间带来的收入。

每间可出租房的收益的计算公式为：

公式 1：平均可出租房收益 = 出租的房间总收入 ÷ 可出租的房间数

公式 2：平均可出租房收益 = 出租率 × 平均出租房价

◀◀◀ 计算练习 9-3 ▶▶▶

C 住宿企业有 100 间客房，当日没有维修房，租出去 80 间，当天租出去的客房总收入为 40 000 元，则该住宿企业当天每间房的平均收益是多少？

上述计算结果表明，每间可出租房的收益（RevPAR）直接体现了住宿企业客房的创收能力。在房间数量固定的情况下，提升每间可出租房的收益能够显著提高整体客房收入。由此可见，在客房出租率、平均出租房价和每间可出租房的收益这三个关键指标中，每间可出租房的收益是最能综合反映收益管理绩效的核心指标，因为它同时兼顾了出租率与房价的影响，为企业优化收益策略提供了重要依据。

从公式 2 可以清晰地看出，每间可出租房的收益（RevPAR）是由出租率与平均房价的乘积决定的，因此 RevPAR 与出租率和平均房价均呈正相关关系。当其中一个变量保持不变时，提升另一个变量也能够直接带动 RevPAR 的增长。例如，在平均出租房价不变的情况下，提高出租率可以增加 RevPAR；同样，在出租率稳定的情况下，提升平均出租房价也能实现 RevPAR 的增长。这一关系充分体现了收益管理中平衡出租率与房价的重要性。

◀◀◀ 案例 9-1 ▶▶▶

某康养旅游住宿客房收益评价

森林景区的某康养旅游住宿企业，有 200 间客房，采用 6 种房间定价产生了 6 种不同的情形，有不同结果产生，最后收益也不同。具体情况如表 9-1 所示。

表 9-1　客房房间价格、出租率、每间房收入及总收入

序号	房间数	平均房价/元	出租房数/间	出租率/%	平均出租客房收入/元	客房总收入/元
1	200	760	30	12.5	114	22 800
2	200	650	75	37.5	243.75	48 750
3	200	560	110	55.5	308	61 600
4	200	460	150	75	345	69 000

续表

序号	房间数	平均房价/元	出租房数/间	出租率/%	平均出租客房收入/元	客房总收入/元
5	200	380	170	85	323	64 600
6	200	270	200	100	270	54 000

问题：请思考，以上哪种情形经营得较好？为什么？

分析提示：从表9-1的收入数据可以看出：价格越高，出租率越低，也就是需求量越少；反之，价格越低，出租率越高，也就是需求越大。序号1是平均价格最高的，出租率仅为12.5%，客房总收入为最低，收益结果较差。所以只考虑平均房价，忽略出租率，也不能达到最好的收益。序号6房间价格最低，需求量最大，看似是较好的情形，但是客房总收入为54 000元，也不是最好的收益，从序号3到序号5获得的收益都比序号6高。所以只考虑出租率的高低，而忽略平均出租房价，也不能达到收入最大化。

序号4和序号5从不同角度分析，可能有不同的结果。从客房部的角度看，序号4的收入最好。因为客房总收入较高，出租率为75%，每间房平均收益也是最高的。它比序号5少卖了15间房，少了15间房占用，就减少15间的客房可变成本，如人工打扫费用、客房易耗品费用、房间产品磨损费用等，利润就变多了。同时少了15间客房，住宿业的服务和管理也容易一点儿。但从整体来说，可能序号5收入最好，由于比序号4多出租了15间房，吸引了更多客人入住，这些客人在康养住宿期间的消费行为将进一步带动其他收入的增长。例如，他们可能会在餐厅用餐，使用理疗、SPA按摩、会议室、堂吧、娱乐项目以及疗养项目等设施和服务。随着客人对其他设施和服务使用率的提升，客房以外的收入也增加了，从而推动整个住宿企业的总收入实现显著增长。这一现象充分体现了客房出租率对整体收益的联动效应。

在评价收益管理工作质量时，平均可出租客房收入（RevPAR）是最核心的指标。然而，如果住宿企业仅关注自身的经营数据，而忽视对竞争对手经营情况的分析，收益管理的效果将大打折扣。因此，除关注出租率、平均出租房价和RevPAR这三大关键指标外，企业还需将自身数据与同类型竞争者的数据进行横向对比。只有通过全方位的分析与对标，才能更精准地制定收益策略，最终实现收入的最大化。

4. 客房市场渗透指数、客房在市场的平均房价指数、客房在市场的平均客房收入指数

在同类型竞争市场数据比对中，主要获取以下几项关键指标：本酒店在市场中的客房占有率、本酒店平均房价与市场平均水平的对比、本酒店每间房平均收益（RevPAR）与市场平均值的对比。这些指标能够全面反映酒店在市场中的竞争地位和收益表现，为制定优化策略提供重要依据。

（1）客房市场渗透指数是指某康养住宿企业的实际客房销售量及销售收入与竞争对手的实际市场销售量及销售收入的比值，再乘以100%。该指数越高，表明该住宿企业在市场中的经营能力、管理能力及竞争力越强，能够在竞争中占据领先地位。同时，较高的市场渗透指数也反映出客户对该企业产品和服务的认可度较高，进一步体现了其市场影响力和品牌价值。

（2）客房市场平均房价指数是指某住宿企业的平均房价与市场平均房价的比值，用于衡量其房价在市场竞争中的相对水平。康养住宿企业可根据自身定位，选择与其具有竞争关系的同类住宿企业作为细分市场进行对比。若指数为100，表明其平均房价与细分市场平均水平持平，定价策略与市场相符；若指数高于100，则说明其平均房价超出市场平均水平，定价相对较高；若指数低于100，则意味着其平均房价低于市场平均水平，存在一定的提价空间。这一指数为企业优化定价策略、提升市场竞争力提供了重要参考。

（3）客房市场平均收入指数（RevPAR指数）是衡量某住宿企业每间可售客房收入（RevPAR）在所处市场或竞争对手中市场份额的指标。该指数越高，表明企业在经营管理和收益管理方面的表现越出色，市场竞争力越强，整体效益也越好。

（二）收益管理的实施

收益管理的实施主要围绕两大核心方面展开：客房需求预测和价格体系管理。客房需求预测是把握市场宏观与微观环境，分析市场供应和需求的变化，了解竞争对手的举动，是实施价格管理的前提。价格体系管理根据细分市场的不同特征，结合市场需求状况，确定不同客源的不同价格，以及实施对应的价格限制。客房需求的预测和价格体系管理可以细化为四大任务：数据收集、数据分析、需求计算与预测、优化策略评估与改进。

1. 数据的收集

收益管理的核心在于需求的预测，而预测的准确性则依赖于是否能够获取大量精准的历史数据。因此，前文提到的住宿业信息化管理软件——PMS系统，为数据的精准收集提供了重要的前提条件。住宿业可以安装收益管理软件，并将其与PMS系统进行接口对接，从而直接读取历史数据。这种无缝

衔接不仅提高了数据获取的效率，还为收益管理的科学决策奠定了坚实基础。通常需要收集的数据信息包括：

（1）历史相应时间的客房入住率、销售价格、销售收入。

（2）各价格带来的客房销售量和销售收入。

（3）按照公司协议客户得到各协议公司的客房数量和客房收入。

（4）历史预订和取消的情况，各细分市场销售变化情况和原因。

（5）历史超额预订的情况。

（6）历史供求关系变化的情况。受一些特殊事件影响的情况，如节假日、自然气候、疾病、政治和经济等因素对相关数据的影响。

（7）收集散客和团队的预订量和入住率、平均房价、客房收入等。

2. 数据的分析

数据的分析是对收集的数据进行整理和解读，找出数据产生和发展的规律。

（1）历史各月份各细分市场房间出租率的变化情况。

（2）历史数据季节性变化的情况。

（3）不同渠道带来的客房出租率、房间收益情况。

（4）不同房型的入住情况，使用频率情况。

（5）不同客源入住天数的信息。

（6）工作日与周末入住率和客房收入比较信息。

3. 需求计算与预测

这里主要介绍定量预测法与定性预测法。

（1）定量预测法

常见的定量预测法主要有因果分析法与时间序列预测法。

①因果分析法。因果分析法是根据事物发展变化的因果关系来进行预测的。以事物发展变化的规律为依据，抓住主要原因与次要原因的关系，建立数学模型进行预测。大多采用回归分析法，研究变量之间的关系。

②时间序列预测法。时间序列预测法是根据住宿业历史统计资料的时间和事物变化情况有一定周期性和稳定性的特点，来预测事物发展趋势。例如，一家康养住宿企业的出租率呈季节性变化，在过去的几年中，9月份的客房出租率比整年的出租率偏低15%。根据时间序列预测法，如果其他因素不变，今年9月份出租率比整年偏低15%的现象也将出现。

（2）定性预测法

定性预测法主要有市场调查法、管理人员综合意见法、销售人员综合意见法。

①市场调查法是对市场进行调查分析确定销售效果的方法，包括对住宿产品的知名度、消费者对产品的认可度、销售变化情况的调查。调查方式可以采用观察法、询问法、实验法。观察法是对调查对象的情况和效果进行观察进而得出调查结果。询问法就是以当面、书面、电话或网络的方式，进行调查提出询问，获得需要的资料，这种方法通常用于了解竞争对手的房价价格，现在通常是在网络上查询各渠道的价格。实验法就是在一定条件下利用某产品或某方案进行小规模的实验，然后对效果作出分析，推理是否值得继续推广。

②管理人员综合意见法。这种方法主要是住宿业的各部门负责人，如房务总监、销售总监、收益管理总监、财务部总监等分别对销售进行预测，然后开会讨论，达成整体一致的预测意见。这种预测可以用于对下一年度整体销售目标的决策。

③销售人员综合意见法。这种方法是召集各细分市场销售人员对客户需求量、市场变化情况、竞争对手情况等问题进行分析，然后对所有预测结果汇总。这种方法通常能对各细分市场取得较可靠的预测结果。

4. 优化策略评估与改进

康养旅游住宿收益管理的基本目的是降低房间的空置率，提高平均房价。要达到这个目的，就要做好产品的定位，优化价格体系，选择更合适的销售渠道。优化策略主要是一些战术性的技巧，如可采用超额预订法、入住天数控制、折扣控制法、房间类型差异法和包价销售法等。

（1）超额预订法

超额预订法是指客房在已经订满的情况下，再适当增加订房数量。预订过客房的客人经常会延迟入住、不来入住、临时取消预订或提前退房而带来客房收入的损失。特别是房间需求量很大的时候，实施超额预订能有效减少以上情况发生带来的房间空置。实施超额预订的房间数量控制也尤为重要，超额的量太多，会导致没有房间给客人，需要将客人安排到其他酒店入住，这样成本就增加了。超额预订计算公式为：

超额预订的房间数 = 没有来入住的房间数 + 临时取消的预订房间数 + 提前退房的房间数 – 延长住宿天数的房间数。

（2）入住天数及折扣控制法

①为提高客房占用率，康养住宿企业可以提高客人的入住天数时长。常用的方法是在价格优惠的同时设置天数限制，如客人入住房间满 2 晚送 1 晚的优惠，这样客人花 2 晚的房费就可以住 3 晚。

②折扣控制法通常和入住天数控制法一起使用，如客人连住 2 晚，第二

晚房价打 8 折；如果连住 3 晚，第三晚房价打 7 折的优惠。

以上这两种方法均可在需求不高的时候采用，如果客房需求很高的时候，应该停止这样的促销。

（3）房间类型差异法

房间类型差异法实际是优化产品的体现，根据不同细分市场客人对产品的不同需求而增加不同的客房类型。例如，住宿企业把房间采光较好、有阳台、风景朝向较好的客房设置为豪华房或行政房，价格比普通房贵；还可以将房间设施和装修较好、空间较大、格局较好的设置为套房，同时附加住套房的一些优待，如住套房享受免费的下午茶、免费的 SPA 按摩等，同时价格又比豪华房或行政房贵。这样让想住更好房间的客人愿意付更多的钱入住，提高收益。

（4）包价销售法

包价销售法是指用客房的产品同住宿的餐饮、SPA 理疗、娱乐和康养项目的产品或服务进行搭配销售或捆绑销售。这种销售方式能提高住宿企业其他产品的销量和收益。例如，可以将客房同早餐、大堂吧下午茶、自助晚餐、美容美体、茶饮、咖啡、SPA 按摩和健身瑜伽等产品组合一起，形成一个包价，这样客人需要分次购买的产品，一次就能购买到。包价价格比单次更优惠，更易吸引客人购买。另外，还可以和住宿外的产品合卖，如和景点门票、机票或火车票捆绑销售制定一个比单个买较优惠的价格，这种办法能有效提高出租率。但是，在与外部合作伙伴进行打包销售时，住宿企业必须对合作产品的质量有严格把控，确保其产品质量和服务质量达到高标准，以避免因合作方问题引发客人投诉。否则，一旦合作产品出现问题，可能对自身品牌形象和服务口碑造成负面影响，最终得不偿失。

本章小结

需掌握康养旅游住宿安全管理的主要内容：康养住宿偷盗事件的种类、预防偷盗的措施和办法；康养住宿火灾发生的种类，预防火灾的措施和办法；康养住宿骚扰类型，防止骚扰的措施办法；食物中毒的种类，防止食物中毒的措施和食物中毒事件的处理；疾病传播对康养住宿的影响，预防疾病传播的措施；意外事件发生的因素，防止意外事件发生的措施，意外事件的处理。掌握康养旅游住宿物品管理的主要内容、物品管理控制的办法和原则。

需掌握康养住宿信息化管理的概念，了解康养住宿信息化管理的运用。了解目前住宿业常使用的住宿信息管理系统，在 PMS 中，了解档案管理模块,熟悉业务管理模块(预订、入住、在店期间、收银结账离店)功能,了解房务管理模块的功能和信息化管理中的接口功能。

需掌握收益管理的概念和功能,了解收益管理的五大要素。掌握收益管理的衡量指标,具备收益管理理念和思维,实施有效的收益管理。

思考与练习

一、单项选择题

1. 以下说法正确的是(　　)。
   A. 康养住宿企业安全只是安保部门的责任
   B. 为防偷盗,办理入住的时候,客人的房号可以直接说出来
   C. 在康养住宿公共区域内,应该无死角增加摄像头布防,提高安全监管
   D. 住宿业内部员工随意将客房物品(如毛巾)私自带到家里自己用,不算偷盗

专业词汇

2. 预防火灾正确的做法是(　　)。
   A. 火灾很少会在康养住宿业发生,因此不用定期开展消防演习,如果一旦发生火灾,大家知道怎么处理
   B. 平时下班后,台式机电脑可以不用关闭,插线板电源也不用断,不会有安全隐患
   C. 不用定期对电器、燃气设备进行检查、维修,平时注意就行了
   D. 应该随时保证有充足的灭火设备和物资

参考答案

3. 住宿业如果发生意外伤害事件,员工在警方到达之前,应该(　　),严禁向无关人员透露任何消息,以免引起客人恐慌。
   A. 离开　　　　　　　　　B. 向客人描述情况
   C. 站在一边看着　　　　　D. 封锁消息

4. 若住宿业发生传染病患者时,应(　　)。
   A. 立即上报,联系相关传染病医院
   B. 劝说该客人离开住宿点
   C. 护送客人离开住宿点
   D. 告诉其他客人远离这位客人

5. 康养住宿信息化管理最重要的意义是(　　)。

A. 住宿信息化管理能跟上潮流

B. 住宿信息化管理能使住宿业更规范、更高效

C. 住宿都在实施信息化管理，别人怎么做自己也怎么做

D. 信息化的住宿能吸引年轻人

二、多项选择题

1. 康养住宿规定，住客不能携带易燃易爆物品进入。以下属于易燃易爆物品，不能带进酒店的有（　　）。

A. 酒精　　　　B. 汽油　　　　C. 白酒　　　　D. 烟花

E. 文件类纸张

2. 下列属于食物中毒的有（　　）。

A. 吃不明食物，如野生菌、野菜，导致肠胃疾病

B. 吃自制腌制品，制作前没有加热灭菌

C. 吃了没烹饪熟的四季豆、鲜木耳、豆浆引起中毒

D. 肉、蛋、家禽、水产类及乳品类的引起的沙门氏菌中毒

E. 由剩饭、剩菜、熟肉制品等所引起的病原性大肠杆菌中毒

3. 康养住宿预防疾病传播的措施有（　　）。

A. 加强员工的管理，加强对客人的管理

B. 加强对住宿企业内部环境卫生质量的管理

C. 清退康养住宿的疗养型客人

D. 加强对房间布草等的消毒消杀细菌的流程和管理

E. 启动相应的应急预案机制，成立防控疾病传播工作小组，实施责任制，逐一落实

4. 防止意外事件的措施有（　　）。

A. 定期并加大对康养住宿各区域所有设施的保养频率

B. 客用区域，应该做足安全提示，随时排查改善有安全隐患的区域和设备

C. 在客房卫生区域应该做好防滑措施

D. 服务人员发现有不正常的设备应该及时上报维修

E. 在处理突发事件的时候，应该冷静，切忌慌乱

5. 康养住宿信息化管理中，客史档案模块的功能和注意事项有（　　）。

A. 记录客人基本信息

B. 可以记录客人身体情况、急慢性病史，以便更专业地服务和康养

C. 记录客人的兴趣爱好

D. 记录客人的其他隐私

E. 客人的档案，应该严格保密，不能外泄和贩卖信息，否则要承担法律责任

三、简答题

1. 花花康养住宿有客房241间，其中60间为高级标准间，单价670元/晚；52间为高级单间，单价560元/晚；46间豪华标间，单价780元/晚；42间豪华单间，单价为760元/晚；行政豪华房29间，单价1 200元/晚；6间普通套房，单价1 600元/晚；6间温泉套房，单价2 600元/晚。当天房价均以8折优惠销售，最后高级标间出租42间，高级单间出租39间，豪华标间出租36间，豪华单间出租33间；行政豪华房出租19间；普通套房3间，温泉套房5间。

请计算出当天花花康养住宿的出租率；计算当天每间出租房平均房价；计算每间可出租房平均收益。根据计算的结果，简单分析这家康养住宿的收益情况。

2. 住宿业产品通过互联网营销是目前酒店住宿产品销售的重要方式。互联网营销主要分为住宿互联网直销、中介分销和搜索引擎推广三种。请搜索查询相关资料，比较三种互联网营销方式给住宿业带来的优势和劣势，并进一步详细说明。

参考文献

[1] 王欣，邹统钎，耿建忠，等. 中国康养旅游发展报告（2019）[M]. 北京：社会科学文献出版社，2020.

[2] 中国旅游研究院. 中国旅游住宿业发展报告2019——聚焦高质量发展[M]. 北京：旅游教育出版社，2020.

[3] 中国旅游研究院. 中国旅游住宿业发展报告2018——从高速增长转向高质量发展[M]. 北京：旅游教育出版社，2018.

[4] 雷铭，薛欣，陈维. 康养服务理论与实践[M]. 北京：旅游教育出版社，2020.

[5] 王玲. 康养旅游策划[M]. 杭州：浙江大学出版社，2020.

[6] 朱思嘉，张胜男. 国外精品酒店研究进展[J]. 旅游论坛，2020，13（4）：101–114.

[7] 中华人民共和国文化和旅游部. 文化主题旅游饭店基本要求与评价（LB/T 064–2017）释义[M]. 北京：中国旅游出版社，2017.

[8] 郑宇轩. 健身房服务流程体验设计[D]. 济南：山东建筑大学，2019.

[9] 朱琳. 西峡中医养生旅游开发研究[D]. 郑州：河南大学，2013.

[10] 范溶栖. 艺术表达在大学生心理疗愈中的应用[J]. 智库时代，2019（2）：185–186.

[11] 李日欣. 旅游饭店市场营销[M]. 北京：中国轻工业出版社，2012.

[12] 李舟. 饭店康乐中心服务案例解析[M]. 北京：旅游教育出版社，2007.

[13] 吴梅，陈春燕. 前厅服务与管理[M]. 北京：高等教育出版社，2012.

[14] 张明俊. 民宿服务与创业[M]. 成都：四川大学出版社，2021.

[15] 魏芳. 客房服务知识与技能[M]. 北京：中国劳动社会保障出版社，2005.

[16] 范运铭，支海成. 客房服务与管理[M]. 北京：高等教育出版社，2006.

[17] 马平, 王海文. 酒店设施与设备 [M]. 北京：清华大学出版社, 2013.

[18] 张智慧, 谢玮, 闫晓燕. 康乐服务与管理 [M]. 北京：北京理工大学出版社, 2013.

[19] 宋俊华, 曲秀丽. 客房服务与管理 [M]. 北京：中国铁道出版社, 2009.

[20] 张新科. 浅谈艺术品的保护与修复 [N]. 中国文化报, 2018-10-08 (12).

[21] 徐明. 客房实务 [M]. 北京：电子工业出版社, 2008.

[22] 杨晓琳. 康乐服务与管理 [M]. 北京：中国铁道出版社, 2009.

[23] 陈艳丽. 园林植物养护 [M]. 北京：机械工业出版社, 2015.

[24] 孙超. 假山、水景、景观小品工程 [M]. 北京：机械工业出版社, 2015.

[25] 王曼. 论酒店安全管理及防范 [J]. 农村经济与科技, 2021, 32 (4)：28-29.

[26] 汝勇健. 客房服务与管理实务 [M]. 南京：东南大学出版社, 2016.

[27] 穆林. 信息化的酒店管理 [M]. 北京：中国轻工业出版社, 2015.

[28] 胡质健. 收益管理 [M]. 北京：旅游教育出版社, 2016.